Ursu

Ursula Wolf

Die Suche nach dem guten Leben

Einführung in Platons Frühdialoge

KlostermannRoteReihe

Bibliografische Information der Deutschen Nationalbibliothek

Die Deutsche Nationalbibliothek verzeichnet diese Publikation in der Deutschen Nationalbibliografie; detaillierte bibliografische Daten sind im Internet über *http://dnb.dnb.de* abrufbar.

2., aktualisierte Auflage

© 2013 · Vittorio Klostermann GmbH · Frankfurt am Main
Alle Rechte vorbehalten, insbesondere die des Nachdrucks und der Übersetzung. Ohne Genehmigung des Verlages ist es nicht gestattet, dieses Werk oder Teile in einem photomechanischen oder sonstigen Reproduktionsverfahren oder unter Verwendung elektronischer Systeme zu verarbeiten, zu vervielfältigen und zu verbreiten.
Gedruckt auf Alster Werkdruck der Firma Geese, Hamburg, alterungsbeständig ⊗ ISO 9706 und PEFC-zertifiziert.
Satz: post scriptum, www.post-scriptum.biz
Druck und Bindung: Hubert & Co., Göttingen
Printed in Germany
ISSN 1865-7095
ISBN 978-3-465-04193-1

Inhalt

Vorwort 9

I. Einleitung 11

1. Die Frage nach dem guten Leben und die Philosophie ... 11
2. Die sokratische Wende in der Philosophie 16
3. Der historische Hintergrund 19
4. Sokrates und die Sophisten 21
5. Platons Ausgangssituation 23
6. Die Interpretationslage bei den Frühdialogen 25
7. Absicht und Gliederung der Untersuchung 30

II. Die Tätigkeit des Sokrates (*Apologie*) 33

1. Vorbemerkung 33
2. Das *techne*-Modell praktischen Wissens 34
3. Das menschliche Nichtwissen 39
4. Die Polis-Ordnung als Bezugsebene des menschlichen *ergon* 42
5. Das gute menschliche Leben unter Bedingungen des Nichtwissens 47

III. Das *techne*-Wissen und seine Grenzen (*Ion* und *Hippias Minor*) 55

1. Die Merkmale echten Wissens (*Ion*) 55
   a) Die Gegenteile werden durch ein und dieselbe techne *erkannt* 56

    b) Techne *als Ganzheit und die Unterscheidung zwischen Wissen und Eingebung* 57

    c) Die Ganzheit der techne *als bestimmt durch ihr* ergon 58

    d) Ergebnis 60

2. Die Strukturunterschiede zwischen technischem und ethischem Wissen (*Hippias Minor*) 62

    a) Explikation der Frage nach dem menschlichen Gutsein 62

    b) Die arete *der* techne 62

    c) Die arete *von natürlichen Fähigkeiten, Werkzeugen, Organen, Berufsrollen* 65

    d) Die Frage nach der arete *der menschlichen Seele* 66

IV. Die Unbestimmbarkeit der *eudaimonia* (*Euthydemos* und *Hippias Maior*) 71

1. *Euthydemos* 71

    a) Wissen als hinreichende Bedingung für die eudaimonia 72

    b) Das ethische Wissen als das einzig uneingeschränkt Gute 76

    c) Die offene Frage nach dem Gegenstand des ethischen Wissens 78

    d) Zusammenfassung 80

2. *Hippias Maior* 81

    a) Die Versuche einer Definition des kalon 83

    Die Forderung nach einer Definition des *kalon* 83

    Das *kalon* als das Passende 85

    Das *kalon* als das Nützliche 87

    Das *kalon* als das Angenehme 88

    b) Implizite Ergebnisse 89

    Negative Ergebnisse 89

    Positive Andeutungen 91

    c) Offene Fragen 94

Inhalt 7

V. Menschliche *arete* und praktisches Wissen (*Charmides, Protagoras, Menon*) 97

1. *Charmides* 99
    a) Die Eingangssituation 99
    Die Kopfschmerzen des Charmides 99
    Die Verliebtheit des Sokrates 102
    b) Das Gespräch mit Charmides 104
    Besonnenheit als Langsamkeit 104
    Besonnenheit als Scham 107
    Besonnenheit als Tun des Seinigen 107
    c) Das Gespräch mit Kritias 108
    Besonnenheit als Tun von Gutem 109
    Besonnenheit als Selbstkenntnis 110
    Besonnenheit als Wissenschaft von sich selbst und den anderen Wissenschaften 111
    Das Wissen vom Wissen und das Wissen vom Guten 113
    d) Die methodische Korrektheit als Ersatz für die inhaltliche Definition 116
2. *Protagoras* 118
    a) Der Wissenscharakter der arete 118
    b) Die Einheit der arete 122
    c) Die Art des arete-*Wissens* 124
3. *Menon* 126

VI. Das Motivationsproblem (*Lysis*) 133

1. Einleitende Überlegungen 134
2. Das Vorgespräch 136
3. Die Freundschaft zwischen Personen 138
    a) Versuch der Bestimmung von Freundschaft durch die Art der Beziehung 139
    b) Versuch der Bestimmung durch Eigenschaften der Bezugsgegenstände 139
4. Das Befreundetsein mit dem Guten 140
    a) Die Liebe zum Guten als Mittel gegen Übel 142

    b) Die Liebe zum Zugehörigen 144
    c) Pädagogischer Eros 151

VII. Die Ordnung der Seele (*Kleitophon, Gorgias*) 155

1. Einleitung 155
    a) Offene Fragen (anhand des Kleitophon*)* 155
    b) Die Frage nach der Gerechtigkeit 156
2. Gorgias 158
    a) Die Unterredung mit Gorgias 158
    b) Die Unterredung mit Polos 161
    c) Die Unterredung mit Kallikles 165
    d) Gerechtigkeit und Gutsein der Seele 170
    e) Die Frage der moralischen Motivation 173
    f) Zwei Arten der Erziehung 175
3. Rückblick 177

Literatur 181

Vorwort

In Seminaren über Platons frühe Dialoge macht man häufig die Erfahrung, dass diese, wie sehr sie auch faszinieren, zugleich fremd und schwer zugänglich sind. Sie enthalten keine sichtbare Gliederung, keine expliziten Thesen des Autors, und die Termini, die darin vorkommen, sind schwer übersetzbar. Die vorliegende Abhandlung versucht, das Frühwerk Platons anhand einer Frage verständlich zu machen, die keine spezielle Frage, sondern die leitende Perspektive auch für Platon selbst ist. Dabei wird kein begrifflicher Rahmen vorgegeben; vielmehr soll dieser gerade erst anhand der Texte entwickelt werden, indem Zusammenhänge hergestellt und Linien gezogen werden. Sofern das Buch auf diese Weise Platons frühe Philosophie systematisch greifbar zu machen versucht, kann es auch als eine Einführung in die Frühdialoge verwendet werden, nicht im Sinne eines fertigen Überblicks, sondern als Anleitung zur eigenen Lektüre.

Das Buch stellt eine aktualisierte Neuauflage der ursprünglich 1996 in rowohlts enzyklopädie erschienen Monographie *Die Suche nach dem guten Leben. Platons Frühdialoge* dar. Da ich zu der dort entwickelten Zugangsweise nach wie vor stehe, ist der Inhalt des Buchs abgesehen von kleineren Korrekturen gleich geblieben. Den Fortschritten, welche die Platonforschung in der Zwischenzeit gemacht hat, wurde durch einige Anpassungen in der Einleitung sowie durch Ergänzungen in den Fußnoten und im Literaturverzeichnis Rechnung getragen.

Bad Dürkheim, Juni 2013

I. Einleitung

1. Die Frage nach dem guten Leben und die Philosophie

Mehrfach wird in Platons Dialogen Sokrates eine Frage zugeschrieben, die er im *Staat* (352d5) so formuliert:[1] »Denn es ist nicht von etwas Beliebigem die Rede, sondern davon, auf welche Weise man leben soll.« Warum die Frage, wie man leben soll, nicht irgendeine Frage ist, wird deutlicher an einer weiteren Aussage, die Platon Sokrates im *Gorgias* (472c6ff) machen lässt: »Denn es ist so, dass es sich nicht um eine Kleinigkeit handelt, worüber wir uns uneins sind, sondern beinahe um Dinge, über die Bescheid zu wissen das Schönste, nicht Bescheid zu wissen hingegen das Schändlichste ist. Denn die Hauptsache daran ist, zu erkennen oder nicht zu wissen, wer glücklich ist und wer nicht.«[2] Dieses zweite Zitat ist komplexer als das erste und verschränkt zwei Aspekte. Wie es zunächst zeigt, ist die Frage, wie man leben soll, nicht im Sinn des moralischen, sondern im Sinn des prudentiellen Sollens gemeint, das nach einem überlegten Rat darüber fragt, wie zu leben gut ist, worin ein glückliches Leben besteht. Andererseits hat »schön«, wie der Gegenbegriff »schändlich« zeigt, bei Platon im Kontext menschlichen Handelns meist eine moralische Bedeutung, und damit wäre zweitens gesagt, dass zwar nicht das Glück selbst, aber doch das Erkennen des Glücks Gegenstand einer moralischen Forderung an den Menschen ist.

Bleiben wir zunächst beim ersten Aspekt und überlegen vorläufig unabhängig von Platon, welche Rolle die praktische Grundfrage,[3]

---

[1] Platon-Zitate folgen, wo nicht anders vermerkt, der Ausgabe: Platon, Sämtliche Werke, Bd. 1–4, übers. von Friedrich Schleiermacher, Reinbek 1994 – rowohlts enzyklopädie 561–564; wo für die Interpretation erforderlich, habe ich selbst übersetzt. Die Zeilenangaben entsprechen der Oxford-Ausgabe.
[2] Übersetzung nach Erler 2011, 83.
[3] Die Bezeichnung als praktische Grundfrage findet sich bei Tugendhat 1976, 118.

die Frage, wie man leben soll, im Leben und in der Philosophie spielt, dann kann man sich ihre besondere Bedeutung leicht klarmachen. Denn als menschliche Wesen, die ein Bewusstsein ihres eigenen Lebens haben, sind wir unvermeidlich mit der Frage nach dem richtigen oder guten oder sinnvollen[4] Leben konfrontiert und müssten damit ein Interesse haben zu wissen, worin dieses besteht und wodurch es zu erreichen ist. Wie jedoch ist diese These von der Unvermeidlichkeit mit der Beobachtung zu vereinbaren, dass im Alltag viele Menschen über diese Frage nicht nachdenken? Man könnte antworten: Auch diese Menschen richten sich faktisch oder implizit nach einer Konzeption des guten Lebens, welche sie allerdings nicht eigener Reflexion, sondern kulturell vorgegebenen Sinnangeboten entnehmen. Dass die Frage nach dem guten Leben sich für jeden Menschen unvermeidlich stellt, kann dann nicht die empirische Behauptung zum Inhalt haben, jeder Mensch nehme die Frage wahr. Vielmehr muss es sich um eine strukturelle Aussage handeln, wonach die menschliche Existenz prinzipiell so beschaffen ist, dass die Frage nach dem guten Leben in ihr angelegt ist oder *sich stellt*. Diese Formulierung mag merkwürdig klingen, weil sie nahelegt, die Frage besitze gewissermaßen eine Eigendynamik. Aber genau das ist in der Tat gemeint. Die Frage ist, so meine Ausgangsthese, in der Verfassung des menschlichen Lebens enthalten, und jede individuelle Weise des Lebens, sei sie reflektiert gewählt oder aufgrund internalisierter Vorstellungen einfach faktisch vollzogen, kann als eine Antwort auf diese Frage verstanden werden.

Ob das zutrifft, müsste gezeigt werden. Nehmen wir für den Augenblick an, der Nachweis wäre geleistet, dann bleibt immer noch der oben erwähnte zweite Aspekt, die Moralisierung der Frage: Folgert Platon aus der existenziellen Verankerung der Frage nach dem guten Leben mit Recht, dass es für jede Person nicht nur ratsam, sondern in der Tat verpflichtend ist, sich bewusst mit der Frage auseinanderzusetzen und eine eigene Antwort zu suchen? Im Alltag wird das heute nicht unbedingt so gesehen, auch wenn die Frage bei besonderen Anlässen gestellt und teilweise als wichtig betrachtet wird.[5]

---

[4] Heute findet man häufig die Formulierung vom »sinnvollen Leben« oder die Frage nach dem »Sinn des Lebens«. Wie man von der ursprünglichen Frage nach dem glücklichen Leben zu dieser anderen Frageweise kommt, werden wir noch sehen müssen.
[5] Für alltägliche Reaktionen auf die Frage siehe den blog »Gibt es einen Sinn des Lebens« auf philosophie-indebate.de.

1. Die Frage nach dem guten Leben und die Philosophie 13

Andererseits hält sich gerade in der Öffentlichkeit hartnäckig die Vorstellung, die Philosophie sei für die Frage zuständig und für ihre Klärung verantwortlich.[6] Man erwartet von der Philosophie eine Art Orientierung des Lebens und Zusammenlebens, einen Beitrag zur Klärung grundlegender praktischer Probleme, wie sie im Kontext der politischen Philosophie oder der angewandten Ethik auftreten.[7] Dazu passt Platons Lehre von den Philosophenkönigen (*Politeia* 520c ff), wonach die Philosophen, da sie als einzige die Fähigkeit haben, die Idee des Guten zu erfassen, auf die hin auch der Staat und alle praktischen Dinge zu ordnen sind, die Verpflichtung haben, aus der Theorie, die sie am liebsten ausüben würden, in die Praxis zurückzukehren und sich als Politiker zu betätigen.[8] Während sich diese Auffassung des mittleren Platon nur auf die Philosophen bezieht, forderte allerdings die eingangs dem Sokrates zugeschriebene Formulierung die Beschäftigung mit der Frage von allen Menschen.

Sowohl Platons eingeschränkte wie Sokrates' allgemeine moralische Bewertung des Stellens oder Nicht-Stellens der Frage können wir erst angemessen beurteilen, wenn wir mehr über den Sinn und die Art der Frage wissen. Hingegen können wir an der Vermutung eines eigentümlichen internen Zusammenhangs zwischen der Philosophie und der Frage nach dem guten Leben festhalten, wenn diese Annahme sich von der antiken Philosophie bis in heutige alltägliche Vorstellung hinein findet. Aber könnte es nicht sein, dass die alltägliche Vorstellung von der Aufgabe der Philosophie einfach hartnäckige Reste früherer Auffassungen, z. B. der antiken, enthält, die in der Fachwelt aus guten Gründen längst obsolet sind? Das scheint mir nicht der Fall zu sein. Vielmehr denke ich, dass Thema und Methode der Philosophie in der Tat eng mit dem Motiv der Suche nach dem sinnvollen Leben und mit dem Bedürfnis nach praktischer Orientierung verknüpft sind, obgleich die Art dieser Verknüpfung vorläufig noch unklar ist.

---

[6] So wird die Philosophie, die Platons Frage heute weitgehend aus den Augen verloren hat, zunehmend wegen Irrelevanz kritisiert und das Fehlen von philosophischer Bildung und Kultur moniert, z. B. in »Böse Zeiten für das Gute«, *Der Spiegel* Nr. 4/1994, 168–174, besonders 172 ff.; FAZ 03.04.2013, Nr. 77, S. N3.
[7] Z. B. Goetschel 2009, 338.
[8] Das hat Platon durchaus ernst gemeint, denn er hat mehrere (am Ende vergebliche) Versuche unternommen, seine Vorstellungen in Sizilien in die Tat umzusetzen.

Auch wenn es inzwischen zunehmend Versuche der Neubesinnung auf die praktische Frage oder verwandte Fragen gibt,[9] wundert man sich, wie die Frage für Jahrhunderte aus der Philosophie verschwinden konnte, wenn sie wirklich so eng mit ihr verbunden sein sollte. Das lässt sich jedoch historisch leicht erklären, nämlich als Folge des streng wissenschaftlichen Philosophieverständnisses der neuzeitlichen Aufklärung. Diese Entwicklung ist deutlich bei Kant greifbar:[10] Auf die Frage nach dem guten Leben – erklärt er – kann man entweder eine objektive oder eine subjektive Antwort geben. Sucht man eine objektive, für alle verbindliche Antwort, dann lässt diese sich nicht aus der variablen empirischen Natur des Menschen gewinnen, sondern erfordert metaphysische Annahmen, die nicht alle teilen. Gibt man eine subjektive Antwort, wonach das gute Leben für jede Person dasjenige Leben ist, das sie als gut erfährt, verlässt man den Bereich wissenschaftlicher Aussagen. Die antike Ethik ordnet Kant der ersten Möglichkeit zu, insofern sie den Inhalt des guten Lebens aus objektiven Aussagen über die menschliche Natur abzuleiten versucht. Kant selbst versucht, aus der ethischen Frage im weiten Sinn, das heißt der Frage nach dem guten Leben, die engere Frage der Moral, also die Frage nach dem gerechten Zusammenleben, auszusondern. Die umfassende Frage schließt er wegen mangelnder Begründbarkeit aus der Philosophie aus. Beibehalten wird nur derjenige Teil, der nach dem richtigen oder gerechten Handeln fragt. Und Kant und seine Nachfolger glauben, dass dieser Teil auch gerade derjenige ist, auf den sich Antworten finden lassen, die streng begründbar und allgemeinverbindlich sind.[11]

Es sind also genau genommen zwei Annahmen, die die Frage nach dem guten Leben aus der Philosophie verbannen. Die eine lautet, dass philosophische Aussagen denselben Begründungsanforderungen unterliegen wie Aussagen der strengen Wissenschaften. Dem voraus liegt aber eine bestimmte Vorstellung über das Verhältnis der Philosophie zur Frage nach dem guten Leben, wonach erstere allgemeine inhaltliche Antworten auf letztere entwickelt. Die beiden

---

[9] Siehe etwa Kraut 2007, S. Wolf 2010.
[10] Kant, Grundlegung zur Metaphysik der Sitten, Ak. Ausg. Bd. IV, 443.
[11] Dass gerade dieser Teil der Ethik, die moralischen Normen, deren Befolgung wir von anderen fordern wollen und für die wir daher in der Tat eine Begründung *brauchen*, weil die anderen sonst eine Einschränkung ihres Handelns nicht akzeptieren werden, auch der Begründung *fähig* ist, sieht allerdings nach Wunschdenken aus.

1. Die Frage nach dem guten Leben und die Philosophie

Annahmen lassen sich nicht unabhängig voneinander beurteilen. Die erste bezieht sich auf den Wahrheitsanspruch und die Begründbarkeit philosophischer Aussagen, anders gesagt, auf den wissenschaftlichen Status und die Methode der Philosophie. Darüber aber kann man nichts aussagen, solange man nicht weiß, was die Philosophie tut, was Inhalt oder Gegenstand philosophischer Untersuchungen ist. Wenn wir daran festhalten, dass ein Zusammenhang zwischen der Philosophie und der Frage nach dem guten Leben besteht, so besagt das noch nichts über das Wie dieses Zusammenhangs. Insbesondere ist nicht ausgemacht, dass die Verbindung so einfach aussieht, wie Kants Kritik an der griechischen Ethik unterstellt, dass wir nämlich auf der einen Seite eine Frage haben, auf der anderen Seite die Philosophie, die sie zu beantworten hat.

Die Vielheit der Formulierungen – wie man leben soll, welches das glückliche, gute, sinnvolle Leben ist – deutet darauf hin, dass schon der Sinn der Frage nicht klar ist.[12] Was bedeutet das Wort »soll« in »wie man leben soll«? Wer ist es, der die Frage stellt – jeder Mensch, wir gemeinsam hier und jetzt, der Philosoph allgemein über den Menschen allgemein? Welche Art von Sätzen gestützt auf welche Art von Gründen sind geeignete Antworten? Ist es überhaupt möglich, mit Sätzen den Inhalt eines guten Lebensganzen zu bestimmen, das komplex sowohl in seiner Einbettung in die Situation der Welt und der Gesellschaft wie in seiner zeitlichen Erstreckung ist?

Die Frage, wie man leben soll, ist also keine Frage, deren Sinn vorgegeben ist; dieser wird vielmehr vor oder mit einer Antwort selbst erst gesucht. Dabei ist es denkbar, dass eine Frage, auf die eine allgemeine inhaltliche Antwort nicht zu erwarten ist, eher eine methodische als eine thematische Leitfunktion hat. Die Philosophie muss dann, um ein lohnendes Unterfangen zu bleiben, die Frage nach dem guten Leben nicht unbedingt direkt zum Thema haben; vielmehr genügt es, dass diese Frage der Horizont ist, in dem jede speziellere philosophische Frage grundsätzlich steht.

---

[12] Wenn ich von »Sinn« oder »Bedeutung« der Frage rede, meine ich damit alles, was zum Verstehen der Frage gehört. Eine solche Bedeutungserklärung geht sicherlich über eine Beschreibung des sprachlichen Sinns der Frage hinaus. Für Analysen der Aspekte der Frage siehe Tugendhat 1976, 7. Vorlesung; Williams 1985, Kap. 1; Wolf 1984, VII 2.

2. Die sokratische Wende in der Philosophie

Um zu einer ersten Klärung der Frage und ihrer Funktion für die Philosophie zu kommen, ist es nach wie vor hilfreich, an die griechische Philosophie anzuknüpfen. Die Griechen zeichnen sich, wie verschiedentlich beobachtet,[13] durch eine realistisch-pragmatische Lebenshaltung aus. Sie konfrontieren sich mit der Welt, wie sie ist, stellen geringe Ansprüche an einen Gesamtsinn des Geschehens und machen sich keine Hoffnungen und Illusionen, dass ein solcher Sinn hinter der Wirklichkeit existiert. Auch wenn Platon und Aristoteles den von Kant kritisierten Schritt zu einer metaphysischen Bestimmung des Menschen gehen, bleibt das ein letzter Schritt, dem eine weitreichende und bis heute kaum übertroffene Ausarbeitung des Bereichs der Ethik, der Struktur der Frage nach dem guten Leben bzw. der Struktur menschlichen Lebens vorhergeht.[14]

Außerdem gibt es einen Moment in der griechischen Philosophie (und in der europäischen Philosophiegeschichte insgesamt), wo die Frage als solche und ohne jede Verdeckung im Zentrum steht, nicht nur als Frage des Teilgebiets der Ethik, sondern in dem prägnanten Sinn, dass der letzte Gegenstand der Philosophie die Frage nach dem Guten ist und alle Bereiche der Philosophie auf diese Perspektive bezogen sind. Dieser Moment ist das Philosophieren des Sokrates, und wir können die grundsätzliche Frage, wie zu leben gut ist, daher auch als die sokratische Frage bezeichnen.[15] Allerdings passt es zu dem grundlegenden und schwer fassbaren Charakter der Frage, dass gerade dieses Stadium für uns nicht direkt greifbar ist, weil Sokrates nichts geschrieben hat. Die praktische Frage des Sokrates ist jedoch für uns immer noch zugänglich in Platons Frühdialogen. Diese Form der Überlieferung hat außerdem den Vorteil, dass Platon sich mit Sinn und Methode der Suche nach dem guten Leben auf einem hohen philosophischen Theorieniveau beschäftigt, das Sokrates vermutlich nicht erreicht hat.

---

[13] Z.B. Castoriadis 1983, 79–115, 95; Meier 1983, 45.
[14] Julia Annas lässt die Ethik erst mit Aristoteles beginnen, weil erst bei ihm theoretische und praktische Philosophie klar getrennt werden (Annas 1993, 18). Aber vielleicht hat Platon ja recht, dass die Philosophie insgesamt, und damit auch die theoretische, auf das Gute bezogen ist.
[15] Für einen Versuch, nicht die praktische, sondern die erkenntnistheoretische Seite der Auffassung des Sokrates herauszuarbeiten, siehe jedoch Benson 2000.

2. Die sokratische Wende in der Philosophie

Die Frage, ob Platon in den Äußerungen, die er Sokrates als Dialogfigur sagen lässt, dem historischen Sokrates immer gerecht wird, kann in diesem Zusammenhang offenbleiben. Wir können nicht letztlich beweisen, was Sokrates wirklich gesagt und getan hat,[16] und auch wenn es wahrscheinlich ist, dass eine Reihe der Begriffe und Thesen, die in Platons frühen Dialogen eine Rolle spielen, tatsächlich von Sokrates stammen, so dürfte doch die Art, wie Platon sie erläutert und begründet, seine eigene sein.[17] Dass Sokrates die Frage, wie zu leben gut ist, in die Philosophie eingeführt hat, hebt Platon selbst hervor, und es ist ebenfalls bereits Platon, der einen so engen Zusammenhang zwischen dieser Frage und der Philosophie sieht, dass für ihn erst mit diesem Ereignis die Philosophie im eigentlichen Sinn beginnt. Es gibt insbesondere zwei Texte, in denen er die Fragestellung des Sokrates in bewusster Abhebung von der früheren Naturphilosophie als neuartig beschreibt.

Die erste Passage steht im *Phaidros*. Der *Phaidros* ist der einzige Dialog, der nicht in Athen, sondern draußen in der Landschaft spielt, wo Sokrates sich fremd fühlt. Sokrates erklärt, er verlasse sonst nie die Polis, weil er von Feldern und Bäumen nichts lernen könne, sondern nur von den Menschen in der Stadt. Was er lernen will, beschreibt er genauer so: »Ich kann noch immer nicht nach dem delphischen Spruch mich selbst erkennen. Daher ... denke ich nicht an diese Dinge, sondern an mich selbst, ob ich etwa ein Ungeheuer bin, noch verschlungener gebildet als Typhon,[18] oder ein milderes und einfacheres Wesen, das sich eines göttlichen und edlen Teils von Natur erfreut« (229e ff). Wir können hier schon bemerken, dass die Frage, um die es Sokrates letztlich geht, verschiedene Fassungen hat. An dieser Stelle tritt sie in Form der Frage nach Selbsterkenntnis auf. Deutlich ist die Absetzung von der Naturspekulation.

Die zweite und ausführlichere Stelle ist *Phaidon* 96a6ff, wo Sokrates über seine philosophische Entwicklung berichtet: In seiner Jugend habe er sich für die Lehren der früheren Philosophen, die er als Naturgeschichte oder Suche nach den Ursachen des Entstehens bezeichnet, interessiert, habe aber erkannt, dass er für diese Art der Untersuchung ganz ungeeignet sei. Daraufhin habe er sich

---

[16] Siehe O. Gigon 1987, 277. Zum neueren Stand der Sokratesforschung siehe Döring u. a. 1998, 141 ff.
[17] So Kahn in Benson (Hrsg.) 1992, 35–52.
[18] Typhon: Mischwesen mit Drachenköpfen und Schlangenbeinen.

der Lehre des Anaxagoras zugewandt, die besagt, dass der *nous*, die Vernunft, die Ursache von allem ist, weil sie alles aufs Beste anordnet; jedoch habe er festgestellt, dass Anaxagoras von diesem Prinzip wenig Gebrauch macht und in Wirklichkeit ebenfalls merkwürdige naturwissenschaftliche Aussagen aufstellt. Seine Entscheidung aber, nicht aus dem Gefängnis zu fliehen, sondern die über ihn verhängte Strafe auf sich zu nehmen, sei nicht angemessen durch die Bewegung der Sehnen und Knochen zu erklären, vielmehr beruhe sie auf seiner Überzeugung von dem, was gut ist. Darüber aber, über das Gute, sei niemand in der Lage gewesen, ihn zu belehren. So habe er sich mit dem zweitbesten Weg begnügt und versucht, selbst etwas herauszufinden, indem er sich von der Natur ab und den *logoi*, den Sätzen oder Reden, zugewendet habe.

Die Einordnung, die Platon an dieser Stelle vornimmt, ist eine philosophiehistorische. Sie entspricht genau dem Bild, das wir übernehmen, wenn wir die Kategorie »Vorsokratiker« verwenden. Vor Sokrates, so das Bild, gibt es verschiedene Arten der Naturspekulation, aber noch keine Philosophie im engeren Sinn, und das liegt nicht zuletzt daran, dass die Frage nach dem Guten, die praktische Problematik, fehlt oder jedenfalls keine zentrale Rolle spielt. Solche Aussagen sind natürlich mit Vorsicht zu betrachten, denn weder betreiben alle Philosophen vor Sokrates nur Naturtheorie – man denke an Parmenides –, noch fehlt es ganz an ethischen Reflexionen. Der berechtigte Punkt, den wir festhalten können, ist, dass in der Tat erst durch Sokrates die Frage nach dem Guten zu *der* Frage der Philosophie wird. Wenn es daher zutrifft, dass die Philosophie als eigenständige Disziplin erst hervortritt, indem sie sich mit dieser Frage identifiziert, dann ist Platons Aussage über die Geburt der Philosophie durchaus ernst zu nehmen.

Trotzdem würde dieses Bild allein eine einseitige Beschreibung der Ereignisse liefern. Es muss ergänzt werden durch die Auseinandersetzung, die Platon Sokrates in sämtlichen frühen (und nicht nur den frühen) Schriften führen lässt, die Auseinandersetzung mit den Rednern und Sophisten. Sie nämlich sind es, die die Frage, wie zu leben ist, schon aufgeworfen haben, ehe Sokrates die Bühne betritt. Wenn wir verstehen wollen, was Sokrates Neues geleistet hat, dann ist die Konfrontation mit den Naturphilosophen eher ein Nebenschauplatz.

3. Der historische Hintergrund

Meine These war, dass die Frage nach dem guten Leben in der menschlichen Existenz latent immer da ist. In einer traditionalen Gesellschaft, in der alle an eine göttliche Ordnung glauben und die überkommene Lebensweise nicht hinterfragen, würde also faktisch und undurchschaut eine bestimmte Antwort auf die Frage allgemein akzeptiert und gelebt. Die Frage stellt sich erst explizit, wo wir Epochen der Aufklärung haben, wo also aus irgendwelchen Gründen die Konventionalität und Veränderbarkeit der Sitten, Gesetze und Lebensmuster erfahren wird und wo zugleich die Bereitschaft besteht, sich auf diese Erfahrung einzulassen.[19]

Im antiken Griechenland setzt im 6. Jahrhundert eine Aufklärungsbewegung ein, welche im 5. Jahrhundert eine breite Wirkung erreicht. Athen und Sparta wehren in den ersten beiden Jahrzehnten des 5. Jahrhunderts erfolgreich den Angriff der Perser auf das griechische Festland ab. Athen entwickelt sich in der Folge zu einer Metropole, in der der Handel blüht und eine demokratische Atmosphäre herrscht, die immer mehr Intellektuelle und Künstler anzieht. Auf Handlungs- und Bildungsreisen werden die Menschen mit fremden Sitten bekannt und beginnen so die eigenen Sitten und die eigene Lebensweise als etwas zu sehen, das nicht selbstverständlich ist, sondern auch anders sein könnte. Dass diese Entwicklung nicht notwendig so verlaufen muss, zeigt das Gegenmodell Sparta. Sparta bleibt eine konservative oligarchische Gemeinschaft von Landbesitzern, die ihre Macht einem rigorosen System militärischer Ausbildung und Disziplin verdankt. Im Jahr 477 übernimmt Athen den Vorsitz im attischen Seebund gegen die Perser, was seine Stellung als Handelsmacht und in der Folge auch seine kulturelle Offenheit steigert. Ein weiterer Sieg über die Perser im Jahr 465 lässt Athens Macht erneut anwachsen, führt aber auch zu einer zunehmend feindlichen Haltung Spartas. In Athen tritt eine weitere Demokratisierung ein, wobei der oberste Feldherr, seit 443 Perikles, eine gewisse Vorrangstellung erhält.

In der aufgeschlossenen Atmosphäre in Athen wird die durch die neuen Erfahrungen aufgebrochene Frage, wie die Bürger in der Polis

---

[19] Zum folgenden siehe für die historischen Fakten Powell, 1988; für die politische Situation Meier 1983, 275 ff; für die Auswirkung auf die ethischen Vorstellungen Stemmer 1992, Kap. 1.

zusammen und als einzelne leben sollen, offen debattiert. Ein Kontext, der dabei eine besondere Rolle spielt, ist derjenige der *paideia*, der Erziehung oder Bildung der Jugend. Sobald die menschliche Herkunft der Sitten und Gesetze durchschaut wird, entsteht die Frage, woran wir uns bei praktischen Entscheidungen sicher halten können. Welche Reaktionen auf diese Situation sind möglich? Die wichtigsten scheinen die folgenden zu sein: Es könnte Menschen geben, die gleichwohl an der überkommenen Lebensweise festhalten – sei es aus Gewohnheit oder mit der Begründung, dass sie sich bewährt hat. Andere, besonders die Jüngeren, werden die tradierte Lebensweise anzweifeln und hinterfragen. Unter Hinweis auf die Andersheit fremder Sitten könnten sie einen Relativismus vertreten, demzufolge für jeden das gut ist, was ihm angenehm ist oder was er wünscht. Auch diejenigen, die von der überlieferten Ordnung benachteiligt werden, werden eine Änderung fordern. Und schließlich werden alle, die nach Erfolg, Macht oder Reichtum streben, nach einer Rechtfertigung verlangen, wenn ihr Handeln durch Gesetze eingeschränkt wird, oder die Schranken zu durchbrechen versuchen.

Dieses radikale Stadium der Aufklärung scheint Athen erst in einer zweiten Phase erreicht zu haben. Die Anfänge der Aufklärung verliefen allmählich und ohne massive Unruhen und Umbrüche. Von diesem ersten, friedlichen Stadium handelt die Leichenrede des Perikles in Thukydides' *Der Peloponnesische Krieg* (Buch II §§ 37–41 ff): Perikles hebt die demokratische Verfassung Athens im Gegensatz zu Sparta hervor. In der Demokratie, so erklärt er, hätten alle das gleiche Recht, und trotz Freiheit in der Regelung des persönlichen Lebens werde das Gesetz beachtet. Die Erziehung sei frei von dem Zwang, mit dem sie in Sparta ausgeübt werde, und es sei für Spiel und geistige Entspannung gesorgt. Die Staatsgeschäfte würden nach ausführlicher Beratung gemeinsam entschieden, während die Bürger in ihrem eigenen Leben die Möglichkeit zu vielseitiger Entfaltung hätten.

Perikles bzw. Thukydides zeichnet also ein positives Bild einer aufgeklärten Demokratie, die trotz intellektueller Offenheit und Liberalität eine stabile Basis des Zusammenlebens hat, insofern die Bürger ihre Gleichheit und die Gesetze achten und durch das überlegte Bemühen um die Leitung der Polis geeint bleiben. Darin mag einiges an nachträglicher Verklärung liegen, jedoch trifft es zu, dass während der ersten Phase der Aufklärung die demokratische Regierung der Polis in der Tat funktionierte. Das ändert sich erst in der zweiten Phase, in die die Rede des Perikles bereits gehört. Im Jahr 431 beginnt der Peloponnesische Krieg zwischen Athen und Sparta, der zu einem Zusammenbruch der athenischen Polis führt, von dem sie sich nie wieder ganz erholen wird. Der Krieg tobt, mit Unterbrechungen, bis in das Jahr 404. Bereits 429 bricht in Athen die Pest aus, an der auch Perikles stirbt. Im Jahr 411 wird in Athen eine Oligarchie eingerichtet, der sogenannte Rat der Vierhundert, was zu einem Aufstand des Heeres und der Wiederherstellung der Demokratie führt. Schließlich wird 404 Athen von Sparta besiegt. Sparta ist jetzt die Führungsmacht unter den griechischen Stadtstaaten, und unter seinem Einfluss kommt es in Athen erneut zur Oligarchie, zur Herrschaft der dreißig Tyrannen, die allerdings schon nach einem Jahr wieder gestürzt und durch eine demokratische Regierung abgelöst wird.

Die Auswirkungen des Bürgerkriegs werden ebenfalls von Thukydides (Buch III, §§ 82–83) geschildert. Er beschreibt, wie in den Städten Zwietracht herrscht, wie die Menge der Menschen, der üblichen Annehmlichkeiten des Lebens beraubt, sich den Gegebenheiten des Augenblicks anpasst. Die bisherigen Wertvorstellungen geraten durcheinander, was sich an einer Verschiebung des Sinns ethischer Begriffe zeigt (z. B.: Tollkühnheit gilt als Tapferkeit, Besonnenheit als Ängstlichkeit). Die gemeinsamen Sitten und Verbindlichkeiten lösen sich auf, jeder sucht nur noch den eigenen Vorteil, es herrschen Gewinnsucht und Machtstreben.

4. Sokrates und die Sophisten

Die intellektuellen Bewegungen, die mit der griechischen Aufklärung verbunden sind, sind die Sophistik und die Rhetorik. Die Sophistik ist eine philosophische Richtung, von der uns nur wenige Fragmente erhalten sind und die bis heute einen schlechten Ruf hat, weil wir immer noch gewohnt sind, sie durch Platons Brille zu sehen.[20] Genau genommen müsste man sagen, dass es die Sophistik ist, die die Naturphilosophie ablöst und die Frage nach dem guten Leben aufwirft, während die Rolle des Sokrates dadurch zu kennzeichnen ist, wie er sich von der Sophistik kritisch absetzt. Die

---

[20] Zur Lehre und Bewertung der Sophistik siehe Kerferd 1981; Kerferd und Flashar, in Döring u. a. 1998, 1. Kapitel; Horn 2009, 83 ff.

Sophisten haben keine einheitliche Theorie, jedoch vertreten sie im wesentlichen Auffassungen, die naheliegen, wenn die Verschiedenheit und Veränderlichkeit der menschlichen Sitten deutlich zu Bewusstsein kommen: Relativismus (für jeden ist das gut, was er für gut hält), Pragmatismus (gut ist, was nützt) oder Konventionalismus (die überkommenen Sitten sind zwar nur menschliche Konventionen, aber wo diese sich bewährt haben, besteht kein Grund, sie aufzugeben).

Man muss jedoch auch hier zwei Stadien der Aufklärung unterscheiden. Ein ethischer Pragmatismus z. B. kann in einer gemäßigten Form vertreten werden. Er besagt dann, dass die Nützlichkeit für das eigene und gemeinsame Leben der letzte Gesichtspunkt praktischer Entscheidungen ist. Ein radikalisierter Pragmatismus dagegen, wie wir ihn nach der Schilderung des Thukydides in der Zeit des griechischen Bruderkriegs finden, streicht den Bezug auf die Gemeinschaft und erhebt den eigenen Vorteil zum einzigen Maßstab.

Die Rhetorik, die oft mit der Sophistik gleichgesetzt wird, ist die praktische (und manchmal auch theoretisch untermauerte) Redelehre, die in ihren Zielsetzungen ungefähr den politischen und ethischen Vorstellungen der Sophistik entspricht. Sie ist aus der Demokratie der damaligen Spielart kaum wegzudenken, denn wir müssen uns vorstellen, dass Entscheidungen in Gerichtsverhandlungen oder politischen Versammlungen jeweils direkt von den Anwesenden getroffen werden, so dass der Erfolg allein von der mündlichen Präsentation der eigenen Sache abhängt. Die Redner bzw. Redelehrer verfertigen gegen Bezahlung Reden für ihre Klienten oder bilden diese selbst im geschickten Reden aus. Wiederum müssen wir von dieser zunächst sinnvollen Funktion der Redelehre ihre Auswüchse in der Kriegszeit unterscheiden. Wenn wir an die Darstellung des Thukydides denken, so ist offensichtlich, dass Demagogen die Redekunst als Mittel einsetzen, um sich die in ihren Meinungen schwankende Menge gewogen zu machen, um sich im allgemeinen Machtkampf durch List und Täuschung Vorteile zu verschaffen.

Wir können dem so viel entnehmen, dass die Frage, wie man leben soll, eher punktuell gestellt wird, indem man nach der in einer jeweiligen Situation vorteilhaftesten Handlung fragt. Die letzten Ziele der Person oder der Polis werden nicht genauer reflektiert. Es wird angenommen, dass man das Glück will und dass das Glück je nach Person und Stellung im Erfolg oder der Macht oder der Lust besteht. Die Frage ist dann, welches Mittel zum Ziel führt. Sofern es dabei meist um die Durchsetzung gegen andere, notfalls in unfairer Weise, geht, besteht das Können, das für das Gelingen des Lebens erforderlich ist, nicht in einem klar mitteilbaren Verfahren; es hat vielmehr mit Geschicklichkeit und psychologischem Einfühlungsvermögen zu tun.

Als Sokrates, der im Jahr 470 geboren wurde, seine philosophische Tätigkeit aufnimmt, erfreuten sich Sophisten und Redner wie Protagoras und Gorgias bereits großer Bekanntheit und Beliebtheit. Sokrates hat also die Frage, wie man als Bürger in der Polis und als einzelner am besten leben sollte, nicht als erster gestellt. Da man ihm später vorwirft, er verderbe die Jugend, und da er in allen frühen Dialogen als eher alter Mann charakterisiert wird, kann man vermuten, dass er die Suche nach dem guten Leben nicht schon in seiner Jugend in der Öffentlichkeit praktiziert hat. Wie Platon an der referierten Stelle im *Phaidon* berichtet und wie Aristophanes in den *Wolken* darstellt, hat sich Sokrates außerdem zuerst mit der Naturphilosophie beschäftigt. Seine Bekanntschaft mit Mitgliedern des Kreises um Anaxagoras ist bezeugt.[21] Es wäre also denkbar, dass Sokrates sich erst ungefähr mit Beginn des Peloponnesischen Kriegs, mit zunehmendem realem Problemdruck, zum Anwalt der bis dahin von Sophistik und Rhetorik beanspruchten Frage macht und ihr eine neue Wendung gibt.[22]

5. Platons Ausgangssituation

Platon selbst, auf dessen Ausformulierung der Frage wir angewiesen sind, wurde ca. 427, also erst kurz nach Beginn des zerstörerischen Kriegs, geboren. Als er erwachsen ist, ist die athenische Polis im Inneren längst zerfallen, und die Geisteshaltung der Macht- und Gewinnsucht, der Arglist und des Misstrauens, die Thukydides plastisch beschreibt, bestimmen auch nach Kriegsende den Charakter der Politik. Die Gründe, die Platon im siebten Brief (325d5ff) als

---

[21] Siehe Martin 1967, 148.
[22] Guthrie vermutet, dass die Befragung des Orakels, welche die Tätigkeit des Sokrates auslöst, ein Ereignis im frühen mittleren Alter des Sokrates ist (Guthrie 1969, 86), und setzt das »dramatische Datum« der Frühdialoge (mit Ausnahme des *Protagoras*) nach Beginn des Peloponnesischen Kriegs an (Guthrie 1975).

Erklärung dafür anführt, warum er sich nicht an der Regierung Athens beteiligt, dass nämlich »unser Staat doch nicht mehr den Sitten und Einrichtungen unserer Väter gemäß verwaltet« wird, dass »die schriftlich abgefassten Gesetze und das Herkömmliche ... ihr Ansehen verloren« haben und man »das Gemeinwesen in jeder Hinsicht in vollständiger Verwirrung« sieht, lassen sich daher nicht einfach als das Lamento eines konservativen Aristokraten abtun. Denn Platons weitere Überlegung (326a5 ff) scheint plausibel: Wenn die alten Gesetze und Sitten nicht mehr akzeptiert werden, wenn faktisch keine neue Ordnung in Sicht ist, dann kann uns nur eine praktische Weisheit weiterhelfen, die weiß, wie die Gemeinschaft richtig zu organisieren und zu regieren ist.

Auffällig an diesem Gedankengang mag für uns sein, dass er sich ganz auf die Perspektive des Gemeinwesens bezieht und die Frage nach dem guten individuellen Leben nicht erwähnt. Wie wir sehen werden, ist die letztere Frage für Sokrates und Platon in der Tat nicht selbständig denkbar; das einzelne Leben wird nach wie vor grundsätzlich als Leben in der Polisgemeinschaft verstanden. An der zitierten Stelle ist die individuelle Frage aber faktisch durchaus präsent, nämlich in Platons eigener Frage, ob er in der athenischen Politik mitwirken solle oder nicht. Für Platon als Sohn einer alten Adelsfamilie ist das nicht irgendeine Frage, wie die Tätigkeit des Politikers für ihn nicht irgendein Beruf neben anderen ist. Es ist bis dahin für einen Mann seiner Stellung der einzig mögliche Lebensinhalt.[23] Wir dürfen uns in diesem Zusammenhang die Bürger in der athenischen Demokratie nicht allzu gleich vorstellen. Die Gleichheit ist kein positives Ideal, sondern eher negativ gegen das übermäßige Machtstreben von einzelnen gerichtet. Trotz der Isonomie, der Gleichheit vor dem Gesetz, ist es immer noch der Geburtsadel, der die Staatsgeschäfte ausübt.[24]

Ohne weiteres nachvollziehbar ist die grundsätzliche Überlegung: Das Zusammenleben in der Polis und in eins damit das gute Leben der einzelnen Bürger hat mit dem Verlust der alten Sitten seine Grundlage verloren. Die neuen Werte, die freie gegenseitige Achtung, die spielerische Selbstentfaltung, die gemeinsame redendüberlegende Bemühung um die Polis, die sich im Zeitalter des Perikles schüchtern andeuten, haben keine Gelegenheit, in eine klare zu-

---

[23] Siehe Friedländer 1964, Bd. I, 8 f.
[24] Siehe Finley 1986, 175 f.

sammenhängende Gestalt zu wachsen.[25] Sie werden von den Kriegswirren im Keim erstickt, und ihre Basis scheint nicht stark genug, das Umschlagen in egoistisches Gewinnstreben und Machthunger zu verhindern. In dieser Situation, in der nicht nur die alten Werte, sondern alle Werte abhanden gekommen sind, ist es verständlich, dass das Bedürfnis nach einem sicheren praktischen Wissen entsteht, mit dem sich begründen lässt, welche Weise des individuellen und gemeinsamen Lebens die richtige ist. Wenn man nicht alles der Beliebigkeit überlassen will, dann scheint ein begründetes praktisches Wissen nötig, eine Konzeption des Guten, über die man Rechenschaft ablegen kann.

6. Die Interpretationslage bei den Frühdialogen

Damit haben wir die Ausgangssituation erreicht, in der die Überlegungen in Platons Frühwerk einsetzen. Wie diese zu interpretieren sind, ist bis heute strittig, und dies ebenso mit Bezug auf die Form wie auf den Inhalt. Die Schwierigkeiten, die Platons Schriften für die Interpretation aufwerfen, lassen sich zu einem großen Teil auf die Dialogform zurückführen.[26] Diese Schwierigkeiten betreffen in besonderem Maß die Frühschriften, zu denen neben der *Apologie des Sokrates* die Dialoge *Kriton, Ion, Hippias Minor* und *Maior, Euthydemos, Laches, Charmides, Euthyphron, Protagoras, Gorgias, Lysis* und *Meno* gehören.[27] Die Dialoge sind allgemein so gestaltet, dass der Autor völlig anonym bleibt und Thesen und Überzeugungen auf die Dialogfiguren verteilt werden, mit der weiteren Folge, dass

---

[25] Dass es bei den Griechen nie zu einer expliziten positiven Demokratiekonzeption gekommen ist, betont Irwin 1989, 204f.
[26] Für die ältere Interpretationsgeschichte vgl. Tigerstedt 1977; Witte 1970, Einleitung. Zum heutigen Stand siehe Horn 2009, II 3.
[27] Falls man sie für echt hält, außerdem *Alkibiades I, Theages* und *Kleitophon*; siehe dazu genauer das »Vorwort« zu Platon, Sämtliche Werke, 1994. Strittig ist Platons Urheberschaft auch beim *Hippias Maior*, vgl. Heitsch 2011, 111–123. Zu den frühen Schriften gehören nach derzeitigem Stand der Forschung (vgl. Horn 2009, II 2) außerdem *Kratylos*, der hier unberücksichtigt bleibt, weil er ein theoretisches Thema hat, sowie *Phaidon, Menexenos* und eventuell das *Symposion*, in denen die Dialogform nicht essentiell ist, weshalb sie hier ebenfalls außer acht bleiben. Hingegen werde ich teilweise auch Dialoge, deren Echtheit in Frage steht, berücksichtigen, so weit sie für mein systematisches Interesse relevant sind.

der Leser nicht direkt angesprochen wird, sondern den übermittelten Gehalt als Beobachter der Auseinandersetzung zwischen den Figuren entnehmen muss.[28] Während in den mittleren und späten Werken teilweise positiv philosophische Konzeptionen entwickelt werden und die Dialogform oft nicht mehr tragend erscheint, ist diese in den Frühschriften gerade essentiell.

Neben dem Hervortreten des Dialogischen weisen diese Werke noch eine Reihe weiterer gemeinsamer Merkmale auf. Sie umkreisen alle die Frage nach dem guten Leben, nach der menschlichen *arete*, dem ethischen Wissen. Die Figur des Sokrates wird als moralisches Vorbild ausgestaltet und spielt eine wichtige Rolle.[29] Der Dialog vollzieht sich in der Weise, dass Sokrates Überzeugungen seiner Mitredner einer Prüfung unterwirft. Der Verlauf dieser Prüfungsgespräche (*elenchos*) ist oft nicht klar und logisch, sondern voll von Fehlschlüssen, Paradoxien und Konfusionen. Gewöhnlich enden sie in der Aporie, in einer Situation, in der konstatiert wird, dass alles vermeintliche Wissen sich als unhaltbar erwiesen hat und positive Antworten auf die Ausgangsfragen nicht absehbar sind.

Die Bewertung des aporetischen Ausgangs gehört zu den Gegenständen andauernder Kontroverse. Von manchen Interpreten wird das aporetische Ende damit erklärt, die Dialogfigur Sokrates bzw. der frühe Platon selbst sei das Opfer von Verwirrungen und habe noch keine ausgebildete Meinung über die aufgeworfenen Fragen. Gegen diese »entwicklungsgeschichtliche« Deutung, wie sie Vlastos und seine Anhänger verfechten,[30] steht die bis auf Schleiermacher zurückgehende »systemperspektivisch-kontextuelle« Auffassung,[31]

---

[28] Siehe dazu Erler 2007, 75 ff.
[29] Die Auffassung von Wilamowitz-Moellendorff ⁵1959, Bd. 1, 97, Platon wolle in den Frühdialogen ein Porträt des Sokrates gestalten, scheint vertretbar, wenn sie so gemeint ist, dass es dabei um die Person des Sokrates als Vorbild geht, wenn sie also nicht beansprucht, dass Platon mit historischer Genauigkeit die Thesen von Sokrates wiedergeben will.
[30] Vlastos 1991, 134, 156 vertritt die Auffassung, Sokrates würde nicht absichtlich Fehler machen und auch andere im Verlauf des Elenchos (anders als in ironischen Zwischenspielen, 138 f.) nicht in die Irre führen. Nach Irwin 1977, 38 f. müssen die Bekundungen des Sokrates in den Frühdialogen, er wisse das Ergebnis nicht, mit Bezug auf Platons Stand ernstgenommen werden. Dagegen Young 2009, der dezidiert die These vertritt, dass Sokrates im Verlauf des Elenchos bewusst täuscht (62–64).
[31] Diesen Terminus übernehme ich aus Horn 2009, 26.

6. Die Interpretationslage bei den Frühdialogen

Platons Werk sei als ganzes zu interpretieren und seine eigene Lehre könne zum Zeitpunkt der Abfassug der Frühdialoge durchaus schon vorhanden gewesen sein. In der Tat kann jeder, der die Dialoge aufmerksam liest, denke ich, leicht sehen, dass ein Autor, der keine eigene Konzeption hat, die Dialogfiguren kaum so kunstvoll in die Irre führen könnte, wie Platon das Sokrates ständig tun lässt.[32]

Warum aber gestaltet Platon dann Unterredungen mit einer Hauptfigur, welche andere täuscht und ihre Meinung hinter Ironie versteckt, statt seine ethische Konzeption offen in einer Abhandlung darzulegen? Eine erste Antwort könnte im Hinweis auf die Gesprächssituation liegen. Was die interne Gestaltung betrifft, so ist die Gesprächsführung jeweils an den intellektuellen Stand der Partner angepasst, welche in den Frühdialogen Redner oder Jugendliche sind, die (noch) nicht über eine reflektierte philosophische Konzeption verfügen und zu einer ernsthaften Debatte über ethische Fragen so gar nicht in der Lage sind.[33] Gegen eine bloß literarische Lesart der Frühdialoge als Vorführungen des Schauspiels der Vernunft, wie es von der damaligen ›intellektuellen Szene‹ oberflächlicher Intellektueller verkörpert wird,[34] spricht allerdings die immer mit zu beachtende externe Funktion, die Richtung auf den Leser. Auch diese wird unterschiedlich interpretiert. Gemäß der sog. protreptischen Interpretation ist die Dialogform eine Weiterentwicklung der in der Sophistik üblichen eristischen Werbeschriften, welche Verwirrung beim Leser erzeugen und ihn so dazu zu bewegen sollen, Unterricht zu nehmen.[35] Wenn das, was Gegenstand dieses Unterrichts wäre, die Belehrung über das Gute, in den Frühdialogen fehlt, dann könnte man Erklärungen anschließen, die sich auf Platons Schriftkritik berufen. Wie Platon im *Phaidros* äußert (275 c ff), kann das geschriebene Wort leichter als die mündliche Rede missverstanden und dann nicht vom Autor verteidigt werden. Da Platon dennoch

---

[32] Ähnlich Ebert 1974, 30. Thesleff (2000, 63) schließt daraus weiter, die kunstvollen Argumentationszüge seien von vornherein nicht für ein breiteres Publikum verständlich, vielmehr könnten sich die Dialoge nur an ein philosophisch geschultes Publikum richten.
[33] Vgl. Erler 2007, 61. Die unterschiedliche Ausprägung des Dialogcharakters in der frühen, mittleren und späten Phase des Werks könnte man dann durch die Beschaffenheit der Dialogpartner erklären, von deren Niveau aus Sokrates das Gespräch jeweils in Gang setzt. Siehe dazu Gundert 1968, 5–18.
[34] So Woodbridge 1971.
[35] Siehe Gaiser 1959.

schreibt, könnte man erwägen, ob die Dialogform nicht die Aufgabe hat, die Schriftkritik etwas abzumildern, indem sie das Mündliche ein Stück weit bewahrt.[36] Die Tübinger Schule der Platoninterpretation nimmt darüber hinaus an, Platon verfüge hinter den Dialogen über eine ›ungeschriebene Lehre‹, eine Geheimlehre, die er wegen möglicher Missverständnisse nur denjenigen vermittelt habe, die in die Akademie eingetreten waren.[37]

Will man nicht zu dieser Hypothese Zuflucht nehmen, dann liegen Auffassungen nahe, welche, wie schon Schleiermacher, einen wesentlichen Zusammenhang der Dialogform mit dem philosophischen Inhalt sehen.[38] Erklärungen der Dialogform durch im weiten Sinn didaktische Absichten gehen in eine philosophische Erklärung über, wenn die Erfahrung der Verwirrung über ethische Fragen nicht einfach dazu führen soll, Unterricht bei einem Lehrer zu nehmen, sondern vielmehr als Beginn der eigenen Bemühung um ethisches Wissen verstanden wird.

Was die Erreichbarkeit eines solchen Wissens angeht, gibt es zwei Hauptlinien der Interpretation, die skeptische und die dogmatische. Die Anhänger der skeptischen Richtung meinen, dass durch Sokrates nur der anfängliche Schritt bewirkt werden kann und danach nur das selbständige methodische Weiterfragen mit offenem Ende bleibt. So ist z. B. nach der existenzialistischen Interpretation[39] der Dialog bei Platon das Zeichen eines offenen Denkens, dem es nur um den *Weg* des Philosophierens geht, während sich der letzte Grund dem menschlichen Wissen entziehe. Diese Auffassung operiert jedoch mit einer Vorstellung der Begrenztheit und Offenheit des menschlichen Lebens, die in dieser Radikalität zu Platons Zeit kaum gegeben ist.[40] Ebenso wenig lässt sich der wichtige Beitrag, den der *Verlauf* der Dialoge zu Platons Mitteilungsintention leistet, als Vorwegnahme des frühen Wittgenstein verstehen, für den sich alles, was die Ethik und den Sinn des Lebens betrifft, nur *zeigen* und nicht *sagen* lässt.

---

[36] Siehe dazu Friedländer 1964,176f., Wieland 1982, 53ff.
[37] Die ausführlichste neuere Darstellung dieser Lehre ist Reale 1993. Für eine Kritik an der Tübinger Schule siehe v. Fritz 1966; zum derzeitigen Stand der Diskussion um die ›ungeschriebene Lehre‹ Horn 2009, II 4.
[38] So schon Schleiermacher 1804, ³1855, 34.
[39] Kierkegaard 1929.
[40] Zur Kritik Schulz 1960, 262.

6. Die Interpretationslage bei den Frühdialogen

Die dogmatische Linie, welche u. a. auf die (manchmal geradezu feierliche) Ernsthaftigkeit verweist, mit der Platon Sokrates bei aller Ironie in den Dialogen auftreten lässt,[41] nimmt demgegenüber an, dass Sokrates in den Dialogen als Sprachrohr Platons fungiert und wir so durchaus Platons Überzeugungen erfahren.[42] Hier wird der Dialogform sicher ein zu geringes Gewicht beigemessen und übersehen, dass Sokrates nur *eine* Stimme im Dialog ist, der als ganzer interpretiert werden muss. Dies gilt insbesondere für die frühen aporetischen Dialoge, in denen Sokrates kaum positive Inhalte formuliert und wo der Verlauf wesentlich zum Verständnis des Inhalts beiträgt. Dennoch ist es sicher richtig, dass der Verlauf nicht alles ist, sondern dass Platon im Hintergrund einen inhaltlichen Standpunkt hat, allgemein die Annahme, dass wir als rationale Wesen nach dem wahrhaft Guten streben.[43] Auch wenn Platon im Sinn der skeptischen Interpretation annimmt, dass wir nach diesem Guten nur suchen und nicht eine *allgemeine* substantielle Konzeption des Guten erreichen können, meint er doch, wir könnten erkennen, wie in konkreten Situationen gut zu handeln ist und was in dieser oder jener konkreten Hinsicht zum guten Leben einer bestimmten Person beiträgt.[44]

Beide Interpretationsrichtungen, die in zahlreichen Varianten vorliegen, treffen daher, wie sich im Durchgang durch die frühen Dialoge genauer zeigen wird, Aspekte, die bei Platon vorhanden sind, und keine lässt sich in extremer Form allein vertreten. Platon ist zweifellos von der Realität des Guten und seiner prinzipiellen Durchsichtigkeit für die Vernunft überzeugt, auch wenn er gleichzeitig meint, es sei diskursiv nicht vollständig einzuholen und müsse daher zusätzlich durch das philosophische Tun gezeigt werden. Das ist der berechtigte Kern einer gemäßigten methodischen Lesart,[45] wie sie auch hier im folgenden entwickelt werden soll.

---

[41] Rowe 2009, 24.
[42] Vlastos 1991, 50ff.
[43] Rowe 2009, 21.
[44] Den Rückbezug auf praktische Bedürfnisse, letztlich auf Entscheidungssituationen, betont inzwischen auch von Ackeren 2003, 2, 17.
[45] Vertreten etwa von Wieland 1982, der ebenfalls auf die Gefahr hinweist, die Entdeckung des wesentlichen Beitrags der Methode zum philosophischen Gehalt der platonischen Dialoge zu überschätzen (52).

7. Absicht und Gliederung der Untersuchung

Die Problematik, von der Platon in den Frühdialogen ausgeht, wird in Kapitel II genauer anhand des Textes der *Apologie* charakterisiert. Gesucht ist ein praktisches Wissen vom gemeinsamen und individuellen guten Leben, das ich im folgenden kurz als ethisches Wissen[46] bezeichnen werde. Das einzige Modell eines begründeten praktischen Wissens, das zur Verfügung steht, ist das Modell des *techne*-Wissens. Das *techne*-Wissen ist jeweils definiert durch eine bestimmte Aufgabe (*ergon*), es fragt nach den Schritten zur Erreichung eines vorgegebenen Ziels. Die Übertragung dieses Modells auf das menschliche Leben ist den Griechen durchaus vertraut. Die alte heroisch-homerische Ethik bestimmt den Menschen durch seine Funktion im Krieg, und entsprechend sieht sie die gute Weise des menschlichen Lebens (*arete*) in der vorzüglichen Erfüllung dieser Aufgabe. Doch wie bereits in der *Apologie* deutlich ist und wie ich genauer anhand der kleinen Dialoge *Ion* und *Hippias Minor* zeigen möchte, hält Platon die Methode des *techne*-Wissens für ungeeignet (Kap. III). Denn die Eigentümlichkeit des Strebens nach dem guten Leben besteht gerade darin, dass wir das Ziel nicht kennen. Die Textgrundlage für diesen Schritt bilden der *Euthydemos* und der *Hippias Maior* (Kap. IV).

Wenn wir das Ziel nicht kennen, wird der Weg, die Methode entscheidend. Diese Methode, der *elenchos*, soll anhand der Definitionsdialoge, insbesondere des *Charmides*, erläutert und durch einige Beobachtungen zum *Protagoras* und *Menon* ergänzt werden (Kap. V). Wenn wir das Ziel nicht kennen, entsteht weiterhin ein Motivationsproblem; denn wer sagt uns, dass es sich lohnt, danach zu suchen, dass wir es tatsächlich erreichen können, ja dass es überhaupt existiert? Diese Kluft schließt die erotisch-pädagogische Linie der Dialoge, die ich in der Hauptsache im *Lysis* (Kap. VI) aufzeigen möchte. Eine Beschäftigung mit dem *Gorgias* soll zu dem Punkt führen, wo die offene Methode des Elenchos und die Festlegung auf inhaltliche Antworten zusammentreffen (Kap. VII).

Ich werde die Interpretation also an drei Linien oder Leitfragen orientieren: I. Was ist die Methode des ethischen Wissens, wenn

---

[46] Das Wort »ethisch« wird also im folgenden immer im weiten Sinn der Frage des guten Lebens verstanden, nicht, wie heute manchmal üblich, im Sinn von »moralisch«.

7. Absicht und Gliederung der Untersuchung

dieses kein Wissen von der Art der *techne* ist? 2. Welchen Status hat das Gute, das Ziel (*ergon*), welches wir als Menschen erstreben und welches das gute menschliche Leben (*arete*) anleitet? 3. Wenn dieses Gute letztlich unbekannt bleibt, was kann uns motivieren, die Methode stetig in unserem Leben anzuwenden? Diese Fragen sind nicht unabhängig voneinander, und sie kommen in allen Dialogen zusammen vor. Ihre Trennung soll nur den Zugriff erleichtern. Die zentrale Frage wird die erste, die Frage der Methode, sein.

II. Die Tätigkeit des Sokrates
(*Apologie*)

1. Vorbemerkung

Sokrates ist der erste, der die Frage, wie man leben soll, in einem grundsätzlichen Sinn aufwirft. Er stellt sie nicht in der Weise einer philosophischen Theorie, sondern indem er in Athen umhergeht und seine Mitmenschen auf ihre Lebensweise prüft. Diese Tätigkeit führt dazu, dass er im Jahr 399 vor Gericht gestellt wird. Die Anklage lautet, er glaube erstens nicht an die Götter, die der Staat anerkennt, sondern führe andere neue Gottheiten ein; zweitens verderbe er die Jugend.[1] Sokrates wird, mit einer nicht sehr großen Mehrheit von 280 zu 220 Richtern, schuldig gesprochen und zum Tode verurteilt.

Vier Schriften Platons kreisen direkt um dieses Ereignis. Der *Euthyphron* beginnt damit, dass Sokrates von der Anklage berichtet, die gegen ihn von Staats wegen erhoben wurde. Die *Apologie* enthält die Rede, mit der Sokrates sich vor Gericht verteidigt. Im *Kriton* unterhält sich Sokrates mit einem seiner Anhänger, der ihn zur Flucht aus dem Gefängnis bewegen will. Der *Phaidon* enthält Gespräche, die Sokrates unmittelbar vor seinem Tod mit seinen jüngeren Freunden führt, während der Rahmendialog erzählt, wie Sokrates das Gift trinkt und stirbt.

Sofern es eine Schrift Platons gibt, in der fassbar wird, wie Sokrates selbst die Frage nach dem guten Leben verstanden hat, ist es die *Apologie*. Die gerade genannten anderen Schriften sind Dialoge, deren Sinn sich aus dem Zusammenhang der Äußerungen aller Beteiligten ergibt, während in der *Apologie* Sokrates allein redet. Zwar ist umstritten, ob der Text als Zeugnis gedacht oder literarische Fik-

---

[1] So formuliert Xenophon, Memorabilia 1, I, vermutlich wörtlich (vgl. Martin 1967, 132).

tion ist. Doch eine ganze Reihe von Fakten und Details stimmen mit Informationen aus anderen Quellen überein. Auch wenn wir nicht erwarten können, dass Platon die Rede des Sokrates wörtlich wiedergibt, was nach damaligen Gebrauch eher unüblich wäre, spricht doch manches dafür, dass wir es mit einem – allerdings stilisierten – Porträt zu tun haben.[2]

Die *Apologie* besteht genau betrachtet nicht aus einer, sondern aus drei Reden. Die erste und längste ist die eigentliche Verteidigungsrede. Nach Verkündigung des Schuldspruchs hält Sokrates eine kürzere zweite Rede, in der es um das Plädoyer für ein bestimmtes Strafmaß geht. Auf die Festsetzung der Todesstrafe reagiert Sokrates mit einer dritten Rede. Zentral für meine Absicht, einen vorläufigen Aufriss der Problemlinien zu geben, ist die erste Rede. Ich werde diese schrittweise analysieren und einige Stellen aus den kürzeren Reden hinzuziehen. Die Verteidigungsrede ist grob so aufgebaut, dass Sokrates mit einer Einleitung über die Art der Rede beginnt (17a1–18a6), sich dann zunächst gegen unbestimmte frühere Ankläger zu verteidigen versucht, danach gegen die neue Anklage. Beide Verteidigungen sind so unterteilt, dass Sokrates zuerst den Inhalt der Anklage darstellt bzw. kritisiert (18a7–20c3; 24b3–28a1) und sodann die Vorwürfe durch eine Erläuterung seiner Lebensweise auszuräumen versucht (20c4–24b2; 28a2–34b5). Es folgt ein kurzer Schlussteil (34b6–35d8).

2. Das *techne*-Modell praktischen Wissens

In den Eingangsbemerkungen der Rede nennt Sokrates ein Motiv, welches in der alten Anklage eine entscheidende Rolle spielt, die Unterstellung nämlich, er sei den Rednern und Sophisten zuzurechnen. Diese versuchen, Gerichtsprozesse mit rhetorischen Mitteln zu gewinnen, und zwar auch dort, wo sie bzw. ihre Klienten im Unrecht sind, indem sie mit den Mitteln der Rhetorik die Richter überreden und notfalls täuschen. Sokrates betont, er sei zu solcher Redekunst gar nicht fähig. Das mag man für eine ironische Übertreibung halten. Der eigentliche Punkt ist jedoch ein anderer. Sokrates hat nicht wie die Redner das Ziel, erfolgreich zu Beliebigem zu

---

[2] Siehe Guthrie 1975, 78f. Zur Bedeutung der Apologie für Platons eigenes Werk Heitsch 2002, Appendices III.

2. Das techne-Modell praktischen Wissens

überreden. Sein Ziel besteht darin zu sagen, was wahr und gerecht ist. Dies ist nicht irgendein Ziel, sondern die dem Reden selbst inhärente Aufgabe (*ergon*), durch welche die Rede (*logos*) wesentlich in dem, was sie ist, bestimmt wird. Entsprechend ist der gute Redner, der die Vortrefflichkeit (*arete*) im Reden besitzt, darauf aus, die Wahrheit zu sagen.

Diese wenigen Bemerkungen führen beiläufig mitten in die Begriffskonstellation, aus der heraus in den platonischen Frühschriften die Suche nach einem grundlegenden ethischen Wissen expliziert wird. Für die Griechen in Platons Zeit ist das einzige ausgearbeitete Modell praktischen Wissens die *techne*, und Sokrates spielt darauf an, dass sich die Rhetorik als eine *techne*, ein methodisch geregeltes Können verstehen möchte. Für diejenigen, die Platons Auffassungen kennen, klingen solche Zusammenhänge schon hier an. Doch sollen sie im folgenden schrittweise aus dem Text entwickelt werden.

Die früheren Ankläger (18a8), gegen die Sokrates sich zuerst verteidigt, sind nicht bestimmte Personen, sondern die öffentliche Meinung, die alten Vorurteile, die in der Stadt über ihn im Umlauf sind. Sie kommen in der Karikatur zum Ausdruck, die der Komödiendichter Aristophanes in seinem Stück *Die Wolken* zeichnet: ›Sokrates tut Unrecht und treibt Unsinniges, indem er die Dinge unter der Erde und am Himmel untersucht und den schwächeren Satz zum stärkeren macht und dies auch andere lehrt‹ (19b4ff). Sokrates wird also erstens als Naturphilosoph, zweitens als Redner und Sophist hingestellt, drittens als jemand, der auch andere die Kunstgriffe der Redner lehrt.

Wenn Sokrates die Zugehörigkeit zur Naturphilosophie leugnet, so trifft das zwar, wie wir im letzten Kapitel gesehen haben, nicht ganz zu, ist aber dadurch zu erklären, dass die öffentlichen Unterredungen, die der Stein des Anstoßes sind, nichts mit dieser Phase seines Lebens zu tun haben. Die zweite und dritte Anschuldigung, die Sokrates unter die Sophisten und Redner subsumieren, gehören zusammen. Man würde darauf die Entgegnung erwarten, dass Sokrates nicht die Überrredung zu beliebigen Zwecken lehrt, sondern im wahren und gerechten Urteilen ausbildet. Statt dessen finden wir die Behauptung, die Redner lehrten, Sokrates hingegen nicht, und zwar darum nicht, weil ihm die erforderlichen Kenntnisse und Fähigkeiten fehlten (19d8ff). Wir können an dieser Behauptung sehen, dass wir den Text nicht oberflächlich wörtlich lesen dürfen. Das Lob der Lehrtätigkeit der Redner ist sicher ironisch gemeint. Andererseits könnte wörtlich gemeint sein, dass Sokrates nicht lehrt – sofern man »lehren« nämlich im gängigen Sinn des Lehrens einer *techne* oder Wissenschaft versteht. Die Frage, was genauer Gegenstand der Lehre ist und wer folglich lehren kann, wird anhand einer beispielhaften Unterredung erläutert (20a6ff), von der Sokrates erzählt:

Sokrates fragt einen Vater, wer der geeignete Erzieher für seine Söhne sei. Die Frage wird eingeleitet mit einer Analogie: Wenn die Söhne Füllen oder Kälber wären, wäre der geeignete Erzieher ein Zureiter oder Landmann, und zwar deswegen, weil dieser das erforderliche Wissen (*episteme*) besitzt, um sie schön und gut (*kalon kai agathon*) im Hinblick auf das ihnen zukommende Gutsein (*proshekousa arete*) zu machen. Sokrates verwendet also, wie beiläufig schon in den Eingangsbemerkungen, dasjenige Modell des praktischen Wissens, das allen bekannt und einleuchtend ist, das Modell der *techne*. Ich werde dieses Modell kurz unabhängig vom Text erläutern, weil nur so die besondere Pointe verständlich wird, die seine Verwendung an der relevanten Stelle besitzt.

Der Ausdruck *techne* ist schwer zu übersetzen. Er entstammt dem handwerklichen Bereich, wo im Deutschen die Rede von einer Fertigkeit oder auch einer Kunst im weiten Sinn des Könnens naheliegt.[3] Während ein solches Können im Besitz praktischer Erfahrung aufgehen kann, führt Platon die *techne* oft in einem Atemzug mit der *episteme*, der Wissenschaft an. Eine Wissenschaft besteht nach griechischer Auffassung in einem System von Gesetzesaussagen, und der anspruchsvollere Begriff der *techne*, der in Platons Zeit vorherrscht, umfasst neben dem praktischen Können das Wissen von den Gesetzen, mit denen sich das Tun begründen und lehren lässt. Es bietet sich dann die Äquivalenz von *techne* und »Technik« an, wo »Technik« den Sinn eines Regelsystems oder einer Methode eines beliebigen Tuns hat (z. B. Maltechnik, Fahrtechnik usw.). Das Wort *techne* kann in Platons Zeit in der Tat diesen schwächeren Sinn haben. Wenn Platon die Formel *techne kai episteme* verwendet und die *techne* als Paradigma echten praktischen Wissens hinstellt, meint er jedoch kaum diese schwächere Bedeutung, sondern den strengen Sinn, wonach jemand eine *techne* besitzt, wenn er menschliche Zwecke zu realisieren vermag, indem er aufgrund von Sachkenntnis und Gesetzeswissen natürliche Zustände oder Stoffe auf geeignete Weise

---

[3] Zum folgenden vgl. Schneider 1989, 132 ff.

2. Das techne-Modell praktischen Wissens

ändern oder umformen kann. Ich werde das Wort *techne* unübersetzt stehenlassen, wo diese Kernbedeutung gemeint ist.

Machen wir uns an einem Beispiel aus dem ursprünglichen handwerklichen Bereich klar, worin der Wissenscharakter der *techne* besteht. Der Zweck (Ziel, Aufgabe) der *techne* wird mit dem Ausdruck *ergon* gefasst. Zum Beispiel besteht die Aufgabe der Hausbaukunst darin, Häuser zu bauen. Um ein Haus zu bauen, muss man wissen, was ein Haus und was ein gutes Haus ist. Ein Gebrauchsgegenstand wie ein Haus ist durch seine Funktion bestimmt. Dem Zweck des herzustellenden Dings ist zu entnehmen, was für Materialien und Handlungen man braucht, damit ein Haus entsteht. Dieses Wissen könnte man als definitorisches Wissen bezeichnen, allerdings nicht im Sinn einer Wortdefinition, sondern im Sinn einer Kenntnis der wesentlichen Beschaffenheit der Sache. Um zu wissen, wie sich mit Steinen, Holz usw. ein Haus fertigen lässt, muss man außerdem wissen, wie diese Stoffe sich verhalten, wie sie z. B. auf Belastung oder Hitze reagieren, das heißt, man muss ihre Kausaleigenschaften bzw. die relevanten Naturgesetze kennen.

Das fertige Haus kann seine wesentliche Funktion schlechter oder besser erfüllen. Zum Begriff des *ergon* gehört also ein gradueller Bewertungsspielraum. Ein Haus, das die Funktion des Hauses gut erfüllt, ist ein gutes Ding dieser Art bzw. besitzt die für ein Ding dieser Art spezifische *arete*. Parallel dazu besitzt der Baumeister, der gute Häuser baut, die *arete* im Hinblick auf diese Art der Fähigkeit. Auch das Wort *arete* ist kaum übersetzbar. Häufig wird es mit »Tugend« wiedergegeben. Das ist zwar vom ursprünglichen Sinn dieses Worts her nicht so verkehrt (»Tugend« kommt von »taugen«); jedoch wird das Wort heute gewöhnlich moralisch verstanden. Wenn wir es aber von vornherein mit diesem engeren Kontext verbinden, entgeht uns die besondere Art, auf welche die Griechen das moralische Gutsein, das *arete* in der Tat auch meinen kann, im weiteren Feld des Guten lokalisieren. *Arete* besitzt alles, was in der Erfüllung seiner Funktion oder in seiner Beschaffenheit gut (*agathos*) ist. Übersetzungen wie »Vortrefflichkeit« sind zwar nicht auf die Moral festgelegt, haben aber den Nachteil, dass sie nur die höchste Spitze auf der Skala der Bewertung treffen. Dieses Problem vermeidet der Ausdruck »Gutsein«, der andererseits den Nachteil hat, dass er den Zustand ausdrückt, während die *arete* eine Handlungsdisposition ist – bei menschlichen Tätigkeiten die Fähigkeit, gute Dinge einer Art herzustellen, bei Gebrauchsdingen die Disposition, von den Benutzern auf gute Weise verwendet zu werden. Ich wähle daher den eher unüblichen Ausdruck »Gutheit«, der diesen aktiven Aspekt enthält;[4] oft werde ich aber auch einfach den Ausdruck *arete* stehenlassen.

An unserer Textstelle wird von einem *techne*-Wissen in Analogie zur handwerklichen Herstellung geredet. Die Analogie zwischen der Ausbildung von Lebewesen und der Fertigung von Gebrauchsdingen erreicht Sokrates durch den Trick, den Begriff des Pferdes so einzuengen, dass dieses als Nutztier für den Menschen, als Reitpferd definiert ist. Dadurch hat es eine bestimmte Aufgabe bzw. Fähigkeit, nämlich das Gerittenwerden, und die spezifische *arete* ist dann die Gutheit als Reitpferd. Diese hat das Pferd nicht von Natur. Es muss vielmehr abgerichtet werden, das heißt, der Herstellung bei Gebrauchsdingen entspricht bei Lebewesen die Erziehung oder Ausbildung der Fähigkeiten. Und wie man dort für die Fertigung eines guten Dings einen guten Hersteller braucht, der die Funktion von Dingen der betreffenden Art kennt und sich daher auf ihre Produktion versteht, so kann die Ausbildung zu einem Lebewesen, das seine Funktion gut erfüllt, nur vornehmen, wer sich auf diese Funktion und ihre Ausbildung versteht, wer in dieser Hinsicht ein Sachverständiger oder Wissender ist (*epistemon, epaion*). Mit Bezug auf Reitpferde ist dieser Experte der Zureiter.

Wenn schon das Pferd seinem natürlichen Wesen nach nicht dafür da ist, dass man auf ihm reiten kann, so ist es noch problematischer, den auf die handwerkliche Herstellung zugeschnittenen Begriffsrahmen auf die Frage der richtigen Erziehung des Menschen zu übertragen. Da die Söhne nicht Füllen oder Kälber sind, sondern Menschen, wer, so fragt Sokrates, ist dann sachverständig für ihre Erziehung? Im Rahmen der bisher verwendeten Begrifflichkeit müsste der erste Schritt die Angabe des Ziels der Erziehung sein. Dieses soll in der *arete* des Menschen, seiner menschlichen und bürgerlichen Gutheit bestehen. Folgt man dem Vergleich mit den Füllen, kennt die *arete* des Menschen aber nur, wer seine Aufgabe kennt. Dieser Zwischenschritt wird hier ebenso wie bei den Füllen unterschlagen. Versuchen wir ihn einzuschalten, müsste die Aufgabe des Menschen das Leben als Mensch und Bürger sein. Der Erzieher müsste also ein System von notwendigen Zusammenhängen kennen, die das menschliche Leben ausmachen. Dass sich ein solches System vollständig explizit

---

[4] Zur genaueren Begründung siehe Aristoteles 2006, 348, Anm. 44.

aufstellen lässt, scheint von Anfang an nicht sehr wahrscheinlich. Außerdem bricht die Analogie mit der handwerklichen *techne* dann zusammen, wenn wir uns klarmachen, dass der Erzieher selbst als Mensch lebt und sein Leben für ihn kein äußerer Zweck ist. Damit ist die Anwendbarkeit der *techne*-Begrifflichkeit auf die Frage nach der menschlichen Gutheit noch nicht endgültig ausgeschlossen; als unpassend ist vorläufig nur die Begrifflichkeit der handwerklichen Herstellung erwiesen. Dass der für die *techne* allgemein zentrale Schritt, die Bestimmung des zu bewirkenden *ergon*, in der Frage nach der menschlichen Erziehung ausgespart bleibt, dürfte aber ein erstes Indiz dafür sein, dass die menschliche Aufgabe (sofern das eine geeignete Ausdrucksweise ist) und das zugehörige Wissen nicht die Form der *techne* hat, sondern von einer besonderen Art ist.[5] Die Lücke wird zumindest im nachhinein auffällig in der Art, wie Sokrates die positive Darstellung seiner Lebensweise beginnt, die zeigen soll, was ihm die alten Vorwürfe zugezogen hat. Er wirft die Frage nach seiner besonderen Beschäftigung oder Tätigkeit (*pragma*, 20c5) auf, und er erläutert, er besitze eine besondere Art von Wissen, die menschliche Weisheit (*anthropine sophia*, 20d8). Dass anstelle der im *techne*-Modell üblichen Begriffskonstellation von *ergon* und *episteme* andere Wörter, nämlich *pragma* und *sophia* verwendet werden, könnte man als Hinweis verstehen, dass wir mit einer neuartigen Konzeption praktischer Überlegung zu rechnen haben.

3. Das menschliche Nichtwissen

Den eigentlichen Grund der alten Vorwürfe sieht Sokrates darin, dass er eine bestimmte Art der Weisheit besitze, und zwar diejenige, die man als *menschliche* Weisheit bezeichnen könne. Urheber dieser Zuschreibung ist Apollon bzw. das Orakel in Delphi (20e6ff). Chairephon, ein Freund des Sokrates, hat dieses Orakel befragt, ob es jemanden gebe, der weiser sei als Sokrates, und die Antwort lautete, niemand sei weiser. Beachten wir, dass Chairephon nicht gefragt hat, wer der weiseste Mensch oder Athener ist, sondern ob jemand weiser ist als Sokrates. Auf diese Frage wäre Chairephon wohl kaum ge-

---

[5] Anders als Irwin 1977, 71, bin ich nicht der Meinung, dass Sokrates und der frühe Platon das *techne*-Modell vertreten und Platon es erst später kritisiert und aufgibt.

kommen, wenn Sokrates sich nicht bereits im Sinn einer besonderen Weisheit betätigt hätte – weshalb Zweifel an der Aussage erlaubt sind, erst Apollon sei der Urheber der sokratischen Betätigung. Sokrates, konfrontiert mit dem Orakelspruch, versteht nicht sofort, was der Gott sagen will, da er sich für weder in besonders hohem noch in besonders geringem Grad weise hält (21b4f). Er beginnt daher eine Prüfung (*elenchos*, 21c1) des Orakelspruchs, indem er diejenigen Menschen befragt, die man am ehesten für weise halten würde, nämlich die Politiker, die Dichter und die Handwerker. Dieser Ausdruck »Prüfung«, der sich hier sogar auf das Orakel und nicht auf die Menschen bezieht, wird dann zum Terminus für die neue nichttechnische Methode des Sokratischen praktischen Wissens.

Die Unterredung mit einem Politiker ergibt, dass dieser zwar anderen und insbesondere sich selbst sehr weise erscheint, es aber in Wahrheit nicht ist. Sokrates versucht ihn zur Einsicht in diese Tatsache zu bringen, doch das misslingt; das Resultat ist vielmehr, dass Sokrates sich bei diesem Mann verhasst macht. Zugleich bestätigt sich das Orakel. Denn die Überprüfung ergibt, dass der Politiker etwas zu wissen meint, obwohl er es nicht weiß. Daraus folgt, dass Sokrates einen Vorsprung an Weisheit hat, da er, was er nicht weiß, auch nicht zu wissen meint.

Was weiß Sokrates ebensowenig wie der andere, aber wissend, dass er nicht weiß? Dazu gibt es immerhin einen kleinen Hinweis im Text: »Denn es scheint, dass keiner von uns etwas Schönes und Gutes (*kalon kagathon*) weiß, aber dieser meint etwas solches zu wissen, obwohl er es nicht weiß« (21d3). Der Ausdruck »Schönes und Gutes« kam bereits im Beispiel der Füllen vor, als es hieß, dass sie schön und gut werden sollen im Hinblick auf die ihnen eigentümliche *arete*. Der Inhalt des gesuchten Wissens müsste also das Schöne und Gute im Hinblick auf den Menschen oder die menschliche *arete* sein. Nun haben wir aber gesehen, dass die *arete* sich auf das *ergon* bezieht und bei Lebewesen diese Ebene des *ergon* oder *kalon kagathon*, der das *techne*-Wissen die Kriterien richtiger Handlungen oder Dispositionen entnehmen würde, vorläufig unbestimmt ist.

Im jetzigen Stadium der Erläuterung scheint das ethische Wissen in einer Weise beschrieben zu werden, die von der Parallelisierung mit Gebrauchsdingen beibehält, dass es eine übergeordnete Ebene gibt. Sie ändert jedoch ihren Status und wird zu einer nicht nur unbekannten, sondern unerkennbaren Größe. Anderseits scheint es, dass man gerade ihr die Kriterien der praktischen Richtigkeit ent-

3. Das menschliche Nichtwissen

nehmen können müsste. Es ist diese Ebene des gesuchten wahrhaft Guten, auf die sich die Problematik von Wissen oder Nichtwissen bezieht. Dabei muss man bedenken, dass der Wissensbegriff für die Griechen den starken Sinn eines begründeten Wissens notwendiger Sätze hat. Wenn Sokrates ein solches Wissen bestreitet, schließt das daher nicht aus, dass es eine indirekte oder schwächere Art des Zugangs zur Ebene des Guten geben könnte. Die Frage ist allerdings, ob damit eine objektive Richtigkeit erreicht werden kann, die Sokrates mit seiner Ankündigung, er sage das Wahre und Gerechte, offenkundig intendiert.

Die Prüfung der Dichter führt zu ähnlichen Ergebnissen wie die der Politiker. Es stellt sich heraus, dass sie nicht zu sagen vermögen, was sie mit ihren Dichtungen meinen; ihr Dichten beruht entweder auf bloßer Naturgabe oder göttlicher Begeisterung (22b8ff). Außerdem bilden sie sich aufgrund ihres Dichtens ein, auch in anderer Hinsicht weise zu sein, wo sie es nicht sind. Die Politiker und die Dichter stellen also zwei Extreme dar. Die Politiker reden über alles menschliche Gute und meinen zu wissen, was sie sagen, und das heißt zu wissen, dass sie Gutes und Richtiges sagen. Auf diese Weise beanspruchen sie mehr zu wissen, als man wissen kann. Die Dichter reden in ihren Werken ebenfalls über das menschliche Leben, aber sie reden genau genommen nicht selbst, das heißt, sie selbst meinen und wissen über ihre eigene Tätigkeit und ihre Inhalte überhaupt nichts. Sie beanspruchen daher weniger an eigenständigem menschlichem Wissen, als erreichbar ist.

Aber es folgt noch eine dritte Gruppe, die der Handwerker (22c9ff). Diese Gruppe schneidet in der Prüfung am besten ab. Ihre Vertreter wissen in der Tat vieles, was Sokrates nicht weiß. Doch auch sie haben einen Fehler. Weil sie sich auf ihr spezielles Handwerk gut verstehen, glauben sie, auch weise zu sein in bezug auf die größten und wichtigsten Dinge (*ta megista*). Zwar wird nicht explizit ausgesprochen, was das Wichtigste ist, jedoch ist damit gewöhnlich das menschliche Gute gemeint. Das Orakel behält also weiterhin recht, da Sokrates zwar die einzelnen handwerklichen Kenntnisse nicht besitzt, sich jedoch andererseits kein Wissen des Guten einbildet, das er nicht hat. Festzuhalten ist, dass den Handwerkern, sofern sie sich auf ihren Aufgabenbereich, ihr *ergon* beschränken, immerhin als einzigen überhaupt ein Wissen zugestanden wird.

Dies bestätigt die Hypothese, dass das *techne*-Modell des Wissens das vorläufig einzig verfügbare Modell eines echten praktischen Wissens ist und daher den Maßstab dafür bildet, was in anderen Bereichen als Wissen anerkannt werden kann. Wenn nun das, was dieses Wissen ermöglicht, die Kenntnis und Analyse des Ziels, beim ethischen Wissen fehlt, wie kann man ein ähnlich begrenztes praktisches Wissen denken? Erinnern wir uns daran, dass Sokrates seine eigene Rede auf einen göttlichen Urheber zurückführt, dass er aber gleichzeitig selbst prüft und argumentiert, so eröffnet das vielleicht eine Position zwischen den beiden Extremen der Politiker und der Dichter: redend Meinungen prüfen und begründen, soweit das für ein menschliches Wissen möglich ist; sich auf anderes, Göttliches berufen, wo wir auf die Grenzen menschlichen Wissens stoßen.

4. Die Polis-Ordnung als Bezugsebene des menschlichen *ergon*

Die neue Anklage wird von Meletos, Anytos und Lykon vorgebracht. Anytos war ein Politiker, Meletos ein Dichter, während über Lykon wenig bekannt ist. Es scheint jedenfalls, dass die Kläger ungefähr die Personengruppen repräsentieren, die sich Sokrates durch seine Prüfung verhasst gemacht hat. Die Anklage lautet (24b9f), Sokrates handle rechtswidrig, indem er die Jugend verderbe und die Götter, welche die Polis annimmt, nicht annehme, sondern anderes neue Dämonische. Die direkte Verteidigung gegen diese Vorwürfe ist ein kurzer Dialog, in dem Sokrates Meletos zur Rede stellt und ihm mangelnde Glaubwürdigkeit vorwirft (24c4ff), da er sich nie um das Gutsein der Jugend gekümmert habe. In der Tat findet Meletos erst nach langem Drängen eine Antwort auf die Frage, wer denn umgekehrt die Jugend bessere: alle Athener machten die Jugend gut, mit Ausnahme des Sokrates, der sie verderbe (25a9).

Die Entgegnung des Sokrates knüpft an die Überlegungen an, die er schon gegen die alte Anklage angeführt hat, indem er das Beispiel der Abrichtung von Pferden aufgreift. In diesem Beispiel würde niemand sagen, dass alle in der Lage sind, Pferde zu guten Reitpferden zu machen, sondern dass es dafür bestimmte Experten, die Zureiter gibt. Erneut wird also das *techne*-Modell als Hintergrund verwendet. Erneut sieht es so aus, als sei das *kalon kai agathon* oder die *arete* ein vorgegebenes, klar definiertes *ergon*, auf welches die Erziehungshandlung zielt. Doch das könnte auch hier ein bewusst erzeugter Schein sein. Der Punkt, den das *techne*-Modell erläutern

4. Die Polis-Ordnung als Bezugsebene des menschlichen *ergon*

soll, liegt eindeutig darin, dass die Erziehung, die Bildung der jungen Leute zu guten Menschen, ein besonderes Wissen erfordert, das nicht jeder beliebige hat.

Dass nur dies der Vergleichspunkt ist, während sonst das *techne*-Modell gerade in die Irre führt, macht Sokrates im Grunde selbst durch die mehrfache Betonung des Sichkümmerns deutlich, das auffällig objektlos verwendet wird (24c8, 24d9). Worum man sich kümmern müsste, kann man leicht ergänzen. Wenn man sich um die Jugend kümmern will und darum, dass sie gut ist, muss man sich zunächst um die Frage kümmern, was das menschliche Gutsein ist. Nur wer dieses Gutsein kennt, kann leisten, was Sokrates mit Recht von seinem Ankläger fordert, nämlich mittels klarer Kriterien zu unterscheiden zwischen einem, der die Jugend tatsächlich gut macht, und einem, der sie schlecht macht oder verdirbt. Wie wir gesehen haben, bedeutet aber das Fehlen bzw. die bisherige Unbestimmtheit des *ergon* des Menschseins, eines Gutes oder Ziels, auf das der Mensch bezogen ist, dass noch vor der Frage nach der menschlichen *arete* die Frage nach dem übergeordneten Guten zu beantworten wäre.

Das zweite Argument gegen Meletos, das zu einer weiteren bekannten These des Sokrates führt, lautet (25c5 ff): Jeder würde es vorziehen, unter guten statt unter schlechten Menschen zu leben. Denn wer unter schlechten Menschen lebt, müsste befürchten, dass diese ihm schaden. Niemand aber tut wissentlich etwas, womit er sich selbst schadet. Man könnte dieses Argument für eher schwach halten, da Sokrates ja z. B. hoffen könnte, dass die verdorbene Jugend anderen, aber nicht ihm schadet.[6] Schwach ist aber auch das erste Argument. Daraus, dass nicht alle Athener die Jugend gut machen, sondern nur diejenigen, die das erforderliche Wissen vom menschlichen Gutsein haben, folgt ja nichts darüber, ob Sokrates auf die eine oder andere Seite gehört.

Nicht viel überzeugender ist die Verteidigung gegen den zweiten Anklagepunkt, die Asebie. Sokrates stellt die Dinge (26b4 ff) so dar, als sei der Vorwurf, er glaube an neues Dämonische, aber nicht an die Götter der Polis, widersprüchlich und daher absurd. Dämonen nämlich würden von Göttern abstammen, weshalb der Glaube an Dämonisches den an Götter impliziere. Was diese Verteidigung unterschlägt, ist, dass man Sokrates vorwirft, *neue* Dämonen bzw.

---

[6] Vgl. Bröcker ³1985, 18 f.

Götter einzuführen, das heißt nicht diejenigen Götter zu akzeptieren, die in der Polis verehrt werden. Gegen den so pointierten Vorwurf aber hat Sokrates kein Argument vorgebracht.

Die Argumente, die Sokrates zu seiner Rechtfertigung äußert, sind also nicht zwingend. In der Tat sind sie auf so offensichtliche Weise schwach oder irrelevant, dass man annehmen muss, Sokrates kenne ihre Mangelhaftigkeit. Warum bringt er dann nicht bessere Argumente vor? Sokrates hat Grund zu vermuten, eine Rechtfertigung im Detail werde ohnehin nichts nützen, da ihn nicht die eigentliche Anklage zu Fall bringen wird, sondern der Umstand, dass er infolge seiner Betätigung und Lebensweise bei vielen verhasst ist. Warum aber konfrontiert Sokrates andere Menschen mit ihrem Nicht-Wissen, obwohl er weiß, dass er sich damit unbeliebt macht und in Lebensgefahr begibt?

Der Grund, den Sokrates selbst formuliert, lautet, es gehe nur um die Frage, ob die Handlungen gerecht oder ungerecht sind, ob sie solche sind, wie ein guter Mensch (*agathos aner*) sie tut (28b9), während Handlungsfolgen wie Beliebtheit irrelevant seien. Die nähere Bestimmung des gerechten Handelns lautet: »Wohin jemand sich selbst in die Ordnung (*taxis*) stellt, in der Meinung, es sei da am besten, oder wohin er von einem Herrschenden gestellt wird, dort muss man, meine ich, bleiben und jede Gefahr aushalten und weder den Tod noch sonst etwas in Anschlag bringen gegen das Hässliche« (28d6ff). Sokrates hat den göttlichen Auftrag, die Menschen zu prüfen, und er darf von dieser Aufgabe, die der Ort, an den er gestellt wurde, bestimmt, nicht ablassen, darf nicht aus der Ordnung weichen (28e4).

Die beiden entscheidenden Gesichtspunkte sind der der Ordnung (*taxis*) und der des Standhaltens. Im Ideal des Standhaltens in der Ordnung verbinden sich zwei für die griechische Konzeption wichtige Vorstellungen vom menschlichen Gutsein. Zum einen die alte heroische Vorstellung, dass der gute bzw. tüchtige Mensch derjenige ist, der in der Schlacht standhält, der sich als Held im Krieg auszeichnet. Daran erinnert der Verweis auf Achill, der es vorgezogen hat, Hektor zu töten und selbst zu sterben, statt feige den Tod zu fürchten und so als schlechter Mensch weiterzuleben. Diese Vorstellung nimmt die Bezogenheit des menschlichen Lebens auf eine Aufgabe an; Heldenruhm oder Hervorragen im Krieg ist das Ziel des Menschen, der in seiner Rolle als Krieger gesehen wird. Auch wenn sich nicht alle diesem Ziel entsprechenden Handlungen vor-

4. Die Polis-Ordnung als Bezugsebene des menschlichen ergon

weg benennen lassen, ist das Ziel doch fest umrissen und inhaltlich bestimmbar, so dass hier das *techne*-Modell auf das menschliche Handeln anwendbar scheint.

In der Polis wird diese alte Konzeption vom menschlichen Gutsein obsolet. Zwar sind kriegerische Auseinandersetzungen zwischen den Stadtstaaten und in ihrem Inneren häufig, aber die Sozialstruktur der Polis mit weitgehender Gleichheit oder jedenfalls Verflechtung aller Bürger hat keinen Raum für das Ideal des Heldenindividuums mehr (wenngleich die Tapferkeit im Krieg als einzelne *arete* neben anderen wünschenswerten Charakterdispositionen wichtig bleibt). Das Ideal des Heroen wird ersetzt durch die Vorstellung, dass gut als Mensch derjenige ist, der sich in die Ordnung (*kosmos, taxis*) der Polis fügt, das Richtige und Angemessene (*kalon kai prepon*) tut, das man auch als das Gerechte (*dikaion*) bezeichnen kann, da es durch die Gesetze oder Verfassung der Polis bestimmt ist.

Lässt sich auch hier das Handeln mit Bezug auf das *ergon* noch nach dem Modell der *techne* fassen? Ich habe oben schon erwähnt, dass in Platons Zeit das Wort *techne* nicht auf den handwerklichen Bereich beschränkt bleibt, sondern z.B. auch die Medizin umgreift, die auf die Bewirkung oder Erhaltung von Gesundheit ausgerichtet ist. Schon bezüglich der Medizin ist damals strittig, ob sie ein *techne*-Wissen im eigentlichen Sinn darstellt. Die Wirkung medizinischer Mittel und Methoden hängt offenbar auch von der Beschaffenheit des Indiviuums und der Situation ab, so dass die allgemeinen Gesetze, die den Bereich der Gesundheit umgrenzen, nur Wahrscheinlichkeitscharakter haben. Was im konkreten Fall angemessen ist, lässt sich dann nicht einfach aus notwendigen Aussagen ableiten, sondern erfordert eine Überlegung über das im gegebenen Zusammenhang Passende. Während wir bei der Medizin immerhin die Gesundheit als ein durch Kausalgesetze umschriebenes Ziel haben, nur dass diese Gesetze eher Wahrscheinlichkeits- als Notwendigkeitscharakter haben, kann das Wort *techne* auch Fähigkeiten bezeichnen, die nicht auf ein kausal zu bewirkendes *ergon*, sondern einen geordneten Zusammenhang anderer Art bezogen sind. Ein Beispiel für ein solches Können liegt vor, wenn ein Künstler einen Teil in das Ganze eines Kunstwerks einpasst. Dieses Ganze ist nicht mit Bezug auf einen Zweck definiert, sondern durch seine Gestalt, durch die Anordnung seiner Teile. Der Anspruch z.B. der Rhetorik, eine *techne* zu sein, hängt gerade mit dieser Wortverwendung zusammen,[7] die es ermöglicht, das Herausfinden einer im politischen Zusammenhang passenden Handlung als *techne* zu bezeichnen. Was als beispielhaft für praktisches Wissen hingestellt wird, ist gewöhnlich die *techne* im engen Sinn des Herstellungswissens, also einer Einwirkung auf die Natur aufgrund einer Sachdefinition oder Kausalerkenntnis. Wenn Sokrates hier jedoch von der Ordnung redet, in die er gestellt ist, könnte man an den erweiterten *techne*-Begriff denken, und dadurch wird zunächst der Anschein erweckt, als werde jetzt die Ebene ergänzt, der wir die Definition des menschlichen *ergon* und in der Folge die Kriterien der menschlichen *arete* entnehmen können. Das *ergon* bestünde in der Erfüllung der Aufgabe, die jemand innerhalb der Polis-Ordnung hat. Doch zur Zeit des Sokrates sind nicht nur die heroischen Ziele obsolet. Mit der sophistischen Aufklärung wird auch das Gutsein der faktischen politischen Ordnung hinterfragt, da die Einsicht aufkommt, dass die tradierten Gesetze nicht fest vorgegeben, sondern von Menschen gemacht, also konventionell und veränderbar sind. Das menschliche *ergon* kann daher nicht der faktischen Ordnung entnommen werden, die auch schlecht sein könnte; entsprechend redet Sokrates von demjenigen Ort, wohin jemand von Gott gestellt wird oder wohin er sich selbst stellt in der Meinung, das sei das Beste. Es liegt nahe, sich diesen Ort als lokalisiert in einer Polis vorzustellen, die durch moralisch gute oder gerechte Normen und Sitten zusammengehalten wird. Allerdings sind Normen *allgemeine* moralische Forderungen, während der Bezugspunkt der menschlichen *arete* das Sich-Einfügen in den *konkreten* Zusammenhang zu meinen scheint. Auf der anderen Seite spricht *für* eine moralische Interpretation des *ergon*, dass das Standhalten mit Gerechtigkeit, das Fliehen mit dem Hässlichen bzw. Ungerechten gleichgesetzt wird.

Ob spätere Texte diese Interpretationsfrage in die eine oder andere Richtung beantworten werden – die gute Ordnung der Polis gehört für Sokrates ebenso in den Bereich des Nichtwissens wie das *ergon* des einzelnen Menschen. Wenn das menschliche Leben im ganzen kein fest umgrenzter Wissensgegenstand ist, gilt das um so mehr für das politische Ganze. Die Auskunft, dass die Aufgabe des Menschen seiner Stellung in der Ordnung zu entnehmen ist, führt also vorläufig nicht weiter, solange nicht klar ist, was das Gutsein dieser Ordnung ist. Und ohne eine solche Auskunft ist auch nicht zu

[7] Vgl. Kube 1969, 60ff.

sehen, warum die Menschen, die Sokrates prüft, sich sein Ideal des Standhaltens zu eigen machen sollten. Nehmen wir an, das *ergon* ist im Sinn der Einfügung in die moralische Ordnung zu interpretieren, so werden die Menschen in einer aufgeklärten Zeit nach dem Grund fragen, warum sie stetig im Sinn der so beschaffenen Ordnung handeln sollten. Es scheint, dass in der Art, wie Sokrates das Problem des praktischen Wissens erläutert, der entscheidende Bezugspunkt noch ausgespart ist.

5. Das gute menschliche Leben unter Bedingungen des Nichtwissens

Die Begründung, die Sokrates anbietet (29a1 ff), lautet: Wer nicht standhält, weil er den Tod fürchtet, der meint etwas zu wissen, was man nicht wissen kann, dass nämlich der Tod das größte Übel ist. Hingegen kann man wissen, dass es schlecht und hässlich ist, Unrecht zu tun und dem Besseren nicht zu folgen. Dass dieses Wissen sich bei anderen Menschen nicht durchsetzt, liegt daran, dass es von Todesfurcht überlagert wird. Ob diese Begründung für das unbedingte Standhalten im Guten zureicht, kann man aus zwei Gründen bezweifeln. Erstens weiß man in der Tat nichts darüber, was nach dem Tod ist, aber man weiß, und Sokrates weiß, dass ihm hier und jetzt im Leben Nachteile durch sein Handeln entstehen, dass die anderen ihn hassen und ihm Schaden zufügen werden. Es folgt also nicht aus der Grundhaltung des Wissens des Nichtwissens, dass es unzulässig ist, diese Folge gegen das Standhalten abzuwägen. Gerade weil das so ist, trifft es aber zweitens kaum zu, dass alle Menschen, wenn sie von Bedingungen, die das menschliche Wissen übersteigen, absehen, zu dem Ergebnis kommen, das Standhalten im Tun des moralisch Angemessenen sei das bestmögliche Leben.

Das Problem tritt schärfer hervor, wenn wir eine Formulierung hinzunehmen, die in der zweiten Rede nach dem Urteil vorkommt. Sokrates behauptet dort, andere würden nur bewirken, dass die Menschen glücklich *scheinen*, er hingegen, dass sie glücklich *sind* (36d–e). Erst damit ist die Auffassung des Sokrates ganz entwickelt: Das Standhalten in der Ordnung, das Erfüllen der Aufgabe gemäß der *arete* im moralischen Sinn, soll gleichbedeutend sein mit dem Glück, der *eudaimonia*. Dass moralisches Gutsein und Glück zusammenfallen, ist alles andere als klar, und wir werden sehen müssen, ob es Sokrates gelingt, diese These aufrechtzuerhalten. Ich werde allerdings diese Frage nach dem Verhältnis von Moral und Glück nicht zu sehr betonen, weil mein Interesse mehr der praktischen Frage als solcher gilt. »Glück« ist dabei keine besonders günstige Übersetzung für *eudaimonia*, weil das deutsche Wort die Vorstellung von einem subjektiven Gefühl hervorruft, während *eudaimonia* das Gutsein des Lebens in allen Hinsichten und seiner ganzen Dauer meint. Der inzwischen übliche Ausdruck »das gute Leben« wird dem am ehesten gerecht.

Damit erst sind wir bei der Frage angelangt, die der letztliche Gegenstand des gesuchten praktischen Wissens ist, der Frage nach der menschlichen *eudaimonia*. Würde man die *techne*-Begrifflichkeit zugrunde legen, würde das heißen: Was wir suchen oder herstellen wollen, ist die *eudaimonia*. Wir müssten also ein Definitionswissen von ihr haben, dem wir die Schritte entnehmen können, die zu ihrer Realisierung erforderlich sind. Nur so kämen wir zu einem echten Wissen vom guten Leben, wie Sokrates es beansprucht, wenn er bewirkt, dass die Menschen nicht nur glücklich scheinen, sondern glücklich sind. Warum dies für Sokrates bzw. Platon der eigentliche Ursprung unseres Interesses an der Unterscheidung zwischen Schein und Sein ist, kann man durch Vorgriff auf eine Stelle in der *Politeia* erläutern.[8] Dort heißt es (505d3ff), mit Bezug auf das moralisch Gute seien viele damit zufrieden, gerecht zu scheinen; hingegen begnüge sich niemand mit dem scheinbar Guten, vielmehr strebe jeder nach dem, was gut *ist*. Das Interesse an praktischer Wahrheit (und vielleicht an Wahrheit überhaupt) erklärt sich daraus, dass wir wirklich glücklich sein wollen, dass wir kein scheinbares Glück wollen, das jeden Moment zusammenbrechen kann, und dass wir nichts scheinbar dem Glück Zuträgliches haben wollen, was ihm in Wirklichkeit schadet.

Dann brauchen wir ein Wissen, um zwischen Schein und Wahrheit unterscheiden zu können. Doch können wir ein solches Wissen nicht wirklich erreichen. Denn das Gute oder Glück soll jede Hinsicht des Lebens während seiner ganzen Dauer betreffen; es gibt jedoch angesichts der Wechselhaftigkeit des Schicksals kein mensch-

---

[8] Ich bin wie Shorey (1903) und andere der Auffassung, dass es keinen Bruch zwischen den verschiedenen Phasen der Lehre Platons gibt, weshalb ich bei Bedarf zur Interpretation der Frühschriften von späteren Texten Gebrauch mache.

5. Das gute menschliche Leben unter Bedingungen des Nichtwissens

liches Leben, das absolut frei von allem Schlechten und nur gut ist. Wir kennen in der Welt der Erfahrung kein ohne Einschränkung glückliches Leben, wenn wir »Glück« im emphatischen Sinn eines vollkommen guten Lebens verstehen. Das vollständige Glück ist eher eine Art regulativer Idee als ein direkter Gegenstand des Wissens, und sofern es doch ein Wissen von ihm geben kann, liegt es daher nahe, dieses als ein irgendwie indirektes zu erklären. Nach dieser Überlegung ist also die Ebene des wirklich Guten (Lebens) nicht nur faktisch unbestimmt oder dem menschlichen Wissen entzogen, sondern prinzipiell nicht vollständig bestimmbar.

Wenn das vollkommen gute Leben ein bloßer Fluchtpunkt bleibt, wenn wir aber *wirklich* gut leben wollen, dann wird der Schachzug verständlich, mit dem Sokrates bzw. Platon die Frage nach dem glücklichen oder guten Leben umbiegt in die Frage nach der Gutheit des Menschen. Das griechische Lebensgefühl ist von der Grunderfahrung geprägt, dass der Mensch nicht mit andauerndem Glück rechnen kann, dass er vielmehr den Wechselfällen des Schicksals ausgesetzt ist und jeden Augenblick ins Unglück geraten kann. Gesucht ist etwas, das außerhalb der Veränderlichkeit des Schicksals steht, und die eigene Verfassung und das eigene Handeln haben wir am ehesten selbst in der Hand. Es ergibt sich jetzt auch eine Erklärung für die merkwürdige Ausdrucksweise, mit der ich oben gesagt hatte, dass die Frage nach dem guten Leben *sich* unausweichlich stellt. Das ist gerade deswegen der Fall, weil das vollkommene Gute, das wir eigentlich anstreben, unbekannt und unerreichbar ist, weil also die tiefste Schicht der Frage in einem Problem oder einer negativen Grunderfahrung liegt, welche die Frage nach einer zweitbesten Lösung aufwirft. In diesen Zusammenhang könnte man auch die Gewichtigkeit oder Feierlichkeit einordnen, mit der Sokrates immer wieder auf dem Prüfen oder Rechenschaftablegen (*logon didonai*) besteht,. Sein Insistieren auf Begründung ist m. E. nicht in erster Linie moralisch, sondern ethisch-metaphysisch zu verstehen. Es stellt einfach die andere Seite des Interesses an echter Wahrheit über das Gute dar.

Erste Schritte zur Erläuterung der Gleichsetzung von *eudaimonia* und *arete* enthält die erneute Charakterisierung des Auftrags, den Sokrates vom Gott erhalten haben will (29d7ff). In der Verteidigung gegen die alte Anklage hatte Sokrates nur die negative Seite seiner Tätigkeit beschrieben, den Nachweis, dass die Menschen nicht wissen, was sie zu wissen meinen. Jetzt wird die positive Absicht hinter dieser Übung erläutert. Sie besteht darin, die Menschen aus zerstreuten Beschäftigungen herauszuholen und sie auf das zu verweisen, worauf es wesentlich ankommt, die eigene Gutheit, die gute Beschaffenheit der eigenen Seele:[9] »Denn nichts anderes tue ich, als dass ich umhergehe, um jung und alt unter euch zu überzeugen, nicht für den Leib noch für das Vermögen zuerst oder so viel zu sorgen wie für die Seele, damit sie möglichst gut werde« (30a7ff). Ähnlich sagt Sokrates in der zweiten Rede (36c5ff), er habe sich bemüht, jeden zu bewegen, »dass er weder für irgendetwas von dem Seinigen eher sorge, ehe er sich um sich selbst gesorgt habe, wie er möglichst gut und vernünftig werde, noch auch um die Angelegenheiten des Staates eher als um den Staat selbst«.

Hier lässt sich deutlich sehen, worin die neue Pointe liegt, die der Platonische Sokrates der Frage nach der *arete* gibt. Die Redner und Politiker waren so beschrieben worden, dass sie über alles reden. Die Rhetorik verspricht den Menschen Erfolg in jeweiligen Situationen, und die Menschen in der Polis leben entsprechend so, dass sie sich um dieses und jenes kümmern und im Erfolg in ihren wechselnden Angelegenheiten das gute Leben sehen. Dagegen stellt Sokrates die Frage, was das gute Leben für die Person selbst ist, abgesehen von jeweiligen Angelegenheiten, was die eine entscheidende *arete* des Menschen im Unterschied zu seinen wechselnden Beschäftigungen ist.

Dies ist insofern keine neue Frage, als sie in den alten Konzeptionen zuerst der heroischen Ethik und später der Polis-Moral faktisch beantwortet war. Die Betätigungen der Person waren bezogen auf eine Aufgabe, eine Rolle, einen normativen Kontext, und sie hatten dadurch einen Zusammenhang und bewirkten entsprechend eine Kontinuität des Lebens. Wo diese Kontexte wegfallen, bleiben zunächst die bisherigen Betätigungen übrig, die aber ihren Sinnhintergrund verlieren und einen *ad hoc*-Charakter annehmen, das heißt, nur der jeweiligen Situation angepasst sind oder punktuellen Wünschen folgen. Die Frage wäre dann, wie sich unter aufgeklärten Bedingungen überhaupt noch eine Konzeption des guten bzw. glücklichen Lebens gewinnen lässt.

[9] Auf den Begriff der Seele müssen wir später noch genauer kommen. Vorläufig genügt der Hinweis, dass Seele für die Griechen nicht eine geheimnisvolle Substanz, sondern die Gesamtheit der affektiven und intellektuellen Fähigkeiten ist, also ungefähr dem Personsein im schwachen Sinn des Besitzes der spezifisch menschlichen Fähigkeiten entspricht.

5. Das gute menschliche Leben unter Bedingungen des Nichtwissens 51

Es ist diese Suche, die in den Prüfungsgesprächen über die bloß destruktive Absicht hinausgeht. Sokrates selbst formuliert das in der zweiten Rede (38a2 ff) so, »dass ja eben dies das größte Gut für den Menschen ist, täglich über die *arete* Gespräche zu führen und über die anderen Dinge, über die ihr mich Gespräche führen und mich selbst und die anderen prüfen hört; die ungeprüfte Lebensweise aber ist für den Menschen nicht lebenswert«. Das Standhalten in der Prüfung und Selbstprüfung wäre also, worin das menschliche gute Leben bestehen soll. In der Tat leuchtet ein, dass das ständige Ausführen der Prüfung das zerstreute Leben einheitlich macht, ihm Kontinuität und Integrität verleiht. Dabei wird die Identität von Gutheit bzw. *arete* der Person und gutem oder glücklichem Leben erneut einfach vorausgesetzt. Dass Sokrates diese Identität annimmt, zeigt die folgende Behauptung (30b2 ff): »Nicht aus Reichtum entsteht die *arete*, sondern aus der *arete* der Reichtum und alles andere, was Güter für den Menschen sind, sowohl private wie öffentliche.«[10]

Auch wenn sich nachvollziehen lässt, wie man von der Frage nach dem vollkommenen Glück zur Frage nach der menschlichen Gutheit kommt, so scheint diese These zumindest nicht evident. Dass jemand glücklich ist, dass er die von Menschen gewünschten Güter hat, ist nicht von vornherein gleichbedeutend damit, dass er gut als Mensch ist, dass er die menschliche *arete* besitzt. Selbst wenn man akzeptiert, dass die *arete* und die *eudaimonia* zusammenhängen, bleibt immer noch die Frage, ob erstere eine hinreichende, und nicht nur eine notwendige Bedingung für das Glück ist.[11]

Vielleicht finden wir dafür eine Erklärung, wenn wir auf die Einordnung in das Ganze und den göttlichen Auftrag des Sokrates zurückgreifen. Diese Ordnung enthält offenbar das Gute, das wir nicht wissen können und dem wir uns daher indirekt in der Weise des *elenchos* zu nähern versuchen müssen. Die Frage, wie wörtlich man diesen Bezug auf die Götter nehmen soll, stellt sich schon deswegen, weil er gleichzeitig mit dem Gebrauch von Ironie vorkommt.[12]

---

[10] Zur Interpretation dieser Stelle ausführlich Schriefl 2013, Kap. II.
[11] Ein klassischer Aufsatz zu dieser Frage, die uns durchgängig beschäftigen wird, ist Vlastos, Happiness and Virtue in Socrates' Moral Theory, in Vlastos 1991, 200–231.
[12] Ironie, *eironeia*, liegt hier vielleicht nur im gewöhnlichen Sinn des Scherzens, der Aufstellung einer vom Sprecher selbst nicht geglaubten These vor. Diese Verwendung arbeitet Vlastos 1991, 27 heraus. Die Ironie ist ein durch-

Aufschlussreich ist in diesem Zusammenhang eine Stelle in der zweiten Rede, wo Sokrates sagt (37e), wenn er behaupte, er könne die Prüfungsgespräche deswegen nicht unterlassen, weil er sonst dem Gott ungehorsam sei, »so werdet ihr mir nicht glauben, als würde ich im Scherz reden ... Und doch verhält es sich so, wie ich sage, es ist nur nicht leicht, davon zu überzeugen«. Wie der letzte Satz zeigt, schreibt sich Sokrates durchaus selbst ein praktisches Wissen zu, und die Ironie und die Götter scheinen nur deswegen nötig, weil diese Art Wissen nicht mit den üblichen Mitteln beweisbar ist.

Wenn das höhere Wissen des Sokrates den Inhalt hat, dass das gute menschliche Leben in der kontinuierlichen Selbstprüfung besteht, wenn die Quelle des Gutseins dieser Lebensweise in dem Guten oder der richtigen Ordnung liegt, die nur der Gott kennt und unter den Menschen durch göttlichen Auftrag wenigstens teilweise Sokrates, wie können dann aber die anderen Menschen irgendein Motiv haben, die *arete* des Standhaltens in der kontinuierlichen Selbstprüfung zu vollziehen? Es fehlt ihnen ja vorläufig jedes Wissen darüber, ob sie auf diese Weise wirklich dem Guten näherkommen.

Wenn Sokrates nicht das faktische Recht akzeptiert, sondern das göttliche bzw. ›richtige‹ Recht, wie ist es dann zu erklären, dass er nicht flieht und in die Verbannung geht, was seine Freunde leicht ermöglichen könnten und den Athenern gar nicht unrecht wäre? Das ist die Frage des Dialogs *Kriton*, den ich nicht gesondert behandeln werde. Man kann jedoch leicht bemerken, dass die Argumente des Sokrates in diesem Dialog auf seinen Gesprächspartner zugeschnitten sind. Sie betonen die Verpflichtung gegenüber der Verfassung der realen Polis und können daher nicht die ganze Wahrheit enthalten, weil Sokrates in Wirklichkeit in seinem bisherigen Leben den Anordnungen der Polis nicht blind gehorcht hat. Man könnte eher vermuten – und das wäre ein erster Schritt auch zu einer Beantwortung des vorherigen Punkts –, dass Sokrates selbst die Verkörperung des Lebens der Selbstprüfung ist, dass seine kontinuierliche Betätigung statt einer Begründung eine Art Vorbild abgibt und dass diese Vorbildfunktion zusammenbrechen würde, wenn Sokrates in seiner

---

gängiger Zug der Platonischen Frühschriften. Ich habe jedoch um der Einheitlichkeit der Fragestellung willen darauf verzichtet, diesen Begriff zu bestimmen, wenngleich in der Beschreibung der Dialogverläufe Ironie immer wieder implizit vorkommen wird.

5. Das gute menschliche Leben unter Bedingungen des Nichtwissens

Tätigkeit nicht bis zuletzt standhalten, sondern von nun an ein zurückgezogenes Leben in der Fremde führen würde.[13]

Sokrates postuliert zwar eine Ebene des Guten als Basis der Rechtfertigung der angemessenen Lebensweise, aber gerade mit Bezug auf diese Ebene verlangt er auch, dass wir einsehen, dass wir sie nicht wissen. Wenn das so ist, dann scheint es ratsam, dass wir uns der Problematik zunächst von der Seite der Methode her annähern, die in den Schriften wenn nicht erläutert, so doch immerhin vorgeführt wird.

---

[13] Die Frage, warum Sokrates überhaupt verurteilt und hingerichtet wurde, kann in diesem Rahmen nicht zureichend behandelt werden. Der Hinweis, dass Sokrates antidemokratischen Kreisen nahestand, reicht sicherlich nicht aus (die These wird vehement vertreten von I. Stone 1988; zur Kritik siehe Irwin 1989). Irwin selbst nimmt den Vorwurf der Asebie ernst, da die Athener am Ende des langen Kriegs Grund gehabt hätten zu glauben, dass sie die Götter beleidigt haben (189f). Allen 1980, 21 schlägt vor, der Vorwurf der Gottlosigkeit sei aus Gründen der Analogie erhoben worden, weil ein geeigneter Anklagepunkt nicht zur Verfügung stand; Sokrates habe wie jemand, der öffentlich gegen die religiösen Kulte vorgeht, die Stabilität der Polis bedroht. Ähnlich weist Patzer 1987, Einleitung darauf hin, Sokrates sei genau genommen nicht wegen Asebie und auch nicht wegen Ablehnung der Demokratie hingerichtet worden, zumal man schon in der Tyrannis versucht habe, ihn zum Schweigen zu bringen; vielmehr sei der eigentlich Grund, dass Sokrates radikal die Frage nach dem Guten gestellt habe und auf Dauer kein Staat einen Angriff auf seine Grundwerte hinnehmen könne.

III. Das *techne*-Wissen und seine Grenzen (*Ion* und *Hippias Minor*)

In der *Apologie* wird das *techne*-Wissen als beispielhaft für praktisches Wissen hingestellt. Den Vertretern der *techne* wird, anders als den Dichtern und den Politikern, ein echtes Wissen bescheinigt, über das sie Rechenschaft ablegen können. Vorgeworfen wird ihnen nur, dass sie sich der begrenzten Reichweite dieses Wissens nicht bewusst sind und einen überzogenen Wissensanspruch haben. Es liegt folglich nahe, zunächst die Methode der *techne* zu klären und dadurch erste Merkmale für praktisches Wissen zu gewinnen. Danach müsste untersucht werden, welches Verfahren im Bereich ethischer Überlegungen diese Kriterien erfüllen könnte, ohne zu einer falschen Parallelisierung der Bereiche der *techne* und des ethischen Handelns zu führen. Ich vermute, dass Platon selbst ungefähr so vorgeht. Daher beginne ich mit der Interpretation zweier kleiner Dialoge, anhand derer sich deutlich herausarbeiten lässt, welche Kriterien des *techne*-Wissens Platon annimmt und worin er dessen Beschränktheit sieht.

1. Die Merkmale echten Wissens (*Ion*)

Der *Ion* ist ein kleiner, schlicht aufgebauter Dialog ohne Rahmen. Sokrates trifft den Rhapsoden Ion, der gerade von einem Wettstreit kommt, und beginnt ihm sogleich in der Weise des *elenchos*, des Prüfungsgesprächs, Fragen zu stellen. Ein Rhapsode ist eine Mischung von Rezitator und Interpret; er kann Dichtungen vortragen und sie zugleich für das Publikum auslegen. In 530c8 fällt das Stichwort *techne*; Ion nimmt an dieser Stelle an, seine Fähigkeit als Rhapsode sei eine bestimmte *techne*, ein bestimmtes mit Wissen verbundenes Können.

Ion selbst charakterisiert seine *techne* so, dass er ein Rhapsode speziell mit Bezug auf Homers Dichtungen ist. Dieses Selbstverständnis nimmt Sokrates zum Angriffspunkt des Prüfungsgesprächs, in welchem er in drei Schritten zu demonstrieren versucht, Ion verfüge überhaupt nicht über eine *techne*, sondern trage nur blind in göttlicher Begeisterung Texte vor. Der erste Schritt endet 532b7 und erläutert den mit der *techne* verbundenen Bewertungsspielraum. Der zweite Schritt geht von 532b8–536c7 und stellt den Zusammenhang zwischen Wissen und der Ganzheit einer jeweiligen *techne* sowie den Unterschied zwischen *techne* und göttlicher Eingebung heraus. Der dritte Schritt beginnt 536d4 und verweist auf die Bestimmung des Gegenstandsbereichs durch das einer jeweiligen *techne* zugehörige *ergon*.

a) Die Gegenteile werden durch ein und dieselbe techne *erkannt*

Ion behauptet, als Rhapsode ein besonderes Können zu besitzen, das sich nur auf Homer, nicht aber auf die anderen Dichter bezieht. Sokrates stellt diese Beschränkung mit dem Hinweis in Frage, die anderen Dichter redeten über dieselben Dinge wie Homer (531c1 ff), nämlich über Krieg, den Umgang zwischen Menschen und zwischen Göttern, die Ereignisse im Himmel und in der Unterwelt usw. Ion gibt die vage Erklärung, dies komme daher, dass die anderen Dichter zwar über dieselben Dinge sprächen, aber nicht auf dieselbe Weise. Was mit dieser Weise gemeint ist, beantwortet Ion nicht selbständig, vielmehr lässt er sich von Sokrates die Antwort suggerieren, gemeint sei, dass Homer gut und die anderen Dichter schlecht dichten. Dann aber, so Sokrates, sei es unmöglich, dass jemand das gute Dichtwerk erkennen und auslegen kann, das schlechte hingegen nicht. Wer bei einer bestimmten *techne* das Kriterium der guten Ausführung kenne, der kenne damit *eo ipso* auch das der schlechten (531e9ff). Sokrates folgert, Ion müsse die Werke aller Dichter vortragen und auslegen können.

Was den Gegenstandsbereich der Dichtung und ihrer Auslegung angeht, wird also vorläufig angenommen, dass die Dichter alle dieselben Themen bearbeiten, und wie die obige Auflistung zeigt, umfassen diese Themen sämtliche für das menschliche Leben wichtigen Dinge. Das erscheint bedenklich, wenn es sich um eine *techne* handeln soll, ein in einem Wissen begründetes Können; denn niemand kann alles wissen. Gleichzeitig wird ein erstes Merkmal des *techne*-Wissens sichtbar: Es beherrscht immer die Gegensätze eines jeweiligen Bereichs. Oder, wie wir auch sagen könnten, es ist wertneutral, das heißt, wer die Sachzusammenhänge kennt, kann ebenso gute wie schlechte Ergebnisse in dieser *techne* erzeugen und erkennen.

b) Techne *als Ganzheit und die Unterscheidung zwischen Wissen und Eingebung*

Der zweite Schritt (532b8ff) beginnt mit Ions Frage, warum er nur Homer rezitieren könne. Die Erklärung durch Sokrates lautet, Ion rede überhaupt nicht mit Kunst und Wissenschaft (*techne kai episteme*): »denn wärst du in der Lage, durch *techne* über ihn zu reden, wärst du in der Lage, auch über alle anderen Dichter zu reden; denn die *techne* des Dichtens ist doch wohl das Ganze.« Der Hinweis auf die Ganzheit liefert ein weiteres Merkmal von *techne*. Dass es in einer jeweiligen *techne* ein Wissen gibt, hängt offenbar gerade mit der Art ihrer Ganzheit zusammen (532e7ff). Diese wird zunächst nicht für das Wissen des Experten in einer *techne* selbst, sondern für das Wissen, mit dem Dritte über die Qualität von Ergebnissen einer *techne* urteilen, beschrieben. Der Kunstkritiker, der Gemälde einschätzt, muss in der Lage sein zu erklären, was der Maler daran auf welche Weise gut gemacht hat. Wer solche Erklärungen zu geben vermag, kann sie aber für alle Gemälde geben, das heißt, dieses Können ist wesentlich so geartet, dass es genau so weit reicht wie die ganze *techne*, welche sein Gegenstand ist. Die Prämisse, auf die sich Sokrates dabei implizit stützt, ist die Annahme, dass Gründe und Erklärungen wesentlich allgemein sind, auf gesetzlichen Zusammenhängen oder Regeln beruhen,[1] und genauer, dass sie je nach Urteilsbereich einem bestimmten System solcher Gesetze entstammen. Wir können dann wie für das externe Urteil über die *techne* auch für den Sachkundigen in der *techne* selbst vermuten, dass die Möglichkeit eines Wissens gerade mit der Zuordnung zu einem fest

---

[1] Das Beispiel der Kunstkritik ist für unser Verständnis weniger günstig, da es heute strittig ist, ob sich das ästhetische Urteil auf allgemeine Kriterien stützen kann. Ich vernachlässige im Augenblick den Unterschied zwischen einer *techne*, die Gebrauchsdinge herstellt, und einer *techne*, die Kunstwerke herstellt, da er für diejenigen Aspekte, die im Text herausgearbeitet werden, keine Rolle spielt.

umgrenzten Gegenstandsbereich zu tun hat, der weder zu klein (nur die Dichtung *eines* Dichters) noch zu groß (nicht nur die Dichtung, sondern alles) ist.

Im Gegensatz zur so charakterisierten *techne* wird Ions auf Homer beschränkte Tätigkeit von Sokrates so erklärt (533c4ff), dass er – ebenso wie die Dichter, die er auslegt – von einer göttlichen Kraft (*theia dynamis*) beseelt sei. Dies wird von Sokrates mit breit ausgeschmückten Formulierungen, die offenbar den dichterischen Stil imitieren sollen, vorgebracht. Ein Dichter könne, so Sokrates (534b5f), nicht eher dichten, bis er von Gott erfüllt und außer Sinnen sei, und zwar so sehr, dass der Verstand nicht mehr in ihm ist.

Dichten ist also nicht nur keine *techne*, kein begründetes Wissen; es ist nicht einmal eine selbständige Handlung der Person, vielmehr ein irrationales Geschehen, das ihr widerfährt. Dasselbe gilt dann für den Rhapsoden, also auch für Ion. Dass er nur über Homer und nicht über andere Dichter reden kann, liegt daran, dass er nicht über eine *techne* verfügt, sondern nur durch göttliche Schickung Homer auslegt. Das Dichten und Auslegen unter göttlicher Eingebung hat somit zwei Mängel, die miteinander zusammenhängen. Es ist erstens ein passiver Vorgang, dem die Person ausgeliefert ist und den sie infolge der Ausschaltung der eigenen Vernunft nicht selbst in der Hand hat. Zweitens kann die Person über den Gegenstand ihrer *techne* – oder wie wir jetzt sagen sollten, vermeintlichen *techne* – nichts sagen kann, sie kann keine Erklärung geben, was an den Produkten der Dichter gut und weniger gut ist. Umgekehrt würde dann zweierlei zu den Merkmalen einer echten *techne* gehören: erstens die Fähigkeit, Rechenschaft geben zu können (*logon didonai*), warum etwas so und so gemacht wird und welche Qualität es dadurch hat; zweitens die Fähigkeit, selbständig über die Handlungen im Bereich der jeweiligen *techne* verfügen zu können.

c) Die Ganzheit der techne *als bestimmt durch ihr* ergon

Wenn eine *techne* wesentlich ein begrenztes Ganzes ist, liegt es nahe, die Art bzw. den Umfang dieser Ganzheit durch den Gegenstandsbereich, ihr *peri ti*, zu bestimmen (536e1). Ions bisherige Aussage war, er verstehe nur etwas von Homer. Dagegen hat Sokrates zu zeigen versucht, dass diese Begrenzung auf einen bestimmten Dich-

1. Die Merkmale echten Wissens (Ion)

ter zu eng ist. Nachdem Ion jetzt jedoch auf seinem eigenen Können besteht, verfällt er in das entgegengesetzte Extrem und antwortet auf die Frage nach dem *peri ti* seines Könnens, er wisse über alles, wovon Homer redet, gut zu reden (536e1 ff). Wie die Beispiele zeigen, sind damit die gesamten Inhalte der Dichtungen gemeint. Sokrates fragt, wer besser beurteilen kann, ob der Umgang mit Pferdegespannen von einem Dichter gut beschrieben werde, der Arzt oder der Wagenlenker (537c5 ff). Ion gibt zu, dass der Wagenlenker kompetenter ist, und zwar weil er die entsprechende *techne* besitzt. Sokrates erklärt daraufhin mit Hilfe des Begriffs des *ergon* genauer, was mit der Ganzheit einer *techne* gemeint ist: Jeder *techne* sei von Gott ein Werk angewiesen, das sie in der Lage sei zu verstehen; so sei der Gegenstand der Heilkunst ein anderer als der der Wagenlenkkunst, und was man durch die eine erkennt, erkenne man nur durch sie und nicht durch eine andere (538a2 ff). Das begründete Wissen und das praktische Verfügenkönnen, das die *techne* auszeichnet, beruht also gerade auf einer scharfen Abgrenzung der Gegenstandsbereiche, die jeweils durch die Aufgabe der *techne*, ihr *ergon* bestimmt sind, das für die Ganzheit der jeweiligen *techne* verantwortlich ist.

Ions Anspruch, er könne über alle Themen Homers urteilen, verstößt gegen diese Eigentümlichkeit der *techne*; sofern Ion eine *techne* besitzt, ist es die des Rhapsoden, nicht aber auch die des Wagenlenkers (539d7 ff). Während die Dichtungen Homers als individuelle Werke zu begrenzt sind, den Gegenstandsbereich einer *techne* auszumachen, ist die Gesamtheit dessen, wovon in Dichtungen die Rede ist, das Ganze des menschlichen Lebens, kein abgegrenzter und von anderen unterschiedener Bereich, sondern unbestimmt und daher nicht erkennbar.

Auf dieses Problem antwortet Ion mit dem Vorschlag, sein Wissen beziehe sich darauf, was sich für einen Mann zu sprechen geziemt und was für eine Frau, was für einen Sklaven und was für einen Freien, was für einen Untergebenen und was für einen Herrscher (540b3 ff). Das ist keine sehr klare Antwort; aber wenn es Sokrates wirklich um eine Definition des Berufs des Rhapsoden ginge, könnte er Ion auf eine sinnvolle Definition hinlenken. Sie könnte besagen, dass der Rhapsode nicht die inhaltliche Angemessenheit beurteilt, wozu er in der Tat alles wissen müsste, sondern die formale Angemessenheit der dichterischen Darstellung. Aber Sokrates bzw. Platon geht es nicht darum zu klären, was ein Rhapsode ist, vielmehr will er Ions Unwissenheit herausstellen und dabei zugleich die Kriterien für praktisches Wissen auffinden.[2]

Daher führt Sokrates seinen Gesprächspartner erneut in die falsche Richtung. Er fragt ihn, ob mit den Reden, die sich für einen Mann gehören, diejenigen Reden gemeint seien, die für einen Arzt gegenüber einem Kranken passen. Sokrates weist selbst darauf hin, dass das nicht sein könne, weil das Geziemende in diesem Sinn der Arzt, also der Vertreter der zuständigen *techne,* besser wisse. Ion stimmt dem für dieses und eine Reihe weiterer Beispiele zu. Schließlich jedoch nennt Sokrates das Beispiel des Heerführers, und Ions erstaunliche Antwort lautet, auch der Rhapsode sei in der Feldherrnkunst kompetent, und er selbst sei der beste Heerführer unter den Griechen (541a3f).

Warum zieht Ion seinen Anspruch, alles zu verstehen, zuerst zurück, behauptet aber dann gerade bei der Feldherrnkunst, er verstehe sich auf sie? Wie wir anderen Dialogen entnehmen können, gehört die Kriegsführung zur Politik, und Sokrates hätte statt nach der Feldherrnkunst auch nach der *politike techne* fragen können, der *techne* der Staatslenkung. Dieser Bereich ist es, der das andere Extrem zu Ions Spezialisierung auf Homer darstellt. Die Politiker waren in der *Apologie* diejenigen, die alles zu wissen beanspruchen und in Wirklichkeit nichts wissen. Wie wir noch des öfteren sehen werden, steht der *techne*-Charakter der Politik in Frage, weil das Wohl der Polis und ihrer Bürger im ganzen, das sie zur Aufgabe hat, kein durch eine zusammenhängende Regelmenge umschriebener und von anderen abgegrenzter Gegenstand, sondern der Inhalt des gesamten ethischen Wissens ist.

d) Ergebnis

Die Interpretation des kleinen Dialogs führt zu Hinweisen auf verschiedenen Ebenen. Erstens wird anhand der Person des Ion vorgeführt, wie es ist, wenn jemand kein praktisches Wissen hat. Ion ist ein extremer Fall, er lässt sich fast nur passiv von Sokrates leiten und versucht überhaupt nicht, selbst zu argumentieren oder Thesen vorzuschlagen. Dazu passend versteht er sich als Rhapsode so,

---

[2] Dass Sokrates hier täuscht, betont auch Young 2009, 64.

1. Die Merkmale echten Wissens (Ion)

dass er, auf Individuelles beschränkt, durch zufällige göttliche Eingebung vorträgt.

Zweitens wird dasjenige Wissen, das bekannt und vertraut ist, das *techne*-Wissen, in seinen Merkmalen herausgearbeitet. Die *techne* ist das Paradigma praktischen Wissens, weil sie alle Anforderungen an ein echtes Wissen erfüllt. Dass die *techne* ihnen genügt, liegt an der Art ihrer Ganzheit bzw. der Ganzheit ihres Gegenstandsbereichs, der weder beliebig klein noch beliebig groß sein darf. Ein geeignetes Ganzes ist vorgegeben durch eine jeweilige Sache, die zu bewirken Aufgabe eines bestimmten Berufs ist, z. B. die Gesundheit für die Medizin. Das Wissen wird möglich gerade durch die Bestimmtheit und Begrenztheit der Sache, den Begriff der Gesundheit und die natürlichen Gesetzmäßigkeiten in diesem Bereich. Wer die entsprechenden Kenntnisse hat, kann redend Rechenschaft über sein Vorgehen geben und selbst über seine Handlungen verfügen; er ist nicht wie Ion von Eingebungen gesteuert, und er ist nicht wie die Politiker nur zu vagen Vorstellungen fähig. Wirkliches Wissen gibt es weder vom Einzelnen noch von allem insgesamt.

Drittens zeigt sich hinter dieser beiläufigen Charakterisierung der *techne* auch, dass das *techne*-Wissen nicht das einzige praktische Wissen ist und nicht das höchste praktische Wissen sein kann. Gleich zu Anfang wird die Wertneutralität der *techne* betont, und später wird der Umfang der *techne* durch das ihr von Gott zugewiesene *ergon* erklärt. In Wirklichkeit teilt nicht Gott den Berufsständen in der Polis ihre Aufgabe zu, sondern es ist Sache der politischen Entscheidung, welche Zwecke gemeinsam verfolgt werden sollen und wie die dazu erforderlichen Aufgaben gerecht verteilt werden können. Dann stellt sich die Frage, ob für diese Entscheidungen erneut eine Art von *techne*-Wissen zuständig sein könnte oder ob wir nicht auf eine andere Form praktischen Wissens verwiesen sind.

Dass das hier geforderte praktische Wissen von grundsätzlich anderer Struktur ist als das *techne*-Wissen, lässt sich anhand einer Interpretation des *Hippias Minor* zeigen.

2. Die Strukturunterschiede zwischen technischem und ethischem Wissen (*Hippias Minor*)

Der *Hippias Minor* ist ebenfalls ein kleiner und schlicht aufgebauter Dialog. Er beginnt mit einer kurzen Einleitungsszene (bis 364b9), die den Dialogpartner und das Thema vorstellt. Daran schließt die Exposition der Ausgangsthesen an (364b9–365c7). Den Hauptteil nimmt das eigentliche Prüfungsgespräch (ab 365b8) ein.

a) Explikation der Frage nach dem menschlichen Gutsein

Auch Hippias wird als jemand eingeführt, der über Homer zu reden versteht. Aber Hippias ist nicht wie Ion ein Rhapsode, der aus Eingebung statt aus Wissen handelt, sondern er ist ein Sophist, der beansprucht, alles zu können, ja sich sogar rühmt, es gebe niemanden, der ihm im Redenhalten überlegen sei (364a7ff). Sokrates stellt jedoch gleich zu Anfang dem langen Reden das Verfahren des *elenchos* gegenüber.

Das Thema der Befragung gibt Sokrates vor. Er möchte Hippias' Meinung über die These erfahren, die *Ilias* sei eine schönere Dichtung als die *Odyssee,* und zwar um so viel schöner, als Achilles besser sei als Odysseus. Damit klingt bereits das Grundthema aller Frühdialoge, die Frage nach dem menschlichen Gutsein, der *arete,* an. Nachdem Hippias erklärt hat, Homer stelle Achilles als den besten (*aristos*), Nestor als den weisesten (*sophotatos*), Odysseus als den vielgewandten (*polytropos*) dar, fragt Sokrates nach der genaueren Bedeutung von *polytropos*, und Hippias bestimmt diese Eigenschaft als das Gegenteil von »einfach«, »wahrhaftig«. Sokrates formuliert daraufhin die Ausgangsthese des Hippias so um, *polytropos* sei ein Mensch, der falsch oder lügenhaft (*pseudes*) ist (365b4f). Gleichzeitig setzt er voraus, dass Wahrhaftigkeit und Lügenhaftigkeit immer auf verschiedene Personen verteilt sind, also nicht ein und dieselbe Person einmal lügenhaft und dann wahrhaftig sein kann.

b) Die arete *der* techne

Ausgehend von der These, Homer beschreibe Odysseus als lügenhaft, richtet sich die nächste Frage auf den Status von Eigenschaften

2. Unterschiede zwischen technischem und ethischem Wissen

wie Lügenhaftigkeit. Bedeutet die Lügenhaftigkeit, dass man unfähig ist, etwas Bestimmtes zu tun, oder stellt sie eine Fähigkeit (*dynamis*) dar (365d6f.)? Hippias vertritt die Meinung, die Lügenhaften handelten gerade aufgrund einer Fähigkeit mit Einsicht und Wissen. Daran leuchtet sofort ein, dass jemand nur dann lügen, d. h. absichtlich täuschen kann, wenn er das Richtige weiß und die anderen geschickt vom Gegenteil zu überzeugen vermag. Ob deswegen das Lügen selbst eine spezielle Fähigkeit ist, ist eine andere Frage, die es erfordert, den Begriff der Fähigkeit näher zu bestimmen. Sokrates verweist wie üblich zunächst auf den klaren Fall der Fähigkeiten im Sinn der *techne* bzw. der *episteme*. Als Beispiel wird die Rechenkunst angeführt. Diese hat ein bestimmtes *ergon*, das Rechnen, und gut (*agathos*) in dieser Wissenschaft, im Besitz der *arete*, ist, wer das *ergon* gut erreichen kann (367c4). Nun kann lügen im Rechnen, also absichtlich falsche Antworten geben, in der Tat nur, wer richtig rechnen kann. Nur er kann lügen, wenn er es will (367a1).

Dieser Bezug auf das Wollen ist ein Aspekt der *techne*, der beiläufig schon im *Ion* eine Rolle spielte, aber erst jetzt explizit herausgearbeitet wird. Das *techne*-Können ist ein Können, über das der Handelnde frei verfügen kann, und das heißt, er kann die zugehörigen Handlungen dann ausführen, wenn er es will. Aristoteles hat das später so formuliert, dass *techne*-Fähigkeiten zweiseitige Vermögen sind, deren Ausübung davon abhängt, ob man sie aktualisieren will oder nicht. Diese Entscheidung liegt nicht in dem *ergon*, das die jeweilige *techne* definiert, sondern in den Wünschen und Zwecken des Handelnden.

Die Argumentation wird so zusammengefasst, dass der Wahrhaftige nicht besser ist als der Falsche, dass sich beide hinsichtlich der *arete* nicht unterscheiden lassen (367c8). Vorausgesetzt ist dabei, dass »gut« weit definiert wird und so das technische Gutsein einschließt. Nachdem er den Punkt anhand einer Reihe weiterer Beispiele erläutert hat, konfrontiert Sokrates Hippias mit dem, was daraus für die Ausgangsfrage folgt: Der vermutete Unterschied zwischen Achilles und Odysseus verschwindet; die These, Achill sei wahrhaftig, Odysseus lügenhaft, bricht zusammen, weil Wahrhaftigkeit und Lügenhaftigkeit auf ein und demselben Können beruhen (368e3ff).

Hippias protestiert und will diese Folgerung nicht übernehmen. Seine Begründung lautet, er könne nicht verstehen, wie diejenigen, welche vorsätzlich anderen Unrecht und Schlechtes tun, besser sein könnten als andere, die das nur aus Versehen tun (371e9ff). Diese Reaktion ist verständlich. Dass Hippias im Verlauf des Dialogs trotzdem keine gute Figur macht, liegt nicht an der inhaltlichen Falschheit seiner Meinungen, sondern an ihrer mangelnden Klarheit, Explizitheit und Begründetheit. Hippias äußert seinen Protest auf dem Boden der bisherigen Festlegungen, wo Gutsein im Sinn des Gutseins in einer *techne* gemeint war. Er ist sich dessen nicht bewusst, dass er einen neuen Begriff in die Diskussion einführt, nämlich »gut« im Sinn von »nicht Unrecht« tun, also »moralisch richtig« oder »gerecht« handeln.[3]

Der Unterschied ist gravierend, weil wir es nicht einfach mit anderen Inhalten, sondern mit einem anders strukturierten Phänomen zu tun haben. Die Rechenkunst ist eine *episteme* oder *techne,* die Gerechtigkeit eine Charaktereigenschaft. Während es für die *techne* wesentlich ist, dass sie in zwei Richtungen – je nach Wunsch – ausgeübt werden kann, gehört zu einer Charaktereigenschaft gerade eine verfestigte Ausrichtung des Wollens. Wer einen wahrhaftigen Charakter hat, der *will nicht* teils lügen, teils nicht; vielmehr ist diese Haltung gerade durch die Ausrichtung auf die Wahrheit bestimmt. Man braucht diese Bedeutung von »gut« nicht auf den moralischen Bereich im engeren Sinn zu beschränken. Die grundlegende Unterscheidung ist die zwischen *arete* im technischen Sinn und *arete* im ethischen Sinn der Gutheit als Mensch. Sie wird implizit deutlich, wenn Sokrates das Ergebnis so formuliert, dass er die Spezifizierung der *arete* weglässt. Bisher ging es darum, dass jemand, der in einer speziellen *techne* oder *episteme*, z.B. der Rechenkunst, nach Wunsch wahrhaftig oder lügnerisch sein kann, besser in ihr ist als jemand, der das nicht kann. Jetzt hingegen soll jemand, der einfachhin die Wahrheit sagen oder lügen kann, einfachhin besser sein als jemand, der das nicht kann. Das heißt, der Bezug auf eine bestimmte *techne* fehlt beim Können ebenso wie bei der *arete*, und was unter der Hand geschieht, ist der Übergang vom technischen Gutsein zur menschlichen Gutheit.

Das wird weder hier noch im weiteren Verlauf direkt ausgesprochen. Sokrates betont vielmehr, nachdem er die Vermischung selbst erzeugt hat,[4] seine Unsicherheit, sein Nichtwissen und seine Lern-

---

[3] Siehe auch Sprague 1962.
[4] Dass Sokrates bzw. Platon selbst die Gesprächspartner absichtlich in die Irre führt, ist nicht unstrittig, scheint mir aber wie ebenso vielen anderen

willigkeit (372b4ff). Er gibt vor, zwischen den diskutierten entgegengesetzten Meinungen zu schwanken, der Meinung, wer vorsätzlich falsch sein könne, ist besser, und der Meinung, wer vorsätzlich falsch sei, ist schlecht. Das zeigt wiederum etwas über die Art des praktischen Wissens. Jemand wie Hippias sucht nicht nach solchem Wissen, er hält an seiner faktischen Lebensweise fest. Sokrates kann daher kein weitgehendes Gespräch mit ihm führen. Vielmehr muss er ihn, indem er aus seinen Vormeinungen irritierende und paradoxe Ergebnisse ableitet, allererst dahin bringen, überhaupt die grundsätzliche Frage nach dem guten Wie des Lebens als eine offene Frage wahrzunehmen.

Sokrates bringt sein Schwanken über die beiden Aussagen auch so zum Ausdruck, dass es ihm um die Heilung der eigenen Seele gehe. Diese Bemerkung leitet über zum nächsten Schritt, der Frage nach der *arete* der Seele.

c) Die arete *von natürlichen Fähigkeiten, Werkzeugen, Organen, Berufsrollen*

Das für das technische Können herausgestellte Phänomen war, dass man ein und dieselbe *techne* je nach Wollen zu guten oder schlechten Zwecken – im ethischen Sinn – verwenden kann. Der nun folgende Punkt ist, dass man eine Fähigkeit, diesmal nicht nur eine *techne,* sondern ebenso eine natürliche Fähigkeit, je nach Zweck absichtlich gut oder schlecht – im Sinn der Fähigkeit – gebrauchen kann (373d1ff). Zum Beispiel: Der gute Läufer ist derjenige, der gut laufen kann. Wenn er schlecht läuft, dann darum, weil er das zu einem bestimmten Zweck will, obwohl er besser laufen könnte. Der schlechte Läufer hingegen läuft nicht darum schlecht, weil er es so will, sondern weil er es nicht besser kann.

Nach der Ausdehnung dieses Punkts auf Werkzeuge, Organe und Nutztiere wird er schließlich auf Menschen übertragen, die uns Dienste leisten. Diejenige menschliche Seele, so legt Sokrates nahe, sei besser in der Medizin, die ihren Patienten, falls sie wollte,

---

Interpreten (siehe z. B. Robinson 1953, 8f) evident. Dass er dasselbe mit dem Leser tut (so z. B. Apelt 1975, 203), glaube ich eher nicht, denn dem Leser soll ja gerade die mangelnde Klarheit des Diskussionspartners vorgeführt werden.

absichtlich Übles zufügen könnte. Es würde also insgesamt gelten: Überall ziehen wir dasjenige vor, was die jeweilige Fähigkeit bzw. die zugehörige *arete* im technischen Sinn hat und dadurch zugleich zu ethisch guten wie schlechten Zwecken einsetzbar ist.

d) Die Frage nach der arete *der menschlichen Seele*

Sokrates überträgt schließlich die bisherige Überlegung auf unsere eigene Seele (375c7ff). Wenn wir wollen, dass gerade sie möglichst gut ist, würde das nicht heißen, sie müsste so beschaffen sein, dass wir mit ihr je nach Wunsch Schlechtes tun können? Denn die Seele, die vorsätzlich Unrecht tun kann, schien ja besser als diejenige, welche das ohne Absicht tut. Das entspricht natürlich nicht der gewöhnlichen Auffassung, die mit Bezug auf die Seele nicht an die technische, sondern an die ethische Verwendung denkt, also mit Hippias diejenige Seele, welche absichtlich Unrecht tut, für schlechter hält. Wodurch dieses unplausible Ergebnis zustande kommt, deutet Sokrates beiläufig selbst an, indem er den Begriff der Gerechtigkeit aus dem Einwand des Hippias aufnimmt und fragt, ob diese nicht eine *dynamis* (Vermögen, Fähigkeit) oder *episteme* (Wissenschaft) sei. Unter dieser Prämisse folgt in der Tat das Ergebnis, weil für *jedes* Können und Wissen, für jede *techne* und *episteme,* gezeigt wurde, dass derjenige sie besser beherrscht, der sie mit Absicht gut oder schlecht ausüben kann.

Doch gibt Sokrates gleichzeitig zu, er sei angesichts dieses Ergebnisses, auch wenn es sich notwendig aus der Untersuchung ergebe, selbst schwankend. Für die Methode des *elenchos* zeigt sich, dass nicht automatisch jedes Ergebnis einer Prüfung, sofern diese nur logisch konsequent und konsistent durchgeführt wurde, richtig sein muss.[5] Wo das Ergebnis massiv gegen unser Vorverständnis der Sache verstößt, werden wir mit der Frage der Angemessenheit der Prämissen und argumentativen Übergänge konfrontiert.

In unserem Fall liegt es nahe zu vermuten, dass Sokrates das Ziel verfolgt, das Verständnis der menschlichen *arete,* welches Hippias und die anderen Sophisten haben, als falsch und unstimmig zu entlarven. Aufschlussreich für das Argumentationsziel des Dialogs im

---

[5] Zur Frage, was der *elenchos* über eine Konsistenzprüfung hinaus ist, vgl. Vlastos, 1983, 27–58.

2. Unterschiede zwischen technischem und ethischem Wissen 67

ganzen ist der Satz am Ende (376b4ff), in dem Sokrates sagt, der absichtlich schlecht Handelnde sei also der Gute, *wenn es einen solchen gibt*. Die einfachste Interpretation bestünde in der Annahme, der Konditionalsatz »wenn es einen solchen gibt« wolle nahelegen,[6] dass es ihn nicht gibt. Diese Interpretation hält daran fest, dass die Gerechtigkeit oder die menschliche Gutheit allgemein in der Tat ein Wissen oder Können von der Struktur der *techne* ist. Sie fügt aber hinzu, dass auf der höchsten Ebene, wo es um das eigene gute Leben, das eigene Glück geht, die Klausel, der in einer Fähigkeit Gute könne sie je nach Wollen auch schlecht ausüben, leerläuft, weil niemand für sich das schlechte und unglückliche Leben will.

Diese Interpretation verkürzt jedoch die Problematik. Der Dialog beginnt damit, dass Hippias sich als Alleskönner ausgibt, und das merkwürdige Ergebnis kommt dadurch zustande, dass Sokrates ganz im Sinn des Hippias von den Beispielen einer einzelnen *techne* zu Formulierungen übergeht, in denen das *peri ti*, der spezielle umgrenzte Gegenstandsbereich, welcher Voraussetzung für die Möglichkeit von Wissen ist, wegfällt. Indem er diesen Übergang in ein kontraintuitives Fazit münden lässt, stellt Sokrates implizit die Möglichkeit in Frage, von einer speziellen *techne* zu einer *techne* von allem, vom ganzen Leben, zu gelangen, die aber ansonsten genau dieselbe Struktur hat wie die Einzel-*techne*.[7] Sofern es ein Wissen von der menschlichen Gutheit gibt, muss dieses in einem gewissen Sinn *alles* zum Gegenstand haben. Aber es scheint nicht sinnvoll, dieses »alles« in Analogie zu dem umgrenzten Bereich einer *techne* zu sehen. Vielmehr ergeben sich gerade aus der Prämisse, dass das Wissen von der menschlichen Gutheit die Struktur der *techne* aufweist, absurde Folgen.

Der Dialog betont durchgängig die Zweiseitigkeit des *techne*-Könnens, das heißt die Tatsache, dass es je nach Wollen gut oder schlecht verwendet werden kann. Damit verweist er von vornherein auf die Dimension des Wollens oder der Zwecke, die das technische Wissen als Leerstelle mit sich führt und aus sich heraus nicht ergänzen kann, auf die Frage also, woraufhin wir unser spezielles Können und Wissen gebrauchen sollen, worin das Gute für das menschliche Handeln liegt, das uns eine Entscheidung über die richtigen Ziel-

---

[6] Zur Interpretation dieses Halbsatzes siehe Zembaty in Anton und Preus, Hrsg., 1989, 51–69.
[7] Siehe dazu auch Kube 1969, 128.

setzungen ermöglicht. Damit hängt zusammen, dass das ethische Wissen nicht wie das Definitons- oder Kausalwissen theoretisch ist, sondern neben der Wissenskomponente eine charakterliche Komponente hat.

Als mögliche Alternative zum Wissen der *techne* wird nicht explizit beschrieben, aber in der Gesprächsführung des Sokrates vorgeführt das Verfahren des *elenchos*, der schrittweisen Überprüfung der vorhandenen Meinungen. Das Vorgehen ist, könnte man sagen, umgekehrt wie beim *techne*-Wissen. Dort gehen wir von einem einzelnen umgrenzten *ergon* aus und leiten aus ihm die nötigen Schritte ab. Hier haben wir nicht ein klar umgrenztes, vorgegebenes Ziel, sondern ein vages, weites Feld aus Phänomenen, Vormeinungen, gängigen Definitionen usw., und was wir tun, ist gerade, dass wir nach und nach, gleichsam ›von unten‹ dieses unbestimmte Feld durchgehen und methodisch ordnen, also Einheiten und Grenzen durch den *elenchos* allererst herstellen.[8] Der *Hippias*-Dialog enthält schon eine Reihe beiläufiger methodischer Hinweise, die in diese Richtung gehen. So wirft Hippias, der ganze Reden gegeneinanderstellen will, Sokrates in 369b8ff vor, dieser zerpflücke das Ganze und bleibe bei Schwierigkeiten hängen. In Wirklichkeit versucht Sokrates damit gerade, Meinungen klarer zu fassen, ihre Folgen herauszuarbeiten und sie in überprüfbare Schritte zu zerlegen.

Deutlicher als diese positiven Hinweise ist vorläufig die Bestimmung der ethischen Methode durch Abgrenzung von der *techne*. Wir haben jetzt eine Reihe von Strukturmerkmalen der *techne* kennengelernt. Ihr Wissenscharakter wird dadurch erklärt, dass jede *techne* einen definierbaren, durch eine Gesetzesmenge umschriebenen Sachbereich zum Gegenstand hat. Kraft dieses definitorischen und naturgesetzlichen Wissens ermöglicht sie ein Stück Weltbeherrschung, nämlich die Realisierung menschlicher Zwecke durch Naturveränderung und Herstellung künstlicher Dinge. Das *techne*-Können ist zweiseitig; ob es eingesetzt wird oder nicht, ob es zu ethisch guten oder schlechten Zwecken eingesetzt wird, hängt vom Wollen der handelnden Person ab. In diesem Punkt liegt aber auch eine der Grenzen des *techne*-Wissens: Die Kriterien, mit denen wir entscheiden, zu welchen Zielen eine *techne* anzuwenden ist, lassen sich nicht ihr selbst entnehmen. Die *techne* ist angewiesen auf ein

---

[8] Vgl. die Formulierung in Stemmer 1992, wonach der *elenchos* einen Bereich »kartographiert« (264).

2. Unterschiede zwischen technischem und ethischem Wissen 69

anderes Wissen, das ethische Wissen davon, welche Ziele wir verfolgen wollen, wie und wozu wir unsere Fähigkeiten einsetzen sollen, auf das Wissen also, wie zu handeln und zu leben gut ist.

Doch diese Frage nach dem für den Menschen guten Leben bezieht sich ähnlich wie der kritisierte Anspruch der Politiker irgendwie auf alles und erscheint daher zu weit, einen ganzheitlichen Wissensbereich zu konstituieren. Um zu einer positiven methodischen Charakterisierung des ethischen Wissens zu kommen, müssen wir daher klären, ob sich das Gute oder die *eudaimonia* ähnlich wie der Gegenstand einer *techne* verstehen lässt oder ob sich das ethische Wissen in grundlegend anderer Form auf sein Ziel bezieht. Ehe ich die Frage nach der Methode weiterverfolge, werde ich daher anhand der Dialoge *Euthydemos* und *Hippias Maior* die Rolle zu klären versuchen, die das Ziel des guten Lebens in dem gesuchten Modell der ethischen Überlegung spielt.

IV. Die Unbestimmbarkeit der *eudaimonia* (*Euthydemos* und *Hippias Maior*)

1. *Euthydemos*

Der *Euthydemos* ist eine kunstvolle kleine Komödie, welche spielerisch die mangelnde Ernsthaftigkeit der sich für weise haltenden Sophisten vorführt. Der Aufbau des Dialogs ist diesmal etwas komplizierter. Er ist eingebettet in ein Rahmengespräch zwischen Sokrates und Kriton, dem Sokrates den Dialog erzählt. Innerhalb dieses referierten Gesprächs gibt es mehrere Arten von Beziehungen zwischen Personen: Euthydemos und Dionysodoros sind zwei Redekünstler, denen auf der anderen Seite Sokrates und der junge Kleinias gegenüberstehen, an welchem die beiden Redner ihre Fähigkeiten demonstrieren wollen. Der Dialog braucht für unseren Zusammenhang nicht als ganzer dargestellt zu werden; ich greife nur einige relevante Passagen heraus.[1]

Worauf es ankommt, wird bereits durch die anfängliche Charakterisierung der Rhetoren angedeutet: Sie sind wie Hippias *pansophoi*, Alleskönner. Nicht nur können sie jeden Streit so führen, dass sie vor Gericht recht bekommen; sie verstehen auch alles, was zur Feldherrnkunst gehört (vgl. *Ion*). Nach ihrem Selbstverständnis sind dies jedoch nur Kleinigkeiten (*parerga*) neben der eigentlichen und wichtigsten Aufgabe (*ergon*), die im Vermitteln (*paradounai*) der *arete*, der menschlichen Gutheit besteht (273d8). Der Ausdruck für das Lehren oder Vermitteln der *arete* bedeutet wörtlich »übergeben«. Das heißt, die Redner stellen sich die Gutheit nach dem Modell eines Dings oder einer Ware vor, wie das für die Produkte der *techne* gilt.

Die für meine Absichten relevanten Textabschnitte sind 278e bis 282e und 288d bis 293a. Sie lassen sich in drei Punkte gliedern:

---

[1] Für eine Skizze des ganzen Aufbaus siehe Keulen 1971, 1–12, und Hawtrey 1981, 1–37.

1. Wissen garantiert die *eudaimonia* in jeder Hinsicht (278e3–280a8).
2. Nur Wissen gehört uneingeschränkt zur *eudaimonia* (280b1 bis 282e6).
3. Beim Wissen um die *eudaimonia* fallen Herstellungs- und Gebrauchswissen zusammen (288d5–293a9).

a) Wissen als hinreichende Bedingung für die eudaimonia

Nach einem längeren Stück, in welchem die beiden Redner eine Kostprobe ihres Könnens an Kleinias demonstrieren, wird ihr ganzes Vorgehen von Sokrates als bloß scherzhaft hingestellt. Seinen eigenen Vorschlag, wie statt dessen der junge Mann ernsthaft zum Erwerb der *arete* motiviert werden könnte, leitet Sokrates mit der Prämisse ein, alle Menschen wollten *eu prattein*. Der Ausdruck *eu prattein* ist zweideutig, er kann besagen, jemand handle oder verhalte sich auf gute Weise, aber auch, jemand befinde sich wohl, es gehe ihm gut. Die Verwendung von *eudaimonein* als Äquivalent (280b6) zeigt, dass zunächst die zweite Bedeutung herausgehoben wird. Sokrates stellt also die Frage nach dem Wohl oder Glück des Menschen.

Die erste Glückskonzeption, die Sokrates als mögliche Antwort vorschlägt, ist die Vorstellung vom Glück als dem Besitz möglichst vieler Güter. Güter, *agatha*, ist eine bewusst unbestimmte Formulierung. Die Frage, welche Dinge für uns gut sind (279a5), legt das Verständnis nahe, es gehe um das Erlangen des für uns Nützlichen oder Zuträglichen. Doch kann mit *to agathon* ebenso das Gute im Sinn des Erstrebten oder Gewollten gemeint sein. Die Konzeption wird eher im Sinn dieser zweiten Bedeutung erläutert, indem angeführt wird, was Menschen sich gewöhnlich als Bestandteile des Glücks wünschen: Reichtum, Gesundheit, vornehme Abstammung, Macht, Ehre, außerdem die Tugenden der Gerechtigkeit, Tapferkeit, Besonnenheit und Weisheit.

Was Sokrates vorträgt, ist nicht seine eigene, sondern die konventionelle Auffassung des guten menschlichen Lebens. Es ist die Konzeption vom Glück als dem Besitz aller erstrebten Glücksgüter, die inhaltlich durch gängige Vorstellungen von Reichtum, Adel, Ehre usw. vorgegeben sind. Auch die erwähnten Tugenden sind, ehe Platon ihnen eine besondere Wendung gibt, allgemeines Gedankengut; sie sind daher im jetzigen Stadium des Textes im Sinn der üblichen ›bürgerlichen‹ Tugenden gemeint. Wie das *ergon* einer *techne* wäre

1. Euthydemos

damit das Ziel des ethischen Wissens bekannt und klar umgrenzt, und der Unterschied wäre nur, dass wir es im Fall einer jeweiligen *techne* mit Regeln zur Erreichung beliebiger Zwecke zu tun haben, während in der ethischen Überlegung die *eudaimonia* als das von allen gewünschte Ziel vorausgesetzt wird. Dass die Divergenz sich nicht auf diesen Punkt beschränkt, sondern tiefer geht, liegt daran, dass die Definition des Glücks durch Aufzählung von Glücksgütern unzulänglich ist.

Platon verdeutlicht diese Unzulänglichkeit, indem er Sokrates einen neuen Faktor, die *eutychia,* erwähnen lässt (279c7). Während die Griechen mit *eudaimonia* das Glück im vollen Sinn des Wohls oder guten Lebens meinen, das Gelingen des Lebens im ganzen, ist *eutychia* das Glück im Sinn des glücklichen äußeren Zufalls. Gegen das Verständnis des guten menschlichen Lebens als Besitz aller erstrebten Güter liegt der Einwand nahe, dass wir unter ungünstigen äußeren Bedingungen nur ein Minimum dessen erreichen, was man gewöhnlich zum ganzen Glück zählt. Dann scheint es wenig aussichtsreich, wenn wir zum Zielpunkt der praktischen Überlegung ein vollkommenes Glück machen, das den glücklichen Zufall als garantiert ansieht und jeden widrigen äußeren Zufall ignoriert. Was wir anstreben können, ist dann vielmehr nur das bestmögliche Leben, das heißt dasjenige Leben, das unter faktischen Bedingungen für Menschen als ein gutes realisierbar ist.

Die Erwähnung der *eutychia* ist also ein naheliegender Einwand gegen die Definition des guten Lebens durch die Aufzählung aller gemeinhin gewollten Güter. Wenn Sokrates diesen Punkt sogleich selbst wieder aufhebt, verweist das auf eine andere Absicht. Die Rücknahme basiert auf dem Hinweis, die *eutychia* brauche nicht eigens erwähnt zu werden, da sie in der Weisheit bereits berücksichtigt sei. Das scheint auf den ersten Blick paradox, da man denken könnte, der Zufall gehöre gerade in den Bereich des Unverfügbaren, also dessen, was nicht durch menschliches Wissen und Können beeinflusst werden kann. Die Erläuterung, die Sokrates selbst gibt, lautet: Beim Flötenspielen hätten diejenigen Glück, die gut spielen können, in Gefahren zu See sei der weise Steuermann bzw. seine Passagiere glücklicher (279e4ff), und ebenso bei jedem anderen Können und Wissen. Die *sophia* sei damit gerade das Glückhaben, oder genauer, sie mache die Abhängigkeit vom Zufall unnötig.

Diese Behauptung klingt etwas übertrieben. Sicher sind wir in Bereichen, wo wir ein technisches Wissen oder Können haben, nicht auf den glücklichen Zufall in dem Sinn angewiesen, in welchem Ion auf eine glückliche Fügung oder göttliche Eingebung angewiesen ist, um seine Rhapsodentätigkeit auszuüben. Dass jemand z. B. die Fähigkeit hat, Schiffe zu steuern, heißt, dass er unter gewöhnlichen Bedingungen nicht auf die *eutychia* angewiesen ist, sondern sich auf sein Können verlassen kann. Nicht aber heißt es, dass er ganz von äußeren Bedingungen unabhängig ist; denn sobald ungewöhnliche Bedingungen vorliegen, sobald er zum Beispiel mit seinem Schiff in ein Unwetter gerät, dessen Beherrschung menschliche Kraft übersteigt, wird ihm seine Fähigkeit nichts nützen.

Dass jemand, der aufgrund von Können und Wissen handelt, gar nicht von äußeren Umständen abhängig ist, trifft daher nicht zu. Wenn Sokrates bzw. Platon sich, wie ich immer annehme, dieser Tatsache bewusst sind, warum dann die übertreibende Formulierung, statt einfach zu sagen, dass die Fähigen weniger vom Zufall abhängig und daher glücklicher sind? Die eine Funktion, die mehr an der Oberfläche bleibt, ist sicher die Nachahmung der rhetorischen Verdrehungskünste, die Euthydemos und Dionysodoros praktizieren.[2] Die tiefergehende Funktion dürfte darin liegen, dass Sokrates verschiedene Aspekte der Frage nach dem menschlichen Glück herauszuarbeiten versucht. Dabei kommt es häufig vor, dass Strukturkomponenten nicht neutral in Form offener Fragen benannt werden, sondern bereits in der inhaltlichen Beantwortung auftreten, die der üblichen oder einer zu kritisierenden Auffassung entspricht. Erst die Kritik an der vorhandenen Antwort deckt dann die Struktur selbst und die Offenheit der zugrundeliegenden Frage auf.

Der Zusammenhang, um den es geht, ist offenkundig derjenige zwischen menschlichem Glück und äußerer Welt. Die untersuchte Passage setzte ein mit der Konzeption vom Glück als Besitz möglichst vieler Güter. Das Wissen wurde als ein Gut in einer Reihe mit den anderen aufgezählt, ebenso die günstigen äußeren Bedingungen, die dann mit dem Wissen als gegeben unterstellt wurden. Nun will Sokrates sicher nicht in Zweifel ziehen, dass das menschliche Leben glücklichen und unglücklichen Zufällen ausgesetzt ist. Das Leben hat in der Tat diese passive Seite, auf der wir den äußeren Umständen ausgeliefert sind. Es liegt dann nahe anzunehmen, dass er umgekehrt die Angleichung menschlicher Glücksgüter an eine Beziehung zu

---

[2] Dass Sokrates sich jeweils auf das Niveau der Gesprächspartner begibt und auf deren Ebene Boden zu gewinnen versucht, betont z. B. Teloh 1986.

1. Euthydemos

Äußerem kritisieren will. Insbesondere für das Können und Wissen ist deutlich, dass dieses nicht etwas ist, was wir haben, wie wir Gegenstände besitzen; vielmehr gehört dieses auf die aktive Seite des Lebens, auf der wir selbst über unser Tun verfügen können.

Dazu passt, dass Sokrates die Konzeption des Glücks als Besitz von Gütern noch von einer anderen Seite angreift. Die Frage ist (280b7ff), ob wir bereits dadurch glücklich sind, dass wir Güter haben. Glücklich sind wir erst, wenn der Besitz der Güter uns nützt, und er nützt uns erst dann, wenn wir sie gebrauchen. Und auch dann wiederum nur, wenn wir sie nicht irgendwie, sondern richtig gebrauchen. Die Unterscheidung zwischen richtigem und falschem Gebrauch aber ist eine Sache des jeweiligen Wissens, der *episteme*. Für das Wissen werden zunächst *techne*-Beispiele angeführt: Richtigen Gebrauch von Holz macht, wer über die *techne* bzw. *episteme* der Zimmermannskunst verfügt. Diese Überlegung wird vom technischen Gebrauch auf den Gebrauch der Glücksgüter übertragen: Richtigen Gebrauch von Reichtum, Gesundheit usw. macht, wer das Wissen hat, das die Handlungen leitet (281b1). Auch an dieser Stelle wird der Übergang vom technischen zum ethischen Wissen nicht explizit gemacht, sondern eher verwischt. In 281b1 ist plötzlich nicht mehr von einem Wissen dieser oder jener bestimmten *techne*, sondern von einem handlungsleitenden Wissen ohne Zusatz die Rede.

Das Fazit dieses Argumentationsschritts formuliert Sokrates so, dass das Wissen nicht nur *eutychia*, äußeres Glück, sondern auch *eupragia*, Wohlergehen in einem eher aktiven Sinn bewirkt. Dabei sollten wir mit Sokrates kritisch festhalten, dass die *eupragia* in ihrem Sinn und ihren Kritierien noch offen und nicht aus dem Wissen einer *techne* zu entnehmen ist. Ehre, Weisheit usw. sind nicht Dinge mit einem fest umgrenzten Zweck. Sofern man doch von ihrem Zweck reden will, ist er das gute Leben der Person. Das Wissen, wie man von ihnen richtigen Gebrauch macht, bezieht sich auf die Frage, was für die Person bzw. ihr Leben im ganzen gut oder nützlich ist. Es gehört daher nicht in die Zuständigkeit einer speziellen *techne*, sondern eines allgemeinen handlungsleitenden Wissens mit Bezug auf das gute Leben.

Weiter können wir festhalten, dass sich eine Spannung zwischen äußeren und inneren Aspekten des Glücks, zwischen Passivität und Aktivität des menschlichen Lebens andeutet. Das technische Wissen garantiert Erfolg und Unabhängigkeit vom Zufall, jedoch nur unter normalen Bedingungen. Es ermöglicht uns nicht, den Wechselfällen des Schicksals endgültig zu entkommen. Natürlich wird dies auch das ethische Wissen nicht im direkten Sinn leisten können, vielleicht jedoch dadurch, dass es Formen des geeigneten Umgangs mit dieser menschlichen Abhängigkeit empfiehlt.

b) Das ethische Wissen als das einzig uneingeschränkt Gute

Die Glücksgüter müssen in dem Sinn gut sein, dass sie zum guten Leben der Person beitragen oder ihr Wohl fördern. Das tun sie nicht durch ihre bloße Anwesenheit, sondern nur beim richtigen, nämlich von Weisheit und Einsicht geleiteten Gebrauch. Wenn dem so ist, dann sind die Glücksgüter der alltäglichen Vorstellung als solche weder gut noch schlecht (281d5). Einfachhin gut ist dann nur noch das Wissen selbst, das den richtigen Gebrauch leitet (281e4f).

Dieses Ergebnis entspricht der bekannten sokratischen These, dass das Gute das Wissen ist. Wir müssen uns jedoch fragen, was diese These genauer besagt.[3] Will Sokrates behaupten, das Wissen sei das Gute im Sinn des Nützlichen, also das einzig sichere Mittel zum Glück? Dann müsste das Glück selbst etwas anderes sein, zu dem das Wissen verhilft. Doch worin das Glück bestehen könnte, wenn es keine Inhalte gibt, die als solche gut sind, ist offen. Liegt dann die stärkere These vor, das Wissen selbst sei das Gute, welches die *eudaimonia* ausmacht? Und falls Sokrates eine solche Identitätsthese vertritt, hat das Wissen denselben Status wie die zuvor aufgezählten inhaltlichen Güter?

Plausibel erscheint zunächst die negative Seite der Behauptung. In der Tat kann uns alles, was wir haben, bei schlechtem Gebrauch schaden, und daher kann es als Inhalt des Glücks, das *immer* gut für uns sein muss, nicht in Frage kommen. Aber inwieweit ist es für Menschen sinnvoll, dieses vollkommene Glück zu erstreben, statt das menschliche gute Leben von vornherein schwächer und realistischer zu bestimmen? Und täuscht nicht die Aufreihung von Gütern über ihre Verschiedenartigkeit hinweg? So haben wir im *Hippias Minor* gesehen, dass die guten Charakterhaltungen, die *aretai*, von vornherein nur einen guten Gebrauch zulassen; gerade dadurch waren sie von den *techne*-Fähigkeiten unterschieden. Wenn im jetzigen

---

[3] Zur Erörterung dieser Frage siehe den in Anm. 11 zu Kap. II erwähnten Aufsatz von Vlastos.

1. Euthydemos

Zusammenhang die *Tugenden* unter den Gütern genannt werden, die manchmal schaden können, sind offensichtlich nicht die richtig verstandenen *aretai* gemeint, sondern die *aretai* im alltäglichen Verständnis der bürgerlichen Tugenden. In diesem Sinn könnte sogar für das Wissen selbst gelten, dass es ebenso schaden wie nützen kann, und wenn wir Xenophon glauben, hat Sokrates dies selbst gesagt:[4] Daidalos z. B. sei von Minos wegen seines Wissens gefangengenommen worden, das Wissen habe ihm also geschadet. Uneingeschränkt gut sei nur das Glück selbst, jede Ausfüllung aber sei strittig und könne ebenso gut wie schlecht sein.

Nun ist das Wissen des Daidalos ein technisches Wissen, während es jetzt um das ethische Wissen geht, das Wissen, wie die Güter mit Bezug auf das gute Leben gut zu gebrauchen sind. Doch auch mit Bezug auf dieses Wissen könnte man sich analoge Beispiele denken. Sokrates macht sich durch sein ethisches Wissen verhasst. Allerdings wäre zu fragen, ob hier tatsächlich das ethische Wissen selbst den Schaden bewirkt, oder nicht vielmehr die Tatsache, dass Sokrates dieses Wissen besitzt. Was die ursprüngliche Frage nach dem Verhältnis von Glück und Wissen angeht, könnte man überlegen, ob es überhaupt angemessen ist, das Wissen als einen Inhalt neben anderen aufzufassen; vielleicht müsste man es, sofern es den Gebrauch von allem regelt, als eine Art oder Form des Umgangs mit Lebensinhalten, als überlegtes Verhältnis zu ihnen verstehen. Das würde eher ein Mittel-Zweck-Verhältnis zwischen Wissen und Glück nahelegen, da eine Form nicht sehr geeignet scheint, das Glück selbst auszumachen. Andererseits spricht die Vorstellung, nur das Wissen sei uneingeschränkt gut, für die Identitätsthese, dafür also, dass sich nichts anderes finden lässt, worin das Glück bestehen könnte.

Doch bleibt eine weitere Schwierigkeit: Was immer und ohne Einschränkung gut ist, ist das Wissen, wie die Güter im Leben richtig zu gebrauchen sind. Aber haben wir ein solches Wissen, oder können wir es erwerben? Diese Schwierigkeit wird im Dialog indirekt aufgeworfen. Sokrates fragt, ob die Weisheit lehrbar ist (282c1f) und ob Kleinias sämtliche Wissenschaften erlernen muss, um glücklich zu werden, oder ob es eine bestimmte Wissenschaft gibt, durch deren Besitz man glücklich wird (282e2f). Erneut wird also das Wissen der einzelnen *technai* und *epistemai* als klares Beispiel für Wissen erwähnt. Vor diesem Hintergrund wird deutlich, dass die Auskunft,

---

[4] Xenophon, Memorabilia IV 33.

das wirklich Zuträgliche bzw. glücklich Machende sei das ethische Wissen, nicht gerade erhellend ist, solange unklar bleibt, worin dieses Wissen besteht. Wenn wir uns an die *Apologie* erinnern, kommt hinzu, dass ein Wissen des Guten für Menschen als endliche Wesen nicht vollständig erreichbar ist. Möglich ist offenbar nur das schrittweise Suchen nach dem guten oder richtigen Leben, das sich in Meinungen äußert, die weder vollständig bewiesen noch irrtumsfrei sind.

c) Die offene Frage nach dem Gegenstand des ethischen Wissens

Die Frage, mit welchem Wissen wir es zu tun haben, wird wiederaufgenommen in 288d9. Bisher steht nur fest, dass es sich um ein Wissen handelt, das uns mit Bezug auf das gute Leben nützlich ist. Der Unterschied zum *techne*-Wissen wird jetzt erläutert durch die Unterscheidung zwischen herstellender und gebrauchender *techne*. Eine *techne* ist, wie wir schon im letzten Kapitel gesehen haben, bestimmt durch ihren Gegenstandsbereich, das jeweilige *peri ti*. Bei einem so beschaffenen Wissen fallen Herstellungs- und Gebrauchswissen auseinander. Die *techne*, Flöten zu bauen, und die *techne*, Flöte zu spielen, sind verschieden, ebenso die entsprechenden *aretai*. Der beste Flötenbauer braucht nicht der beste Flötenspieler zu sein, und umgekehrt. Nun besteht zwischen den beiden Zielen eine gewisse Rangordnung. Es würden keine Flöten gebaut, wenn es nicht Menschen gäbe, die Flöte spielen wollen. Das übergeordnete Ziel ist also das gute Flötespielen, und damit dieses erreichbar ist, muss ein Instrument mit einer Anordnung von Teilen hergestellt werden, die gutes Flötespielen ermöglicht.

Gesucht war ein Wissen, das uns überall nützt, glücklich zu leben. Wie sich dieses analog zu den gerade erwähnten Beispielen verstehen lässt, ist zunächst unklar. Wer Wissen vom guten Leben ›herstellt‹, so könnte man sagen, sind die Lehrenden. Aber sie machen ja beim Lehren selbst schon vom Wissen, wie zu leben gut ist, Gebrauch. Wer die für jeweilige Individuen gute Lebensweise erkennen kann, der hat diese Fähigkeit auch im eigenen Fall. Herstellen und Gebrauchen fallen hier also zusammen (289b5f). Versucht man ein solches Wissen doch noch unter den *technai* zu finden, dann bietet sich die Staatskunst an, die *basilike* oder *politike techne* (290d2ff), in deren Dienst letztlich die anderen *technai* stehen.

1. Euthydemos

Diese Möglichkeit wird im Rahmengespräch mit Kriton aufgenommen (291b4ff). Für sie spricht zunächst, dass alle anderen *technai* das, was sie erwerben und herstellen, der Staatskunst als derjenigen Instanz übergeben, die den richtigen Gebrauch von allem zu machen in der Lage ist.[5] Gegen den Versuch, die Staatskunst an eine *techne* anzugleichen, wird jedoch deutlich auf Abweichungen hingewiesen: Wenn die Staatskunst in der Weise einer *techne* über alles herrscht, wenn durch ihre Leitung alles Handeln gut und nützlich wird, was ist dann der Bezugspunkt dieser Nützlichkeit, was bewirkt sie (*apergazetai*) oder was ist ihr *ergon*?

Der Versuch, das Glück als ein inhaltlich definiertes Ziel neben dem Gebrauchswissen zu bestimmen, ist, wie in 292b1ff nochmals konstatiert wird, gescheitert. Was immer die Staatskunst den Bürgern an Gütern geben kann, sei es Reichtum, sei es Freiheit usw., ist nicht als solches gut, sondern nur, wenn es mit dem richtigen Wissen gut gebraucht wird. Sofern also die Staatskunst Nutzen und Gutes bewirkt, kann das vorläufig nur heißen, dass sie den Bürgern gerade dasjenige Wissen vermittelt, welches alles leitet.

Die Frage, was dieses Wissen ist, worauf es sich bezieht und worin der gut ist, der es hat, läuft jedoch ins Leere (292d1ff).[6] Ein Wissen von allem im Sinn der Summe aller einzelnen *technai* und *epistemai* ist nicht nur kaum erreichbar; es bliebe eine bloße Anhäufung von *techne*-Wissen und würde nicht das qualitativ andere Wissen ermöglichen, wie wir alles mit Bezug auf die *eudaimonia* gut gebrauchen. Die *eudaimonia* selbst lässt sich nicht inhaltlich bestimmen. Was übrigbleibt, ist der Hinweis, das Wissen der Staatskunst sei nützlich oder gut, um andere Menschen wissend und somit gut zu machen, und für diese sei es wiederum gut, um andere gut zu machen usw. Anders gesagt, das leitende Gebrauchswissen hat sich selbst bzw. seine eigene Kontinuität zum Ziel. Wir sind, wie Sokrates formuliert, weiter denn je davon entfernt zu wissen, welches die *episteme* ist, die uns glücklich macht (292e5).

---

[5] Ähnlich sieht es bei Aristoteles, Eth. Nic. I 1 so aus, als sei die Staatskunst die höchste *techne*, welche das höchste Ziel zur Aufgabe hat.
[6] Vgl. Chance 1992, 126f.

d) Zusammenfassung

Im *Euthydemos* finden wir explizit die Frage nach der *eudaimonia*, dem guten menschlichen Leben gestellt. Die inhaltliche Bestimmung des Glücks durch Aufzählung von Gütern wird entschieden zurückgewiesen, weil alle Glücksgüter je nach Verwendung und Situation für die Person ebenso nützlich wie schädlich sein können. Dem wird als einzig immer Nützliches das Wissen entgegengestellt, wobei Platon, wie mehrfach beobachtet, zunächst eine Parallele zwischen *techne*-Wissen und ethischem Wissen herstellt und erst nach und nach anhand paradoxer Konsequenzen auf Disanalogien zwischen den beiden hinweist.

Im letzten Kapitel haben wir gesehen, dass die *techne*-Analogie insofern festgehalten wird, als das *techne*-Wissen das Modell eines seriösen und methodisch gesicherten Wissens abgibt. Im *Euthydemos* wird nicht nur der Wissenscharakter der *techne* betont, sondern auch der Umstand, dass wir dort, wo wir ein Wissen haben, nicht blind den äußeren Wechselfällen des Lebens ausgeliefert sind, sondern selbst über unser Leben verfügen können. Dass uns das *techne*-Wissen in eine vollständige Unabhängigkeit versetzt, ist, wie wir gesehen haben, eine Übertreibung. Sollte es jedoch ein ethisches Wissen geben, mit Hilfe dessen wir die *eudaimonia* erlangen, müsste dieses uns in der Tat ein vollständiges Verfügen ermöglichen, weil die *eudaimonia* ein in jeder Hinsicht und vollständig gutes Leben bedeutet.

Wenn alle inhaltlichen Güter nicht vollständig gut sind, könnte es naheliegen, das gute Leben als eine *Form* des Lebens zu sehen, als ein Leben der kontinuierlichen Ausübung des praktischen Überlegens. Darin bleibt von der alltäglichen Glücksvorstellung der Gesichtspunkt des eigenen Verfügenkönnens erhalten; denn diese Glückskonzeption ist tatsächlich eine Konzeption guten *menschlichen* Lebens, da ihre Realisierung bei uns liegt und von äußeren Bedingungen unabhängig ist. Problematisch ist andererseits, ob nicht der Kern der alltäglichen Glücksvorstellung, das subjektive Wohlergehen, verlorengeht. Das ethische Wissen wird auch im Text eingeführt als Mittel zum Glück, und nicht explizit als das Glück selbst. Auch wenn das ethische Wissen das einzige ist, was uns nie schaden kann, auch wenn es immer gut im Sinn von »nützlich« ist, ist es deswegen das gute Leben selbst, also gut in dem anderen Sinn von »wünschenswert«? Könnte es nicht sein, dass wir das Gute in diesem letzteren Sinn zwar nicht allgemein, für alle Menschen, inhaltlich festlegen können, dass wir aber doch im Einzelfall über die inhaltlichen Bestandteile des Lebens urteilen können und dass in diesen Inhalten das subjektive Element der *eudaimonia* liegt? Die folgende Interpretation des *Hippias* soll weiteren Aufschluss über diese Fragen geben.

2. Hippias Maior

Der größere Dialog *Hippias* wird mit derselben Person geführt wie der *Hippias Minor*, mit dem Sophisten Hippias, der behauptet, er könne alles und könne daher auch die Tugend lehren (283c4). Thema des Dialogs ist die Frage, was das *kalon*, das Schöne ist. Es gibt daher Interpreten, die den Dialog zu den Definitionsdialogen rechnen,[7] und wir werden noch fragen müssen, ob das angemessen ist.

Anlass der Einführung der Frage nach dem *kalon* ist, dass Hippias sich der Qualität seiner Reden rühmt (286a/b). Das wirft die Frage auf, wie man zwischen schönen und nicht schönen Reden unterscheiden kann (286d1). Sokrates fragt diesmal nicht selbst, sondern tut so, als gebe es einen hartnäckigen Menschen, der ihm ständig solche Fragen stellt. Dass diese Person mit Sokrates identisch ist, ist ziemlich durchsichtig, und zu klären wäre daher, wieso Sokrates sich in dieser Weise verdoppelt. Eine Möglichkeit ist, dass Sokrates sich jeweils auf das Verständnis und die Bedürfnisse seiner Gesprächspartner einstellt und dass Hippias ein starkes Bedürfnis nach Übereinstimmung hat, das verletzt würde, wenn Sokrates direkt scharfe Fragen stellen würde.[8]

Auch wenn wir im Verlauf des Dialogs weitere Informationen über das *kalon* gewinnen werden, brauchen wir eine ungefähre Vorstellung als Ausgangspunkt. Der Ausdruck *to kalon* ist schwer übersetzbar. Das maßgebliche Wörterbuch von Liddell & Scott nennt die drei Grundbedeutungen des ästhetischen Werts, der moralischen Vortrefflichkeit oder Richtigkeit und der guten Qualität von Gebrauchsgegenständen.[9] In der Tat ist das *kalon* auch das Schöne im

---
[7] Definitionsdialoge im engeren Sinn sind diejenigen, die nach der Bestimmung einer einzelnen Tugend fragen, nämlich *Laches* nach der Tapferkeit, *Charmides* nach der Besonnenheit, *Euthyphron* nach der Frömmigkeit.
[8] Diese Erklärung gibt Woodruff 1982, 108. Etwas anders Boder 1973, 98.
[9] Liddell und Scott 1968, 870.

ästhetischen Sinn, doch ist »das Schöne« als Übersetzung nicht empfehlenswert (ebensowenig »das Hässliche« für den Gegenbegriff des *aischron*), weil es im Deutschen meist auf die ästhetische Bedeutung beschränkt ist und der ethische Sinn auf diese Weise leicht vernachlässigt wird. Dieser ethische Sinn ist ebenfalls nicht einheitlich. In der alten heroischen Ethik ist diejenige Handlung »schön«, die edel und vornehm ist. Im Kontext der Polismoral tritt *to kalon* in einem Atemzug mit *to prepon*, »das Passende, Schickliche, Richtige«, auf. Das *kalon kai prepon* in diesem Sinn wird oft gleichgesetzt mit dem *hos dei*, »wie man soll«, das heißt, es drückt die moralische Richtigkeit aus bzw. besagt, dass eine Handlung im Sinn der sozialen Normen und Konventionen angemessen ist.

Sucht man nach einer Gemeinsamkeit der verschiedenen Verwendungsweisen, so könnte man sagen, das *kalon* sei das Passende, insofern beim moralisch Guten die Handlung in den sozialen Zusammenhang, beim ästhetisch Schönen die Bestandteile ins Ganze, beim guten Gebrauchsding die Elemente in die Funktionseinheit passen müssen. Es bleibt jedoch fraglich, ob wir damit alle Bedeutungen erfassen; z. B. lässt sich das Gute im Sinn der heroischen Ethik, das Edle, welches einen Aspekt der Größe hat, nicht ohne weiteres so einordnen. Dieser Aspekt ist aber für die Rolle, die das *kalon* in Platons Auffassung der Frage nach dem guten Leben spielt, ebenso wichtig wie der Aspekt der Angemessenheit. Da mir kein deutsches Wort bekannt ist, das beide Aspekte gleichermaßen mitführt, werde ich *to kalon* im folgenden unübersetzt lassen.[10]

Obwohl Platon im *Hippias I*, wie wir gleich sehen werden, eine Dreiteilung der Bedeutungen von *to kalon* im gerade genannten Sinn vornimmt, ist seine eigene Verwendung dadurch charakterisiert, dass er den Ausdruck *to kalon* auf der gleichen Ebene der Allgemeinheit und Abstraktheit wie *to agathon*, das Gute, verwendet. Das *kalon* ist nichts anderes als das Gute, sofern wir dies unter einer bestimmten Hinsicht betrachten, nämlich unter der Hinsicht seiner Attraktivität. Deutlich formuliert finden wir das im *Phaidros* (250b1f), wo Platon sagt, die übrigen Ideen hätten für sich keine Anziehungskraft, vielmehr gelte das nur für das *kalon*, welches Glanz hat. Schwächer formuliert, sind *kalos* jeweils die guten Dinge, insofern wir sie

---

[10] *To kalon* ist der substantivierte Ausdruck »das Angemessene«, *kalos* die adjektivische Form, und zwar der Nominativ Singular Maskulinum, *kale* das Femininum.

empfehlen oder vorziehen.[11] Der *Hippias I* beginnt mit der Frage, welche Reden wir als *kalos* loben und welche als *aischros* tadeln (286c6). An diesen Satz schließt sich unmittelbar die Forderung an, wir müssten also wissen, was das *kalon* ist, weil wir nur so Kriterien dafür haben, welche Rede *kalos* ist und welche nicht. Das zeigt von Anfang an, dass Platon nicht nach irgendeiner abgehobenen Definition sucht, sondern strenge Bedingungen an eine Definition stellt. Sie ist erst dann gefunden, wenn sie die Sache so genau erklärt, dass sie für jeden Einzelfall Kriterien liefert, ob er unter den Begriff des *kalon* fällt oder nicht.[12]

Die Versuche der Beantwortung der Frage nach dem *kalon* lassen sich in vier Schritte gliedern:

(i) Das *kalon* lässt sich nicht definieren bzw. seine Verwendungskriterien wechseln abhängig von der Situation (286c3–290d4).

(ii) Das *kalon* ist das Passende oder Schickliche (*prepon*; 290d5–295a6).

(iii) Das *kalon* ist das Zuträgliche (295a7–297e2).

(iv) Das *kalon* ist eine bestimmte Art des Angenehmen (297e3–Schluss).

a) Die Versuche einer Definition des kalon

Die Forderung nach einer Definition des *kalon*

Der Dialog beginnt nach Art der Definitionsdialoge mit einer »Was ist X?-Frage«. Die Unterscheidung zwischen Reden, die *kalos* sind, und solchen, die es nicht sind, setzt ein Wissen darüber voraus, was das *kalon* ist (*ti esti to kalon*; 286d1f), ein genaues Wissen über das das *kalon* selbst, was es ist (*auto to kalon, hoti esti;* 286d8f). Die letztere Formulierung, die Rede von dem *kalon* selbst, legt nahe, dass Platon auf die Ideenlehre anspielt. Wir können das vorläufig offenlassen; es genügt, die Frage so zu verstehen, wie sie gegenüber Hippias gemeint ist. Es liegt ebenfalls von vornherein der Verdacht nahe, dass die Suche nach einer Definition im gewöhnlichen Sinn nicht ernsthaft

---

[11] Dass Platon *kalon* letztlich parallel zu *agathon* verwendet, betont auch Woodruff 1982, 110, indem er sagt, es gehe im *Hippias I* um die allgemeine Logik der Empfehlung.
[12] Ähnlich Stemmer 1992, 51, 57.

betrieben wird. Definieren lassen sich je bestimmte Ziele oder Vorzüge; aber wie sollte sich ein Wort definieren lassen, das die Funktion eines allgemeinen Vorzugsworts in beliebigen Kontexten hat?

Wenn Hippias die Frage des Sokrates sogleich so umdeutet, als sei gefragt, was *kalos* ist, und nicht was *to kalon* ist, so muss das also nicht daran liegen, dass erst Sokrates präzise Definitionsfragen aufgebracht hat und Hippias die Intention der Frage nicht wirklich versteht. Einem versierten Sophisten wie Hippias sind solche Fragen durchaus vertraut, er hat nur eine andere Auffassung über sie als Sokrates. Die Sophisten sind nicht der Meinung, dass es für allgemeinste Wertausdrücke wie *kalon* eine einheitliche Bestimmung gibt; vielmehr nehmen sie an, die Frage, was *kalon*, *agathon* usw. ist, sei jeweils kontextabhängig zu beantworten. Das mag sich am Ende sogar als richtig erweisen. Wir wissen vorläufig noch nicht, welche Konzeption Platon einem solchen situativen praktischen Wissen entgegenzustellen hat. Wir können allerdings den Überlegungen zum *Euthydemos* entnehmen, dass er darum auf einem einheitlichen Kriterium des Vorziehens insistiert, weil wir nur so eine einheitliche Ausrichtung hinsichtlich der *eudaimonia* erreichen können.

Hippias lässt sich nicht auf die allgemeine Definitionsfrage ein, sondern nennt einen bestimmten Fall des *kalon*: Ein Mädchen, das schön ist, sei *kale* (287e4).[13] Sokrates formuliert zwei Einwände gegen diesen Vorschlag: Erstens ist nicht nur das Mädchen, das schön ist, *kalos*, sondern z. B. auch der Krug, das Pferd usw. (288b/c). Die Aufzählung von Dingen, die schön sind, führt nicht zu einer einheitlichen Bestimmung des *kalon*, wie Sokrates sie sucht. Zweitens sind alle empirischen Dinge, die schön sind, ebenso auch nicht schön, je nach Vergleichsgesichtspunkt. Der schönste Affe ist hässlich im Vergleich mit Menschen; das Mädchen, das schön ist, ist hässlich im Vergleich mit einer Göttin. Das *kalon* selbst aber kann nicht etwas sein, was ebenso *aischron* ist.

Die Einwände des Sokrates scheinen auf den ersten Blick zwingend, jedoch könnte Hippias durchaus versuchen, ihnen entgegen-

---

[13] Da Hippias nicht ein bestimmtes schönes Mädchen als Beispiel nennt, sondern das *kalon* durch »ein Mädchen, das *kale* ist« bestimmt, besteht der Fehler der Sophisten nicht darin, dass sie die Definitionsfrage nicht verstehen und statt dessen Beispiele anführen (dies nimmt die Standardinterpretation an). Hippias versucht durchaus eine Definition zu geben; nur bleibt sie bereichsspezifisch, während Sokrates nach einer ganz allgemeinen Definition fragt. Siehe dazu Benson 1992, 123–136.

zutreten. Sein Fehler besteht im Grunde weniger in einem Verkennen der Definitionsfrage als vielmehr in der mangelnden Fähigkeit, die hinter den eigenen Antworten stehende Konzeption des *kalon* zu durchdenken und zu explizieren. Die Einwände des Sokrates beruhen auf der Annahme, dass es das *kalon* selbst als inhaltlich definierbare Einheit gibt. Dabei ist vorläufig nicht erwiesen, ob das zutrifft, und wir wissen bisher auch nicht, ob Platon selbst es glaubt. Hippias könnte also durchaus behaupten, das *kalon* sei so beschaffen, dass es eine einheitliche Definition durch Kriterien gar nicht zulässt. Wenn es in der ästhetischen Bedeutung verwendet wird, ist es in der Tat so, dass wir ein Ding immer schön innerhalb seiner Art nennen, dass also die absolute Verwendung, wonach etwas *kalos* einfachhin ist, nicht vorkommt.

Hippias lässt sich statt dessen die Prämissen, die die Unterredung leiten, von Sokrates vorgeben. Auf die Vermutung des Sokrates (289d2ff), das *kalon* selbst sei so etwas wie eine Qualität, die allem schmückend anhaftet, was im einzelnen *kalon* ist, antwortet er mit einem ersten allgemeinen Definitionsversuch. Das Gold sei es, das überall durch seine Anwesenheit alles *kalos* aussehen lässt. Die Unzulänglichkeit dieser Bestimmung liegt so sehr auf der Hand, dass man sich fragt, was mit der Widerlegung gewonnen ist. Vielleicht soll für den Leser bereits an dieser Stelle angedeutet werden, dass, was für das Gold gilt, ebenso für sämtliche – auch weniger platte – materialen Definitionen durch die Anwesenheit inhaltlicher Kriterien zutrifft.

Einfacher zu klären ist die Funktion der missglückten ersten Definition für den Dialogverlauf. Der Einwand des Sokrates, nicht nur Gold mache Dinge schön, sondern z.B. auch Elfenbein, und nicht nur je *ein* solches Material, sondern manchmal auch die richtige Mischung mehrerer Materialien, so bei den Statuen des Pheidias z.B. die Einsetzung von Augen aus Stein in den Körper aus Elfenbein, bringt Hippias auf einen ersten diskutablen Definitionsvorschlag, wonach das *kalon* das *prepon*, das Passende oder Angemessene ist.

Das *kalon* als das Passende

Der Vorschlag lautet genauer: »Was sich für ein jedes schickt (was zu ihm passt), das macht es jeweils *kalos*« (290d5f). Sokrates, der Hippias diese Definition im Grunde suggeriert hat, überprüft sie in der

Weise, dass er wie üblich ihre Konsequenzen herausarbeitet. Eine dieser Konsequenzen wäre z. B., dass ein Kochlöffel aus Feigenholz zum Umrühren von Hirsebrei passender und daher mehr *kalos* wäre als einer aus Gold, womit Gold um nichts mehr *kalos* wäre als Feigenholz. Dieser letztere Übergang von »*kalos* für das Umrühren von Hirsebrei« zu »*kalos* einfachhin« ist natürlich unzulässig. Da Hippias nicht genau genug mitdenkt, um diesen Fehler zu bemerken, ist er sofort bereit, eine weitere Definitionsvariante zu liefern. Diese zeigt indirekt, was ihn an der Bestimmung des *kalon* durch das *prepon* mehr stört als die aufgezeigten Konsequenzen, nämlich die Leerheit oder Formalität. *Kalos* soll sein, was jeweils schicklich oder passend ist. Aber was passend ist, ist ebensowenig geklärt. Es wurde also nur der eine vage allgemeine Wertausdruck durch einen anderen ebenso unbestimmten ersetzt und nicht, wie ursprünglich gesucht, ein Kriterium gewonnen, mit dem sich entscheiden ließe, was *kalos* ist und was nicht.

Die Unzufriedenheit des Hippias äußert sich indirekt, indem sein nächster Vorschlag inhaltlich ist (291d9ff): In jeder Hinsicht am meisten *kalos* sei, wenn jemand in Reichtum, Gesundheit und Ehre ein hohes Alter erreicht, seine Eltern begraben hat und von seinen Kindern schicklich begraben wird. Anders als die Definition durch das Gold nennt diese Bestimmung nicht einfach irgendeinen inhaltlichen Gesichtspunkt, der für manche Kontexte angemessen ist, für andere nicht. Sie enthält vielmehr den grundlegenden und allgemeinsten Bezugspunkt des Vorziehens, denjenigen der *eudaimonia*. Doch wir haben bereits im *Euthydemos* gesehen, wie Versuche einer inhaltlichen Festlegung des guten Lebens scheitern. Im jetzigen Zusammenhang verweist Sokrates auf Achill als Gegenbeispiel, der als Sohn einer unsterblichen Göttin seine Mutter nicht begraben kann und der außerdem ein kurzes ruhmvolles Leben einem langen Leben vorgezogen hat (292e8).

Es bleibt als einzig bisher bestätigter Punkt die formale Definition, wonach das *kalon* das *prepon* ist, und Sokrates lenkt daher das Gespräch auf diesen Vorschlag zurück (293e4ff). Das negative Ergebnis, dass das *kalon* nicht inhaltlich definierbar ist, wird ergänzt, indem indirekt ein weiteres Merkmal von *kalos* als allgemeinstem Vorzugswort herausgearbeitet wird: Sokrates fragt Hippias, ob das *prepon* das ist, was *kalos* scheinen macht, oder das, was *kalos* sein macht (293e11ff). Hippias entscheidet sich für das Scheinen, was der unter Sophisten verbreiteten Auffassung entspricht, das Schickliche

2. Hippias Maior

sei subjektiv zu verstehen. Das politisch-moralisch Richtige, welches den im Kontext der Frühdialoge wichtigsten Bedeutungsaspekt des *kalon* ausmacht, ist in der Tat derjenige Bereich, der eine subjektiv-relative Bedeutung von Werturteilen am meisten nahelegt. Denn jede Polis hat ihre eigenen Gesetze und Konventionen, die für Bürger anderer Staaten nicht bindend sind und – so die Meinung der Sophisten – auch von den eigenen Bürgern nur befolgt werden, um Strafe zu vermeiden oder Ehre zu erwerben. Wenn dies die einzigen Gründe für das Handeln gemäß dem *kalon kai prepon* sind, dann bewirkt das nur das *kalos*-Scheinen; denn es gibt dann keinen Grund, *kalos* zu handeln, wo niemand Zeuge der Handlung ist. Platon betont demgegenüber, dass die Erklärung des *kalos*-Seins gesucht ist, und das heißt, dass *kalos* als ein objektives Vorzugswort zu verstehen ist, das nach intersubjektiven Kriterien verwendet wird, die eine Unterscheidung zwischen »mir scheint dies *kalos,* ich halte dies für *kalos*« und »dies ist *kalos*« ermöglichen.

Das *kalon* als das Nützliche

Die objektive Auffassung des *kalon* wird dadurch verstärkt, dass Sokrates ein Stocken des Gesprächs zum Anlass nimmt, eine weitere ›Definition‹ des *kalon* vorzuschlagen, wonach dieses gleichbedeutend mit dem *ophelimon* oder *chresimon*, dem Nützlichen oder Tauglichen, ist. Wie explizit im *Protagoras* zu sehen, wird mit dem Hinweis auf das Nützliche gezeigt, dass es zumindest einen Bereich gibt, in dem alle Menschen objektive Bewertungen vornehmen. Es hilft uns wenig, wenn etwas unseren Zwecken zu nützen *scheint,* ohne ihnen dann auch wirklich zu nützen.

Der neue Vorschlag lautet, *kalos* sei etwas dann, wenn es brauchbar ist oder eine Fähigkeit (*dynamis*) besitzt (295c3ff). Sokrates selbst verweist auf ein Problem, das diese Bestimmung aufzuwerfen scheint: Wer etwas Schlechtes tut, tut auch das aufgrund einer Fähigkeit, insofern man alles, was man tut, aufgrund einer Fähigkeit tut (296b5ff). Die Argumentation wird nicht genauer ausgeführt. Aufgrund der Unterscheidungen, die uns früher begegnet sind, können wir jedoch leicht sehen, dass der Einwand an technischen Fähigkeiten orientiert ist, die wesentlich zweiseitig sind. Der Vorschlag folgt der Begrifflichkeit dieses Modells und wird daher so abgeändert, dass *kalos* dasjenige ist, was brauchbar nicht zu beliebigen Zwecken, sondern zur Herstellung des Guten ist (296d8ff). Das *kalon* unter dieser Definition wird terminologisch fixiert als das Zuträgliche (*ophelimon*).

Nun gilt für diese Bestimmung des *kalon* ähnlich wie für die Bestimmung durch das *prepon*, dass sie harmlos und zutreffend ist, sich aber nicht als Definition eignet, weil sie keinen Erklärungswert hat, sondern leerläuft. Platon selbst zeigt das anhand des Problems, dass das Zuträgliche das Mittel zum Guten oder die Ursache (*aition*) des Guten (*agathon*) ist. Normalerweise sind Mittel und Zweck, Ursache und Verursachtes zweierlei (297a2ff), mit der Folge, dass das Gute nicht *kalos* und das *kalon* nicht gut wäre (297c3ff). Dass das Gute *kalos* ist und umgekehrt, ist aber eine Prämisse, die allgemein als richtig angenommen wird. Wo die Ergebnisse eines *elenchos* solchen grundlegenden unbestrittenen Sätzen widersprechen, müssen Fehler in den Ausgangsprämissen oder der Argumentation vorliegen. Unzutreffend ist in diesem Kontext sicher die These, dass Mittel und Ziel immer real unterschieden sind. Wo das Gute die *eudaimonia* ist und die Mittel Bestandteile von ihr sind, fallen Mittel und Ziel letztlich zusammen. Es ist also in Wirklichkeit nicht widerlegt, dass sich das *kalon* wie mit dem *prepon* auch mit dem *agathon* gleichsetzen lässt. Nach meiner Interpretation wäre vielmehr die eigentliche Pointe, dass der Verweis auf das *agathon* ebenso leer ist wie die früheren Definitionsversuche.

Das *kalon* als das Angenehme

Sokrates macht einen neuen Vorschlag, wonach das *kalon* in einer bestimmten Art des Angenehmen (*hedy*), in der durch Sehen und Hören bewirkten Lust besteht (297e5ff). Ich übergehe die Details der Auseinandersetzung mit diesem Definitionsversuch. Dass eine solche Formulierung als echte Definition Probleme bereitet, ist schnell zu sehen. Eine ausreichende Definition muss erklären, warum wir etwas *kalos* nennen. Liegt das *kalon*-Sein am Angenehmsein, ist aber die Einschränkung durch den Hinweis auf das Sehen und Hören überflüssig. Ist diese Einschränkung andererseits von Bedeutung, dann ist durch die Aufzählung des Sehens und Hörens noch nichts erklärt. Der Erklärungsgrund müsste sein, dass Sehen und Hören etwas gemeinsam haben, wodurch die Lust an ihnen *kalos* wird. Sokrates bietet an, das Gemeinsame könne sein, dass

2. Hippias Maior

es sich um unschädliche und beste Arten der Lust handelt (303e4f). Doch ist er auch schnell mit der Widerlegung seiner eigenen Vorschläge zur Hand: Wenn das *kalon* die zuträgliche Lust ist, dann bedeutet das, dass sie das Gute hervorbringt, womit die Aporie, in die die vorhergehende Definition führte, erneut auftritt (303e11ff).

b) Implizite Ergebnisse

Negative Ergebnisse

Man hat über den *Hippias Maior* gesagt: »Dieser Dialog ist eine logische Übung«.[14] Doch er leistet sicher mehr als das, wenn wir darauf achten, was sich neben den expliziten Übungen im Dialogverlauf zeigt. Sokrates stellt die Frage nach dem *kalon* selbst, welches uneingeschränkt *kalos* ist und das Kriterium liefern soll, mit dem wir Dinge, die *kalos* sind, von solchen, die nicht *kalos* sind, unterscheiden können. Man könnte denken, dass damit einfach der allgemeine Begriff des *kalon* im Unterschied zu seinen einzelnen Anwendungsfällen gemeint ist. Aber *kalon* ist ein Wertausdruck, und zwar auf derselben Ebene der Allgemeinheit wie *agathon*. Die Kriterien des Gutseins hingegen sind, wie die Beispiele im Text zeigten, je nach Bereich verschieden, und es zeichnete sich kein einheitlicher oberster Begriff des Gutseins ab, der ein inhaltliches Kriterium für alle beliebigen Anwendungen enthält.

Wieso aber betont Platon gerade dann das *kalon auto*, das *kalon* selbst, womit das *kalon* als einheitlicher stabiler Gesichtspunkt herausgehoben wird? Es scheint dann eher, als ob wir, wofür die Sophisten plädieren, auf einen einheitlichen Begriff des *kalon* verzichten müssten. Platon insistiert umgekehrt darauf, dass wir faktisch zwischen dem, was *kalos* ist, und dem, was nicht *kalos* ist, unterscheiden und folglich eine allgemeine Leitvorstellung vom *kalon* haben müssen. Wenn etwas, das immer und in jeder Weise *kalos* ist, in der wahrnehmbaren Welt nicht vorkommt, gehört es offenbar auf die Ebene desjenigen Guten, dem wir bereits in der *Apologie* begegnet sind und das Gegenstand nicht des menschlichen, sondern des göttlichen Wissens ist. Insofern das *kalon* selbst dieses *agathon* unter dem Gesichtspunkt seiner Wirkung auf den Menschen ist,

---

[14] Bröcker ²1967, 131.

kann man von Anfang an wissen, dass es kein sinnvoller Gegenstand einer Definitionsfrage ist. Definitionen erklären fest umrissene inhaltliche Begriffe; sie sind das, womit die *techne* operiert, die durch Begrenztheit und Bestimmtheit ihres Gegenstandsbereichs ausgezeichnet war. Die angeblichen Definitionsvorschläge für das *kalon*, die Sokrates nach und nach vorbringt, also die Bestimmungen durch »das Passende« oder »das Nützliche«, sind durchaus zutreffend. Gegen sie einzuwenden ist lediglich, dass sie keine Definitionen sind.

Wie sind diese Sätze statt dessen aufzufassen, wenn sie keine Definitionen sind? Sie sind allgemeinste Leitprinzipien, die jeder immer schon kennt und akzeptiert und gegen die daher genauere Bestimmungen nicht verstoßen dürfen. Sie helfen allerdings für das, was in Frage steht, nicht viel weiter. Gesucht ist letztlich, wie auch in diesem Dialog zwischendurch explizit wird, das gute menschliche Leben. Gesucht ist daher, wie Sokrates zu Anfang betont, eine Bestimmung des *kalon* oder *agathon*, die es ermöglicht zu unterscheiden, was gut im Sinn der *eudaimonia* ist und was nicht. Doch jeder Versuch, eine solche konkrete Bestimmung zu geben, ist im Dialog gescheitert. Was stehenbleibt, sind, wenngleich sie scheinbar verworfen werden, die allgemeinen Leitprinzipien.

Wir sind daher jetzt von zwei Richtungen zu dem Ergebnis gekommen, dass Versuche, das gute menschliche Leben direkt zu bestimmen, scheitern, im *Euthydemos* von der Seite des Wissens, im *Hippias Maior* von der Seite des Gegenstands des Wissens. Im *Euthydemos* haben wir gesehen, dass die *eudaimonia* ein Wissen vom richtigen Gebrauch erfordert, das nicht *techne*-artig ist. Die Frage, welches dieses Wissen ist, blieb offen oder drehte sich im Kreis. Das Wissen selbst oder seine Kontinuität schien am Ende das Ziel zu sein, ohne dass deutlich geworden wäre, um was für ein Wissen oder ein Wissen wovon es sich handelt.

Nun ist das Wissen, das uneingeschränkt wünschenswert ist, nicht das fehlbare menschliche Wissen, sondern das göttliche Wissen vom Guten, und daher verwundert es nicht, dass Art und Gegenstand dieses Wissens unklar bleiben. Wenn das gute menschliche Leben, wie in der *Apologie* deutlich, durch den Bezug auf diese höhere Ebene des Guten, die Ebene der vollkommenen *eudaimonia*, zu bestimmen ist, dann steht mit der Unbekanntheit dieser höheren Ebene auch die Möglichkeit eines Wissens vom menschlichen Guten in Frage.

2. Hippias Maior

Zu demselben Ergebnis kommen wir im *Hippias Maior* von der Seite des Guten bzw. des *kalon*. Die Suche nach dem Inhalt des uneingeschränkt Guten läuft ebenso leer wie zuvor die Frage, welches Wissen sich damit befasst. Der Leerlauf hat in beiden Dialogen eine ähnliche Struktur: Beide Male endet das Gespräch damit, dass sich beim höchsten praktischen Gegenstand, dem *agathon* bzw. *kalon*, Gegenstand und Wissen bzw. Methode nicht wie bei der *techne* trennen lassen, dass das gesuchte praktische Wissen keinen Gegenstand außerhalb seiner selbst zu haben scheint, sondern sich selbst bzw. seine eigene Fortsetzung zum Ziel hat.

Wenn alle Versuche, das *agathon* bzw. *kalon* im allgemeinen zu definieren und die Art des zugehörigen praktischen Wissens direkt zu bestimmen, nicht nur an der Dummheit der Dialogpartner scheitern, sondern aus prinzipiellen Gründen, wie können wir dann überhaupt noch weiterkommen? Hinter der Ausweglosigkeit, in welche die Definitionsversuche führen, gibt es durchaus Hinweise auf eine andere Sicht der Fragen, zum einen in den allgemeinen Leitsätzen, zum andern in den methodischen Zwischenbemerkungen.

Positive Andeutungen

Die allgemeinen Leitprinzipien, mit denen Sokrates arbeitet, die Ausrichtung auf das Gute, Nützliche und Passende sowie der Zusammenhang zwischen diesen allgemeinsten Wertgesichtspunkten, sind unbestrittener Ausgangspunkt der Prüfung. Wo ein Ergebnis gegen sie verstößt, wird immer dieses verworfen, und nicht die Ausgangsprinzipien. Diese Prinzipien und Zusammenhänge sind allerdings sehr allgemein und unbestimmt. Doch könnte man sagen, das entspreche genau der Art und Weise des menschlichen Zugangs zu dem Guten oder *kalon* selbst. An die Stelle der klaren inhaltlichen Umgrenztheit der Begriffe, die das *techne*-Wissen charakterisiert, tritt jetzt das Insistieren auf der Begrenztheit und Überschaubarkeit der methodischen Schritte. Hippias wirft Sokrates immer wieder vor, er sehe nie auf das Ganze, sondern zerschneide alles in kleine Teile (z.B. 301b1ff). Dies könnte heißen, dass uns nicht wie beim Wissen der *techne* im engen Sinn zuerst ein begrenztes Ziel vorgegeben ist, zu dem wir die in gesetzlichen Zusammenhängen enthaltenen Mittel suchen, auch nicht wie bei der *techne* im erweiterten Sinn ein geordnetes Ganzes, in das wir einen Teil einzupassen versuchen

(s. o. 45), sondern dass wir ein Ziel und Ganzes erst suchen, indem wir schrittweise von unten Zusammenhang und Ordnung herstellen. Wenden wir uns den Leitprinzipien selbst zu, so betrifft die direkte Fragestellung im *Hippias Maior* das *kalon*. Dieses wird eingeführt nicht im engeren moralischen Sinn, sondern als allgemeinstes Vorzugswort, als allgemeinstes objektives Wertwort, mit dem Reden, Handlungen, Produkte, Kunstwerke usw. beurteilt werden. Das zunächst angebotene Äquivalent, *to prepon*, ist oft gleichbedeutend. Hingegen liegt der nächste Ausdruck, das Nützliche, bzw. das Prinzip, das *kalon* müsse nützlich sein, nicht unmittelbar in der Wortbedeutung von *kalon*. Die Zusammenstellung lässt sich aber leicht erklären. Das *prepon*, das Passende, verweist auf einen Kontext oder Funktionszusammenhang, innerhalb dessen etwas passend ist. Was zur Funktion des Ganzen beiträgt, in dem es passt ist, ist insofern dafür nützlich.

In beiden Fällen muss dann für das nicht nur relative, sondern uneingeschränkte Gutsein das Ganze oder der Zweck, zu dem etwas nützlich ist oder innerhalb dessen es passt, selbst gut sein. Hier kommt als weiteres Wort *agathon* ins Spiel, das ursprünglich die Nuance »brauchbar, tauglich« hat und zu Platons Zeit der in seiner Bedeutung allgemeinste Wertausdruck ist, der in allen bisher genannten Hinsichten verwendet werden kann. Das Wort hat aber noch eine weitere Bedeutung, wenn es absolut oder substantivisch verwendet wird. *To agathon* ist dann das Erwünschte oder Ziel, mit dem Spezialfall der *eudaimonia* als letztem Ziel menschlichen Handelns. Dass Hippias, nachdem Sokrates insistiert, gesucht sei das *kalon* selbst, das in jeder Hinsicht *kalon* ist, eine bestimmte inhaltliche Vorstellung vom guten Leben anführt, ist ein impliziter Hinweis darauf, dass letztlich alle Bewertungen technischer, ästhetischer, moralischer Art im Kontext der menschlichen Ausrichtung auf ein gutes Leben stehen.

Auffällig ist daher, dass in den allgemeinen Leitprinzipien diejenige Bedeutung des *kalon* bzw. *agathon*, die unmittelbar zur Frage nach dem guten Leben gehört, gerade fehlt.[15] Auf gewisse Weise wird diese Bedeutung im letzten Teil nachgetragen, wenn erwogen wird, das *kalon* könne eine bestimmte Art des Angenehmen bzw.

---

[15] Dies im Gegensatz zu Aristoteles, der seine Ethik gerade auf dem Satz aufbaut, dass das Gute in seiner primären Bedeutung das Erstrebte oder Ziel (*telos*) ist.

2. Hippias Maior

der Lust sein. Jedoch ist dieser letzte Teil des Dialogs merkwürdig aufgebaut, indem er nicht wie die anderen Definitionsversuche einen klaren Leitsatz verwendet, eine schlichte Äquivalenz des *kalon* mit einem anderen Wertbegriff. Natürlich könnte dieser nicht der des Angenehmen sein, weil das Angenehme eine Sache der subjektiven Erfahrung ist. Ebenso würde für das Erwünschte gelten, dass Personen faktisch dies und jenes wünschen, ohne dass es deswegen objektiv *kalos* sein müsste. Jedoch ließe sich dieser Punkt leicht in Ordnung bringen, indem man zwischen dem faktisch Gewünschten und dem wahrhaft Wünschenswerten unterscheidet. Man hätte dann als weiteren allgemeinen Leitsatz neben »Das *kalon* ist das Passende« und »Das *kalon* ist das Nützliche« den Satz »Das *kalon* ist das Wünschenswerte«. Wieso geht Platon so nicht vor, sondern nennt als letzten Definitionsvorschlag »das durch Sehen und Hören bewirkte Angenehme«?

Solche Fragen lassen sich nicht gesichert beantworten. Ich denke jedoch, dass wir sie stellen müssen und dass Platon gerade dazu anregen möchte, sie zu stellen. Dass Platon den naheliegenden Schritt zum Erwünschten im Auge hat, ergibt sich aus der Stelle, die dem letzten Definitionsversuch unmittelbar vorausgeht: Sokrates schreibt sich selbst eine *epithymia* (Begierde oder Wunsch) nach Wissen zu (297e3), und was er bzw. die Person, hinter der er sich versteckt, wissen will, ist das Wahre (288d5). Die Wahrheit, die Sokrates sucht, ist aber immer die über das richtige menschliche Leben. Und dieses lässt sich, wie wir mehrfach gesehen haben, gerade nicht allgemein inhaltlich bestimmen.

Dann bietet sich folgende mögliche Erklärung, warum das Leitprinzip »Das *kalon* ist das Wünschenswerte« ausgespart wird: Wenn das gute menschliche Leben der letzte Bezugspunkt jeder Bewertung, aber gerade nicht bestimmbar ist, dann ist es kein Satz, von dem die Suche nach dem *kalon* etwas profitieren könnte, der konkrete Kriterien der Bewertung liefern könnte. Hingegen sind »passend« und »nützlich« Wörter, bei denen wir in begrenzten Handlungskontexten durchaus objektive Kriterien verwenden. Wir können faktisch beurteilen, ob ein Ding für eine vorgegebene Funktion tauglich ist oder ob eine Handlung in einem vorgegebenen Kontext passt. Die scheinbar unwichtigen Beispiele und Übungen hätten dann den Sinn, die Möglichkeit objektiver Werturteile im kleinen aufzuzeigen, diesmal nicht nur für Urteile der Nützlichkeit, die auf *techne*-Wissen im engeren kausalen Sinn beruhen, sondern für alle Arten von Bewertungen, auch solche, wo *techne* im weiteren Sinn der Beurteilung einer Sache in ihrem vorgegebenen Kontext gemeint ist.

Wenn wir auf der Ebene des guten menschlichen Lebens das Ziel oder Ganze selbst zu beurteilen haben – statt das relativ zu diesem Nützliche oder Passende –, lassen sich diese Urteilsverfahren, die wir sonst verwenden, allerdings nicht übertragen. Das dürfte heißen, dass nicht nur allgemeine Konzeptionen guten Lebens, sondern bereits individuelle Lebensweisen nicht begründbar sind. Denken wir an Sokrates' Aussage in der *Apologie*, dann wäre eine konkrete Lebensform begründbar, wenn es ein vollkommen gutes politisches Ganzes gäbe, in dem sie einen festen Ort hätte, dem man die Lebensinhalte entnehmen könnte. In Ermangelung eines guten Ganzen leisten die scheinbaren Platitüden, welche die Leitsätze im *Hippias Maior* formulieren, einen gewissen Ersatz, indem sie die allgemeinste Bedeutung von *kalos* oder *agathos* wenigstens vage und aus der Ferne anvisieren und mit Mustern objektiver Bewertungen unterlegen.

Dass Platon nicht nur hier, sondern auch in anderen Dialogen selten explizit mit der zentralen Frage nach dem Guten im Sinn des wünschenswerten Lebens einsetzt, lässt sich zum einen damit erklären, dass sein Ausgangspunkt die Suche nach einem ethischen Wissen ist, das ähnlich strenge Anforderungen an Wissen wie die *techne* erfüllt, aber in seiner Struktur nicht fälschlich an diese angeglichen wird. Zum anderen hat sich jetzt mehrfach ein Grund in der Sache ergeben: Das Gute ist nicht allgemein inhaltlich bestimmbar, und wenn es daher überhaupt weiter erklärbar sein soll, bleibt nur übrig, es über die Form oder Methode der Suche zu erläutern.

c) Offene Fragen

Noch nicht beantwortet ist die Frage, ob man die Form des Lebens, die beständige Suche nach dem guten Leben, als das glückliche Leben selbst auszeichnen könnte. Dazu müsste gezeigt werden, dass das Wissen in der Tat im Sinn der Textpassage über das Angenehme durch Sehen und Hören lustvoll sein kann. Nur dann könnte es ein Kandidat für die *eudaimonia* sein, weil zur *eudaimonia* auch das subjektive Wohlbefinden gehört. Andernfalls läge eine von außen vorgeschriebene Lebensform vor, die zu befolgen man keinerlei Motiv hätte und die weit von dem entfernt wäre, was das Gutsein im

2. Hippias Maior

Sinn des guten Lebens alltäglich meint. Das Wissen dürfte also nicht irgendein Mittel zum Glück sein, sondern müsste von Anfang an so in der Form des menschlichen Strebens liegen, dass seine Betätigung Freude macht. Diesen Weg wird später Aristoteles gehen. Ob er Platon zur Verfügung steht, scheint mir fraglich, da dieser das menschliche Handeln durchgängig nach dem Modell der Auffüllung eines Mangels oder Bedürfnisses versteht (vgl. *Politeia* 580dff).

Offen ist die weitere Frage, ob nicht die Unterscheidung zwischen göttlichem und menschlichem Wissen zur Folge hat, dass objektive Kriterien für das *kalon* und *agathon* überhaupt unmöglich sind. Zwar beruft sich Platon im vorliegenden Dialog eindeutig auf die faktische Urteilspraxis, darauf, dass wir in vielen alltäglichen Zusammenhängen Urteilskriterien *haben*. Auch die Beispiele für Güter, für Bestandteile des guten Lebens, die sowohl im *Euthydemos* wie im *Hippias Maior* angeführt und als allgemeine Definitionen verworfen werden, werden im Kontext des Lebens der konkreten Person jeweils als passend oder unpassend beurteilt. Andererseits wird das Motiv des menschlichen Nichtwissens betont (298c1f), und damit auch die Unerreichbarkeit des gesuchten Wissensgegenstands.

Dass Platon auf der einen Seite konkrete praktische Urteile als hinreichend begründet akzeptiert und auf der anderen Seite die Bestimmbarkeit des *kalon* im allgemeinen leugnet, könnte man so verstehen, dass er eine Position zwischen zwei in seiner Zeit gängigen Extremen bezieht. Das eine Extrem ist ein Relativismus bzw. Subjektivismus, wie er vertreten wird, wenn Protagoras oder Hippias die Differenz zwischen »es ist gut« und »es scheint mir gut« leugnen und auf diese Weise jede Möglichkeit praktischer Werturteile abschaffen. Das andere Extrem ist der Konventionalismus oder Traditionalismus, wie ihn Kephalos in der *Politeia* vertritt, der starr an tradierte inhaltliche Normen glaubt.

Zur Erläuterung sei die konkrete moralische Frage angeführt, die am Anfang des Dialogs *Euthyphron* diskutiert wird. Die Frage lautet, ob Euthyphron seinen Vater des Totschlags anklagen soll, weil dieser am Tod eines Tagelöhners schuld ist. Als Sokrates über die Anklage irritiert ist, da Euthyphron erstens den eigenen Vater anklagen will und da zweitens der Tagelöhner selbst einen Sklaven getötet hat, beruft sich Euthyphron blind auf das Prinzip, dass unrechte Taten anzuklagen sind. Nun ist, wie wir aus dem *Gorgias* wissen, Sokrates entschieden selbst dieser Meinung. Er ist aber trotzdem unsicher, ob Euthyphron richtig handelt, und zwar aus folgendem

Grund: »Nicht also jenes bestreiten sie, dass der Unrechthandelnde müsse bestraft werden; sondern nur darüber streiten sie miteinander, wer es denn ist, der Unrecht tut, und wodurch und wann« (*Euthyphron* 8d4ff).

Sokrates bestreitet also genaugenommen nicht, *was* Euthyphron vertritt, sondern die Art und Weise, wie er es vertritt, nämlich als schlichte Ableitung aus einem starren Grundsatz, während in Wirklichkeit ein reflektiertes praktisches Urteil die diversen Faktoren der in diesem Fall komplizierten Situation analysieren, einschätzen und abwägen müsste. Das heißt, dass es keine inhaltlich festgelegte Bedeutung des *kalon* gibt, sondern dieses je nach Kontext und Situation verschieden zu fassen ist, ohne dass es dadurch subjektivbeliebig würde. Wer die Situation genau kennt und in alle ihre Aspekte auseinanderlegt, wer konsistent in seinen Meinungen ist, wer die eigenen Meinungen und ihren Zusammenhang überprüft, der urteilt nicht beliebig, wie es ihm scheint, sondern kommt zum richtigen Urteil.

Dabei spielen als Leitlinie die trivialen Äquivalenzen zwischen den allgemeinen Wertausdrücken durchaus eine Rolle. Die Überlegung und das Urteil müssen von dem Ziel geleitet sein, das Richtige zu treffen, nicht im Sinn eines überall gleichen inhaltlichen Kriteriums, aber im Sinn der Überzeugung, dass es eine praktische Richtigkeit gibt, die in jeweiligen Situationen zu konkretisieren ist. Die Rede von dem *kalon* selbst hätte dabei die Funktion anzuzeigen, dass es möglich ist, das Richtige zu treffen, dass Kriterien des Richtigen existieren. Die Frage ist also, wie wir genauer vorgehen, um jeweils das richtige Urteil zu treffen, und wie wir wissen, dass das im Prinzip möglich ist.

Im *Hippias Maior* wird, so könnte man sagen, die Möglichkeit ein Stück weit dadurch erwiesen, dass wir faktisch in vielen Kontexten erfolgreich Werturteile verwenden und uns über sie einigen können. Das Beispiel aus dem *Euthyphron* zeigt andererseits, dass für die schwierigen moralischen Fragen die richtige Lösung strittig ist, so dass hier ein Motiv für den Glauben an die Lösbarkeit gefordert scheint. Ehe ich mich diesem Strang der Motivationsfrage zuwende, soll die jetzt erreichte Position, wonach das menschliche gute Leben in derjenigen *arete* liegt, die sich im Vollzug der Suche nach praktischem Wissen manifestiert, anhand des Dialogs *Charmides* noch einen Schritt weiter verfolgt werden.

V. Menschliche *arete* und praktisches Wissen (*Charmides, Protagoras, Menon*)

Bisher habe ich Platons Konzeption der Frage nach dem guten Leben in zwei Schritten erläutert. Erstens wurde im *Ion* und *Hippias Minor* deutlich, dass diese Frage nach einem praktischen Wissen verlangt, welches nicht mit dem *techne*-Wissen identisch ist, dass Platon aber die methodische Strenge des *techne*-Wissens als beispielhaft ansieht. Zweitens zeigte die Interpretation des *Euthydemos* und des *Hippias Maior*, wie Platon alle inhaltlichen Ziele als allgemeine Bestimmungen der *eudaimonia* ablehnt, weil eine Glückskonzeption gesucht ist, deren Realisierungsmöglichkeit bei uns liegt. Die Frage nach der *eudaimonia* kann dann nur als die Frage nach der guten Weise unseres eigenen Seins, nach der menschlichen Gutheit, verstanden werden. Am Ende zeichnete sich im *Hippias Maior* ab, dass die Suche nach einem ethischen Wissen, das von der *techne* die beiden Momente der methodischen Strenge und der Verfügbarkeit übernimmt, zu scheitern droht, weil wir das Gute selbst, ein in jeder Weise gutes Leben, das die Kriterien für das gute menschliche Handeln enthalten müsste, nicht bestimmen können. In diesem Zusammenhang deutete sich die Möglichkeit an, die menschliche *eudaimonia* bzw. *arete* könnte gerade im praktischen Wissen oder, genauer, der Suche nach ihm liegen.

Dieses Ergebnis ist allerdings im jetzigen Stadium der Interpretation nicht zwingend. So könnte man einwenden, die inhaltliche Offenheit des Guten sei einfach durch die aporetische Struktur der Frühdialoge zu erklären oder auf die Borniertheit der bisherigen Dialogpartner zurückzuführen. Was den zweiten Punkt angeht, trifft es in der Tat zu, dass Platon die Gesprächsform so gestaltet, dass sich Sokrates auf die Ebene der jeweiligen Mitunterredner begibt.[1] Und diese – der Interpret Ion, der Redner Hippias, die Eristiker im

---

[1] Dazu ausführlich Teloh 1986.

Euthydemos – sind Leute, die weder in der Lage noch bereit sind, sich auf Sokrates' Stellung der Frage nach dem guten menschlichen Leben einzulassen. Entsprechend haben diese Dialoge stark komödiantische oder burleske Züge, und die Aporien entstehen nach teilweise seltsamen und unsinnigen Gesprächszügen des Sokrates.

Demgegenüber gibt es eine Gruppe von Dialogen, die ernsthafter geführt werden und die Erwartung erzeugen könnten, Platon versuche das ethische Wissen doch inhaltlich zu verstehen, indem er, geleitet von der Tatsache, dass Wissen im Bereich der *techne* durch die Bestimmtheit und Begrenztheit der Gegenstandsbereiche möglich ist, eine Definition je bestimmter menschlicher *aretai* zu geben unternimmt. Welches die relevanten Dialoge sind, ist nicht ganz eindeutig. Fragen, die wie Definitionsfragen aussehen, also die Form »Was ist X?« haben,[2] kommen in den meisten Frühdialogen vor. So wird im *Hippias Maior* untersucht, was das *kalon* ist, im *Lysis* geht es um die Frage »Was ist Freundschaft?« usw. Doch nachdem sich von Anfang an gezeigt hat, dass auf der höchsten Abstraktionsebene des *agathon* oder *kalon* das Fragen nach einer inhaltlichen Festlegung leerläuft, werde ich unter die Definitionsdialoge im engeren Sinn nur diejenigen Dialoge rechnen, die nach der Bestimmung einer einzelnen *arete* suchen. Dazu gehören auf jeden Fall *Laches, Euthyphron, Charmides,* die nach der Tapferkeit, Frömmigkeit, Besonnenheit fragen.[3]

Ich wähle den *Charmides* für die Interpretation, weil er der anspruchsvollste unter den Definitionsdialogen ist und daher am weitesten zu führen verspricht. Der Beginn dieses Dialogs zeigt deutlich, wie man auf die Vorstellung kommen kann, das Wissen von der menschlichen *arete* sei ein *techne*-artiges Wissen. Die Zurückweisung dieser Vorstellung wird daher zu einer Verstärkung der *methodischen* Konzeption der menschlichen *arete* führen. Zur weiteren

---

[2] Für diese Formulierung siehe Puster 1983.
[3] Man könnte evtl. den *Gorgias* oder das erste Buch der *Politeia*, den *Thrasymachos*, hinzunehmen, die beide nach der Gerechtigkeit suchen. Sie sind jedoch vom Aufbau her nicht reine Definitionsdialoge, sondern haben eine komplexere Form. Geht man von der gängigen Vorstellung der vier Kardinaltugenden aus, wie Platon sie selbst z. B. in *Politeia* IV zugrunde legt, vermisst man im übrigen nicht nur die Gerechtigkeit, sondern auch die Weisheit. Was letztere angeht, könnte man überlegen, ob sie vielleicht deswegen nicht explizit vorkommt, weil sie im Grunde das Hauptthema ist, allerdings nicht inhaltlich, sondern methodisch.

1. Charmides

Erläuterung dieser Konzeption werde ich kurz auf die Frage der Lehrbarkeit der *arete* im *Protagoras* und auf den Zusammenhang zwischen Definitionsfrage und Lehrbarkeit im *Menon* eingehen.

1. Charmides

Der *Charmides* ist wie der *Euthydemos* ein erzählter Dialog, wobei aber diesmal der Adressat des Berichts nicht genannt wird. Der Dialog lässt sich in drei Teile gliedern: zuerst die Beschreibung der Ausgangssituation und Einführung der Frage nach der Besonnenheit (bis 158e5); zweitens das Gespräch mit Charmides (158e5–162b11), in welchem dieser drei Definitionsversuche unternimmt; schließlich das Gespräch mit Kritias, das wiederum in drei Unterteile zerfällt, insofern Kritias drei verbesserte Varianten des dritten Vorschlags von Charmides aufstellt (ab 162c1).

a) Die Eingangssituation

Die Kopfschmerzen des Charmides

Sokrates erzählt, wie er, aus einer Schlacht zurückkehrend, die vertrauten Plätze in Athen aufsucht und in einer Palaistra Bekannte trifft, die er fragt, wie es inzwischen in der Stadt mit der Philosophie und den jungen Männern stehe (also den beiden großen Lieben des Sokrates). Kritias erwähnt rühmend seinen jüngeren Vetter Charmides. Charmides und Kritias sind im folgenden die beiden Dialogpartner des Sokrates. Die Konstellation weist gewisse Ähnlichkeiten mit der im *Euthydemos* auf, wo die zwei Eristiker mit Sokrates um den Einfluss auf die Seele des Euthydemos kämpfen. Die Konkurrenz von Sokrates und Kritias um die Seele des Charmides ist allerdings insofern von anderer Art, als Kritias und Charmides sich lange kennen und letzterer in seiner Persönlichkeit bereits durch Kritias beeinflusst ist.

Sokrates ist durch die allseits begeisterten Äußerungen über Charmides neugierig und wünscht den jungen Mann zu sehen. Als man ihn herbeiruft und Sokrates gefragt wird, ob er ebenso angetan von seiner Schönheit sei wie der Rest der Anwesenden, macht dieser sein Urteil davon abhängig, ob Charmides neben der physischen

Wohlgestaltetheit auch gut hinsichtlich seiner Seele ist. Kritias bejaht und fügt hinzu, Charmides liebe die Philosophie und Dichtung (154e8f).[4] Sokrates möchte das durch ein Gespräch prüfen und bittet Kritias, eine geeignete Situation zu arrangieren. Kritias erinnert sich, Charmides klage über einen schweren Kopf beim Aufwachen, und er schlägt vor, ihm Sokrates als jemanden vorzustellen, der ihn von seinen Kopfschmerzen befreien kann.

Der kleine medizinische Vortrag, mit dem Sokrates sich bei Charmides einführt und dessen Substanz angeblich von thrakischen Ärzten stammt, besteht in einer Konzeption ganzheitlicher Medizin: Wie auch die guten unter den hellenischen Ärzten wissen, kann man einen erkrankten Körperteil nicht isoliert betrachten und heilen, sondern muss jeweils den ganzen Körper einbeziehen. Von weisen thrakischen Ärzten nun will Sokrates zusätzlich erfahren haben, dass man den Körper wiederum nicht heilen kann, ohne auch die Seele zu berücksichtigen, deren Gesundheit die Besonnenheit (*sophrosyne*)[5] ist (157a3ff).

Die Funktion dieser Textstelle ist zweideutig.[6] Da die Medizin eines von Platons Standardbeispielen für eine *techne* ist, erweckt die bewusste Parallelisierung von körperlicher und psychischer Ge-

---

[4] Da Kritias und Charmides zum mütterlichen Zweig der Familie Platons gehören und Platon offenbar selbst als junger Mann poetische Neigungen hatte, vermuten manche Interpreten, Platon habe mit der Figur des Charmides auch sich selbst als jungen Mann im Blick. Sollte das der Fall sein, könnte man darin eine Verstärkung des Motivs der Selbstbezüglichkeit sehen, das den Dialog durchzieht.
[5] Das Wort *sophrosyne* ist schwer zu übersetzen. Aristoteles verwendet es terminologisch für diejenige Tugend, welche die richtige Einstellung zu den sinnlichen Begierden ausmacht. Entsprechend ist die übliche Übersetzung »Mäßigkeit«. Im Kontext des Dialogs Charmides wird der Ausdruck allerdings in einem weiteren Sinn gebraucht, zu dem gehört, dass jemand, der *sophrosyne* besitzt, bei Verstand oder bei Sinnen ist. Daher wähle ich hier die Übersetzung »Besonnenheit«.
[6] Entsprechend umstritten ist sie unter Interpreten. Witte betont das mythisch-religiöse Moment im Text, wonach die Thrakier einen Gott zum König haben und ihre Ärzte die Unsterblichkeit verleihen können; er vermutet deswegen eine ähnliche göttliche Stellung des Sokrates und stellt einen Bezug zum Motiv der Unsterblichkeit der Seele im *Phaidon* her (Witte 1970, 141ff). Van der Ben 1985, 14 wehrt eine solche starke Interpretation ab; nach seiner Auffassung enthält die Passage nichts, was über Platons sonstige Meinungen in den Frühdialogen hinausgeht. Wie ich oben erläutere, liegt die Wahrheit irgendwo zwischen diesen beiden Positionen.

1. Charmides

sundheit den Eindruck, auch die Heilung der Seele, die Herstellung der *arete* der Besonnenheit, sei Aufgabe einer *techne*.[7] Andererseits legt die mythisch-religiöse Einkleidung der Rede die entgegengesetzte Auffassung nahe, wir könnten es schon bei der Heilung der Physis mit Zusammenhängen zu tun haben, wo menschliches Handeln machtlos ist und wir auf göttliche Fügungen angewiesen sind.

Was die Parallele zur *techne* angeht, so könnte man sich vorstellen, die seelische Gesundheit sei wie diejenige des Körpers eine Art Ausgeglichenheit der psychischen Vermögen und Vorgänge. Ganz im Sinn der Merkmale des *techne*-Wissens ist dies ein natürlicher Gegenstand, über dessen Beschaffenheit und Struktur sich allgemeine Sätze gewinnen lassen, die wiederum ein begründetes Handeln ermöglichen.

Wir werden noch sehen, dass sich bei Platon auf einer bestimmten Ebene auch diese Vorstellung findet. Und wir können vielleicht schon vermuten, dass eine solche psychologisch-pädagogische *techne* dort zum Einsatz kommen wird, wo man mit Menschen konfrontiert ist, die nicht zu eigener Einsicht fähig sind, die daher nur durch andere konditioniert werden können. Das ist jedoch nicht die primäre Weise, eine Person zur *arete* zu bringen, und an der erwähnten Stelle im *Charmides*, welche physische und psychische Gesundheit verbindet, wird sogleich explizit hervorgehoben, dass die Behandlung der Seele nicht nach Art der *techne* vollzogen wird, sondern durch ›Besprechungen‹. Diese sind nichts anderes als *logoi kaloi* (157a4f), also eine Abfolge richtiger bzw. angemessener Sätze – was nichts anderes sein dürfte als der sokratische *elenchos*.

Die menschliche Seele wird also nicht als Objekt einer psychologischen *techne* verstanden, sondern als dasjenige im Menschen, was wesentlich *logoi* verstehen und verwenden kann. Das Wissen von der Seele, ohne das wir auch die Gutheit der Seele nicht kennen, kann dann nicht ein psychologisches Wissen sein, in dem man sich oder andere quasi von außen, als Objekte einer *techne* oder *episteme*,

---

[7] Wie schon erwähnt, wird damals über die Frage debattiert, ob die Medizin sich mit Recht als eine *techne* versteht. Das wird von einigen bestritten mit Hinweis darauf, Heilerfolge würden manchmal eintreten, manchmal aber auch nicht, und im *Corpus Hippocraticum* finden sich Texte, die sich direkt gegen solche Vorwürfe zu verteidigen versuchen (z. B. *Regimen* I 2), aber auch solche, die unter Hinweis auf die nicht einholbare Komplexität des Einzelfalls die Begrenztheit des medizinischen Wissens einräumen (so *Peri Technes* II–V).

betrachtet; es kann vielmehr nur in einem *Reflektieren* auf die *logoi* bestehen, durch deren Gebrauch die Seele gerade das ist, was sie ist. Damit entfällt aber bereits die erhoffte Begrenztheit; denn der *logos,* dessen Verstehen und Verwenden die menschliche Seele ausmacht, ist die praktische Rede, die sich auf das gute Leben im ganzen bezieht. Dieses Ganze eines guten Lebens ist komplex und nicht vollständig in Sätzen formulierbar, daher kein sinnvoller Gegenstand einer Wissenschaft oder *techne.* Hierin liegt der berechtigte Punkt, den die thrakische Weisheit in dem Hinweis auf die Götter enthält, dass wir nämlich als Menschen immer nur ein vorläufiges und unfertiges ethisches Wissen haben können, das sich nicht auf feste Gesetze und notwendige Aussagen stützen kann.

Wenn die Seele oder, wie wir statt dessen sagen würden, die Persönlichkeit im Umgang mit dem *logos* besteht, dann können damit nicht irgendwelche Sätze gemeint sein. Es geht um diejenigen Sätze, in denen sich die Vorstellung von der eigenen Gutheit niederschlägt, und solche Sätze hält die Person nicht einfach theoretisch für wahr, sondern sie enthalten affektiv verankerte Meinungen und Wünsche, die ihr wichtig sind und mit denen sie sich identifiziert.[8] Anders formuliert: Die praktischen Meinungen einer Person stehen letztlich immer im Kontext ihrer Konzeption des guten Lebens, so dass jede Befragung auch einer scheinbar nebensächlichen Meinung schnell auf diese zentrale Frage führt. Als Beleg sei die berühmte Stelle aus dem *Laches* (187e6ff) angeführt, an der es heißt: »Du scheinst gar nicht zu wissen, dass, wer der Rede des Sokrates nahe genug kommt und sich mit ihm einlässt ins Gespräch, unvermeidlich, wenn er auch von etwas ganz anderem zuerst angefangen hat zu reden, von diesem so lange ohne Ruhe herumgeführt wird, bis er ihn da hat, dass er Rede stehen muss über sich selbst, auf welche Weise er jetzt lebt und auf welche Weise er das bisherige Leben gelebt hat.«

Die Verliebtheit des Sokrates

Wenn wir im Kontext der Frühdialoge die Seele als affektiv verankertes ethisches Meinungssystem der Person zu verstehen haben, dann

---

[8] Stemmer 1992, 101 hat zwar recht, dass es einige Dialoge gibt, in denen jemand nicht die eigene Meinung vertritt; das sind aber m. E. Ausnahmen und nicht die zentralen Fälle.

1. Charmides

heißt das, dass die sonstigen Bereiche der Seele bzw. Persönlichkeit, also Affekte, Antriebe usw., nicht direkt zum Gegenstand werden. Sie werden dann als eine Komponente *im* ethischen Überlegen gesehen und sind so immer nur daran zu erkennen, wie eine Person mit den *logoi* umgeht, ob sie für die Prüfung bzw. Selbstprüfung, und damit für die praktische Wahrheit, offen ist, ob sie sich gegen die Prüfung überhaupt sperrt, ob sie einzelnen Argumenten oder Konsequenzen aus ihren Meinungen ausweicht usw. Die Besonnenheit, die *sophrosyne,* ist in einer ihrer Grundbedeutungen gerade das Bei-Sinnen- oder Bei-Verstand-Sein, das heißt, diejenige ethische *arete,* die ein ungetrübtes praktisches Urteil ermöglicht. Insofern können wir erwarten, dass uns der *Charmides* einiges über die Methode des *elenchos* sagen oder zumindest vorführen wird.

Die Vorführung der Besonnenheit beginnt bereits in der jetzt erläuterten Einleitungsszene. Ich habe bisher ein dafür wichtiges Detail noch ausgespart (155d): Als Charmides sich neben Sokrates setzt, gerät letzterer sofort in einen Zustand der sexuellen Begierde, und zwar so heftig, dass er nicht bei Sinnen ist und erst mit einigem Aufwand an Selbstbeherrschung die Fähigkeit der Rede wiedergewinnt. Damit, dass Sokrates sich trotz der Begierden den *logoi* zuzuwenden vermag, dass er seine Affekte beherrschen kann, erweist er sich als besonnen. Wie wir sehen werden, kommt gerade diese häufigste Bedeutung von *sophrosyne* unter den Definitionsversuchen nicht vor, und wir werden uns fragen müssen, woran das liegt. Explizit wird die Besonnenheit zum Gesprächsthema erhoben, indem Sokrates der Weisung der thrakischen Ärzte gemäß Charmides das Mittel gegen die Kopfschmerzen erst auszuhändigen bereit ist, wenn dieser seine Seele einer Besprechung überlässt, damit sie besonnen wird (157c2ff), oder wenn er sich als schon besonnen erweist (158b5f). Die Frage, ob er schon besonnen sei, bringt Charmides in Verlegenheit. Er will sich einerseits nicht selbst loben und dadurch vor anderen unbeliebt machen; andererseits will er Kritias und die anderen, die ihn alle als besonnen rühmen, nicht der Unwahrheit bezichtigen.

Darin sind bereits eine Reihe von Motiven enthalten, die im weiteren Dialogverlauf zum Tragen kommen. Dass Charmides schwankt und keine Antwort gibt, macht deutlich, dass er nicht wie die bisher geprüften erwachsenen Sophisten starre Lebensauffassungen hat, die ihn von vornherein gegen die sokratische Gesprächsführung immunisieren. Vielmehr ist er offen für Fragen und Überlegungen, also dem *logos* zugänglich und daher geeignet, durch ein Prüfungsgespräch zur *arete* geführt zu werden. Entsprechend ist auch die Gesprächsführung nicht spottend und polemisch wie in den Dialogen mit Hippias, sondern ruhig und wenig ironisch. Andererseits wird deutlich, dass Charmides nicht allein an der Sache interessiert ist, also daran, was die Besonnenheit ist und ob es wahr oder nicht wahr ist, dass er sie besitzt; wie bei einem jungen Mann aus adligem Haus nicht anders zu erwarten, liegt ihm ebensoviel an seinem Eindruck auf andere, denen er gefallen will. Und schließlich ist ein weiterer Punkt bemerkenswert, den Platon dem Charmides in den Mund legt, der aber generell für alle Dialoge gilt. Wenn Charmides es als seltsam empfindet, dass jemand ihm eine bestimmte *arete* absprechen könnte, dann ist das ein Hinweis auf einen gemeinsamen normativen Hintergrund, und strittig kann dann nur die Art oder der Status dieses Hintergrunds sein.

b) Das Gespräch mit Charmides

Sokrates äußert Verständnis für die Lage des Charmides und schickt sich an, mit ihm gemeinsam zu untersuchen, ob dieser besonnen ist oder nicht. Das Kriterium soll sein, ob Charmides bestimmen kann, was Besonnenheit ist. Dahinter steht die Prämisse, die Besonnenheit müsse, wenn sie in einer Person anwesend ist, in ihr eine Meinung darüber hervorrufen, worin sie besteht und was sie ist (159a1f). Über die Richtigkeit dieser Voraussetzung mag man zunächst im Zweifel sein. Wenn man die Besonnenheit im alltäglichen Sinn einer ethischen Tugend, einer Art von Charakterhaltung meint, so könnte man sich denken, dass solche Haltungen auch unreflektiert vorhanden sein können. Es wird jedoch nicht behauptet, dass mit einer *arete* das Wissen um sie einhergeht; angenommen wird nur, dass sie mit einer Meinung (*doxa*) verbunden ist, die anders als das Wissen nicht klar und begründet zu sein braucht. In diesem schwachen Sinn dürfte es eher unproblematisch sein, die Prämisse zu unterschreiben.

Besonnenheit als Langsamkeit

Charmides hat durchaus Meinungen über die Besonnenheit, und er versucht sich daher mit einer ersten Definition (159b ff): Besonnenheit sei, wenn man alles, z.B. auf der Straße gehen, sprechen usw.,

1. Charmides

geordnet und bedächtig tut, kurz Besonnenheit sei Langsamkeit oder Ruhe (*hesychotes*). Sokrates erledigt diese Definition mit einem logischen Fehlschluss: Die Besonnenheit gehört zum *kalon*, sie ist eine *arete*; in vielen Handlungsbereichen aber ist nicht das langsame, sondern das schnelle Tun besser oder bewundernswerter, so beim Schreiben, Lesen oder Sport. Sokrates folgert daraus, das schnelle Leben sei ebenso gut und besonnen wie das langsame, womit die Besonnenheit nicht in der Langsamkeit bestehen kann (160c2ff).

Der Fehlschluss ist zu durchsichtig, als dass er nicht beabsichtigt sein sollte. Behauptet war ja nicht die Identität der Besonnenheit und des *kalon*, sondern nur, dass die Besonnenheit ein Teil des *kalon* ist. Das lässt die Existenz anderer Teile des *kalon*, anderer *aretai*, die anders zu definieren sind, offen. Der bloße Hinweis, dass noch anderes zum *kalon* gehört, ist also kein Einwand gegen die These des Charmides. Die eigentlichen Probleme der Definition liegen hinter diesem Schachzug. Erinnern wir uns an den *Hippias Maior*, dann ist uneingeschränkt *kalos* nur, was in jeder Hinsicht unter allen Umständen *kalos* ist. Wenn das bedächtig-langsame Handeln aber nur in manchen Kontexten *kalos* ist, in anderen nicht, dann ist es nicht wirklich *kalos*. Entsprechend ist die Langsamkeit dann keine *arete* im Sinn einer Einstellung, die das menschliche Gutsein insgesamt sichert, weil ihre Ausübung je nach Situation gut oder schlecht ist. Besonders bedenklich scheint, dass das genaue Gegenteil der Langsamkeit, die Schnelligkeit, ebenfalls unter Umständen gut sein kann. Charmides verwickelt sich damit offenbar in einen Widerspruch, sofern man ihm die beiden Identitätsaussagen »Besonnenheit ist Langsamkeit« und »Besonnenheit ist Schnelligkeit (Nicht-Langsamkeit)« unterschieben kann.

Die gesprächsweise Prüfung besteht hier also darin, die Anfangsbehauptungen, die der Befragte aufstellt, mit anderen Meinungen, die der Fragende ins Spiel bringt, die aber vom Befragten ebenfalls geteilt werden, zu konfrontieren und ihre Inkonsistenz herauszuarbeiten.[9] Nun ist der Aufweis logischer Inkonsistenz ein eher vor-

---

[9] Für die wichtigsten logischen Züge im *elenchos* siehe Stemmer 1992 §9, sowie Detel, 1973, 1–29. Wichtiger als die Benennung eines Schemas logischer Schritte scheinen mir allerdings an dieser Stelle die sachlichen Implikationen der Einführung des *kalon* zu sein, wie ich überhaupt denke, dass der *elenchos* nicht auf einige starre logische Schemata festgelegt ist, sondern in der Befolgung jeder Art geordneter Argumentationsschritte bestehen kann. Ähnlich Vlastos 1994, 11.

dergründiger und noch dazu durch Trugschlüsse erreichter Punkt. Wichtiger scheint die Einführung des *kalon*, in anderen Dialogen auch des Guten oder Nützlichen, zu sein, also eines der allgemeinsten ethischen Leitgesichtspunkte. Wenn Charmides sagt, Besonnenheit sei Langsamkeit, und Sokrates entgegnet, Besonnenheit sei oft auch Schnelligkeit, so ist der eigentliche Mangel dieser Antworten, dass sie nur Erscheinungsweisen der Besonnenheit benennen, ohne zu erklären, was an ihnen die Besonnenheit ist, bloße Meinungen, die nicht auf einer reflektierten Grundlage, einem ethischen Wissen beruhen. »Schnell« und »langsam« sind beschreibende Ausdrücke, die Besonnenheit dagegen ist Teil des *kalon*, eine *arete*, also etwas Normatives. Der Verweis auf die deskriptiven Eigenschaften der Schnelligkeit oder Langsamkeit hätte daher erst dann Definitionscharakter, wenn erklärt würde, auf welche Weise diese Eigenschaften die Besonnenheit zu etwas Gutem machen.

Die Einsicht, zu der Charmides an dieser Stelle kommen sollte und mit dem Rückzug seiner Definition wohl auch kommt, wäre gerade, dass er das *agathon* bzw. *kalon* nicht kennt. Wenn in allen Handlungsbereichen sowohl das eine wie das andere Extrem je nach Situation gut oder schlecht sein kann, dann ist darin impliziert, dass keine der im alltäglichen Sinn inhaltlich verstandenen *aretai* wirklich eine *arete* in dem von Sokrates gesuchten Sinn ist, eine menschliche Verfassung, die immer eine gute Weise des Lebens sichert und sich nie zu Schlechtem gebrauchen lässt. Genau genommen also liegt zwischen Sokrates und Charmides ein Missverständnis vor. Charmides versteht die Frage nach der Besonnenheit als Frage nach dem Sinn des alltäglichen Begriffs der Besonnenheit, der sich auf eine inhaltlich gefüllte *arete* für bestimmte Handlungsbereiche bezieht; Sokrates aber meint die Frage in dem grundsätzlichen Sinn, der in den Eingangsgesprächen vorkommt, wo Besonnenheit den umfassenden Sinn der Wohlbeschaffenheit der Seele bzw. Person hat und etwas ist, was nur ein gutes und nie ein schlechtes Leben bewirkt.

Im *elenchos* spielen also neben logischen Konsistenzprüfungen allgemeinste Wertbegriffe eine Rolle, die, wie sich schon im *Hippias Maior* zeigte, offenbar praktische Urteile anleiten können, ohne dass es doch in konkreten Zusammenhängen ein in jeder Hinsicht und immer Gutes gäbe. Auch im *elenchos* scheint die Rolle dieser Leitsätze eher indirekt-negativ zu sein. Sie sorgen dafür, dass jeder Versuch einer materialen Definition der Besonnenheit scheitern muss, weil er gegen diese Prinzipien verstoßen würde. So ist die Besonnen-

1. Charmides

heit im Sinn der aristokratischen Tugend der Langsamkeit prinzipiell ebenso eine mögliche Antwort wie eine aus anderen konkreten Kontexten gewonnene Definition, aber keine ist ausreichend, weil *diese* Besonnenheit immer auch schaden, also schlecht statt gut sein kann.

Besonnenheit als Scham

Charmides ist wie erwartet wenig hartnäckig und besteht nicht auf seinem Vorschlag. Auf die Einwände des Sokrates hin macht er einen zweiten Anlauf und bestimmt die Besonnenheit jetzt als so etwas wie Scham, Scheu, Bescheidenheit (160e3). Diese Definition ist sicher insofern treffend, als Charmides aufgefordert war, diejenige Meinung über die Besonnenheit zu äußern, die durch seine eigene Besonnenheit verursacht ist, und in der Eröffnungsszene fiel Charmides durch scheue Zurückhaltung auf.

Wichtig ist, dass in der Widerlegung dieses Vorschlags ein zweiter der allgemeinsten Wertausdrücke eingeführt wird, nach dem *kalon*, das in der ersten Widerlegung die Hauptrolle spielte, nun das *agathon* (160e13), das primär im Sinn von »nützlich«, und spezieller von »nützlich für das gute Leben« (wofür ich das Wort »zuträglich« verwende), verstanden wird. An den Hinweis, die besonnenen Menschen seien *agathoi*, schließt sich die These an, dass Scheu nicht immer für die Person zuträglich ist. Da die Argumentation parallel zu der vorigen verläuft, bleibt sie im Text sehr kurz. Die Besonnenheit soll eine *arete*, etwas Gutes sein, Scham hingegen ist nur manchmal gut, manchmal aber, etwa wenn sie an der Befriedigung der eigenen Grundbedürfnisse hindert, schlecht bzw. schädlich.

Besonnenheit als Tun des Seinigen

Charmides bietet als nächstes eine Definition an, die nicht aus einer Meinung über seine eigene Beschaffenheit hervorgeht, die er vielmehr von jemandem gehört hat – ein Zeichen dafür, dass er (noch) nicht über eine selbständig-reflektierte ethische Konzeption verfügt. Sokrates vermutet, sie stamme von Kritias, was dieser zwar zunächst bestreitet, was sich jedoch später als zutreffend erweist. Die Definition lautet, Besonnenheit sei das Tun des Seinigen (*ta heautou prattein*, 161b6). Es fällt auf, dass diese Bestimmung hier für die Besonnenheit angeführt wird, während sie sonst häufig als Erläuterung der Gerechtigkeit dient. Man kann das als Indiz dafür lesen, dass es Platon wenig darauf ankommt, welche konkrete *arete* im alltäglichen inhaltlichen Verständnis von *arete* besprochen wird und wie sie als »bürgerliche Tugend« am besten zu definieren ist. Um zu demonstrieren, dass eine inhaltliche Festlegung des menschlichen Gutseins scheitert, und um einen Einstieg in die eigentlich intendierte Frage nach der einen und ganzen menschlichen *arete* im vertieften Sinn zu gewinnen, sind sie alle gleichermaßen geeignet.

Platon lässt Sokrates auch diese Definition schnell widerlegen: Es sei absurd, dass der Schuster nur seine eigenen Schuhe mache und der Sprachlehrer nur seinen eigenen Namen schreibe (161d6ff). Die Absurdität entsteht natürlich durch eine Zweideutigkeit. Das Tun des Seinigen kann man entweder so verstehen, dass sich jemand nur um seine eigenen Angelegenheiten kümmert. Man kann es aber auch so auffassen, dass jemand tut, wofür er zuständig ist oder was seine Aufgabe ist. In diesem zweiten Sinn macht Platon selbst oft von der Formel Gebrauch. Dass er sie an dieser Stelle zurückweist, kann also nicht daran liegen, dass sie falsch ist. Fast alle von Dialogpartnern geäußerten Vorschläge haben einen richtigen Aspekt, den man produktiv aufnehmen *könnte*. Der Grund der Widerlegung ist vielmehr, dass die Vorschläge die Form einer oberflächlichen Meinung haben, die nicht überlegt oder begründet ist.[10]

c) Das Gespräch mit Kritias

Charmides kapituliert, und Kritias, den es zum Mitreden drängt, übernimmt seine Rolle. Der Dialog geht an diesem Punkt auf eine andere Ebene über. Kritias ist ein erwachsener sophistisch geschulter Mann, er beschränkt sich nicht auf zustimmende Ausdrücke, sondern vertritt Positionen und verteidigt sie. Dabei wird auch sofort herausgestellt (162c1ff), dass sein Motiv die Ehre oder das Ansehen bei Charmides und den anderen Anwesenden ist – und nicht, so ist impliziert, die Wahrheit seiner Meinungen.

---

[10] Darauf weist auch Detel 1974, 123 hin.

1. Charmides

Besonnenheit als Tun von Gutem

Nachdem Sokrates mit dem unnötig engen Verständnis des Tuns des Seinigen die zuletzt genannte Definition zu widerlegen versucht, verändert Kritias mit einigen Winkelzügen die Bestimmung der Besonnenheit so, dass sie den Einwänden zu entgehen scheint: Mit dem Seinigen soll nicht alles gemeint sein, was jemand tut, sondern nur diejenigen seiner Werke, die nützlich und *kalon* sind. Damit ergibt sich als vierte Definition: Die Besonnenheit ist Herstellen (*poiesis*) und Tun (*praxis*) von Gutem (163e1). Dass diese Definition nicht sonderlich erhellend ist, liegt auf der Hand; denn das Definiens enthält nur Begriffe von höchster Allgemeinheit und Vagheit (das Gute, das Nützliche, das Angemessene), und sie wirft außerdem die beiden Bereiche der *techne* und des ethischen Handelns in einen Topf.

Sokrates setzt sich wiederum nicht mit diesem Vorschlag direkt auseinander, sondern führt zunächst neue Annahmen ein. Er veranlasst Kritias, der suggestiv gestellten Frage zuzustimmen, niemand könne besonnen sein, ohne zu wissen, dass er besonnen ist (164a2f). Das führt erneut in Schwierigkeiten. Nach der neuen Definition handelt der Arzt besonnen, wenn er weiß, dass er Nützliches tut. Gewöhnlich aber würde man annehmen, dass der Arzt Nützliches für sich und den Patienten tun kann, ohne immer zu wissen, dass er nützlich und damit besonnen handelt (164b7ff). Wie kommt Sokrates gerade zu dieser neuen Prämisse, der auch Kritias ganz selbstverständlich zustimmt? Man könnte vermuten, dass sie sich aus der gängigen Grundbedeutung von *sophronein* ergibt, auf die ich im Kontext der Eingangsszene hingewiesen habe und die auffälligerweise nirgends im Dialog explizit aufgenommen wird: bei Sinnen sein, bei Verstand sein, sich überlegt-vernünftig verhalten, die Begierden beherrschen, die das Vernünftigsein trüben. Wer in einer Handlungssituation bei Verstand ist und überlegt vorgeht, der ist sich, so könnte man sagen, dessen auch immer irgendwie bewusst.[11]

Kritias lässt sich durch die Verbindung seiner These mit der neu angeführten Annahme in Verlegenheit bringen. In Wirklichkeit braucht es nicht widersprüchlich zu sein, dass einerseits jemand, der eine *techne* ausübt, besonnen vorgehen und dabei etwas Nützliches

---

[11] Ähnlich interpretiert Bröcker 1985, 69, ohne allerdings darauf einzugehen, dass die Grundbedeutung von *sophrosyne*, auf die Deutung beruht, im ganzen Dialog nicht erwähnt wird.

hervorbringen könnte, ohne zu wissen, dass es nützlich ist, während man andererseits nicht besonnen handeln kann, ohne zu wissen, dass man besonnen handelt. Der scheinbare Widerspruch lässt sich auflösen, wenn man die Mehrdeutigkeit in der Rede vom Nutzen und die Unterschiede zwischen technischem und ethischem Überlegen beachtet. Der Experte in einer *techne* tut Nützliches bezogen auf die Aufgabe seiner *techne*. Das aber heißt nicht, dass sein Tun nützlich oder gut im allgemeinen Sinn, bezogen auf das gute menschliche Leben im ganzen ist. Die Reflexion ihrer Zwecke ist nicht selbst Sache der *techne,* sondern der praktischen Überlegung.

Besonnenheit als Selbstkenntnis

Kritias kommt nicht auf diese Lösung, sondern akzeptiert den Einwand des Sokrates und ändert seine Definition so ab, dass er den unklaren Bezug auf das Nützliche und Angemessene bzw. Gute streicht und nur den anderen Punkt der Selbstbezüglichkeit festhält. Die nächste Definitionsvariante, die er vorschlägt, lautet: Besonnenheit ist, sich selbst zu kennen (*to gignoskein heauton*, 164d4). Kritias weist zur Verstärkung auf den delphischen Spruch, das *gnothi seauton*, der im Grunde dasselbe bedeute wie »sei besonnen«. Es wird jetzt also die methodische Seite des Selbstwissens betont, wonach dieses im Wissen besteht, dass man weiß bzw. nicht weiß. Nachdem Kritias sicher ist, die richtige Definition gefunden zu haben, betont Sokrates im Gegenzug sein Nicht-Wissen, aus dem heraus er selbst erst mit Kritias nach der Antwort suche. Nach seinen eigenen Worten zu schließen ist Kritias besonnen, er kennt sich selbst, sofern er weiß, dass er weiß. Sokrates dagegen weiß, dass er nicht weiß.

Sokrates beginnt die Überprüfung der Definition, indem er sich, wie zuvor die Unbestimmtheit des Begriffs des Guten, so jetzt die Unbestimmtheit des Wissensbegriffs zunutze macht. Kritias hatte von Selbstkenntnis (*gignosko*) geredet, während Sokrates nun den Begriff der *episteme*, der meist in einem Atemzug mit dem der *techne* genannt wird, des Wissens und der Wissenschaft, einführt (165c4). Für die *episteme* im Sinn einer Einzelwissenschaft gilt wie für die *techne*, dass das Wissen mit der Bestimmtheit des Gegenstandsbereichs zu tun hat, der eine sachliche Ganzheit bildet. Sokrates überträgt diesen Punkt unter der Hand auf das Kennen, welches die Besonnenheit ausmacht, indem er unterstellt, dass dieses dieselbe

1. Charmides

Struktur wie eine Wissenschaft hat: Wenn die Besonnenheit ein Wissen ist, dann muss sie, so legt Sokrates nahe, eine *episteme tis* und *tinos*, also eine bestimmte Wissenschaft von etwas sein, und sie muss wie jede *episteme* etwas Nützliches hervorbringen (165c5, 11). Als Kritias auf die Mathematik hinweist, welche zwar eine Wissenschaft ist, aber nichts Nützliches herstellt, insistiert Sokrates, dass wenn nicht das Herstellen von etwas Nützlichem, so doch der Bezug auf einen umgrenzten Gegenstandsbereich für jede Einzelwissenschaft kennzeichnend sei. Die Frage bleibt also, *wovon* die Besonnenheit ein Wissen ist (166a4f, b5f).

Besonnenheit als Wissenschaft von sich selbst und den anderen Wissenschaften

Kritias beantwortet die Frage mit der sechsten Definition: Besonnenheit ist Wissenschaft ihrer selbst und der anderen Wissenschaften (166e5f). Sokrates ergänzt, dass derjenige, der in einem Bereich das Wissen erkennt, eben dadurch auch das Nichtwissen erkennen kann. Der Besonnene wäre demnach derjenige, welcher sich selbst kennt und in der Lage ist zu prüfen, was er weiß und was er nicht weiß, und ebenso, was andere wissen und was sie nicht wissen. Sokrates wirft zwei Fragen auf, erstens, ob eine solche Selbstkenntnis möglich ist, und zweitens, was sie uns nützt.

Was die Möglichkeit der Selbstkenntnis betrifft, so werden zwei Probleme erörtert, einmal die Frage nach dem Gegenstand, dann die Frage nach der Art der Beziehung. Sokrates führt andere mentale Vorgänge, insbesondere Wahrnehmung, Wünsche, Affekte und Meinungen an, um zu zeigen, dass die von Kritias für die Besonnenheit reklamierte Struktur unmöglich ist. Zum Beispiel müsste es dann ein Sehen geben, das nicht etwa Dinge und Farben sieht, sondern sich selbst und die anderen Sehvorgänge (167c–168a). In Wirklichkeit haben alle diese Bewusstseinsvorgänge einen eigentümlichen Gegenstand, der wesentlich zu ihnen gehört und ohne den sie nicht denkbar sind. Das gilt auch für die Meinung, die *doxa*: Es gibt keine Meinung der Meinungen und ihrer selbst, die nicht zugleich auf die üblichen Gegenstände von Meinungen bezogen wäre (168a3f). Dann erscheint es merkwürdig, dass es eine Wissenschaft, eine Menge begründeter Meinungen, geben soll, die sich nur auf sich und andere Wissenschaften bezieht, ohne sich auf die üblichen Erkenntnisgegenstände zu beziehen. In Wirklichkeit ist es nicht so selbstverständlich, dass es das nicht geben kann. In der Tat gibt es kein Sehen des Sehens. Aber das Wissen im Sinn der *episteme* ist kein Wahrnehmungsvorgang und ist nicht bezogen auf Wahrnehmungsobjekte, sondern es besteht im Umgang mit Sätzen und hat Sätze zum Gegenstand. Und warum sollte es nicht eine übergeordnete Wissenschaft geben, die eine Art allgemeiner Wissenschaftstheorie ist, also in der Reflexion auf die allgemeinsten Sätze und Methoden aller Wissenschaften gerade den Charakter von Wissenschaft überhaupt zu klären versucht und in diesem Sinn Wissenschaft der Wissenschaft ist?

Sokrates problematisiert nach dem Gegenstandsbezug als zweites die Selbstbeziehung. Eine schlichte Selbstbeziehung wird zunächst als unmöglich hingestellt. Das Hören kann nicht einfach das Hören hören, sondern kann sich nur als eine Stimme habend hören (168d6). Sokrates schließt gleichwohl die Möglichkeit einer Selbstbeziehung nicht endgültig aus, sondern lässt sie mit geheimnisvollen Worten offen: Ein großer Mann könne entscheiden, ob es so etwas geben könne oder nicht. Die Hypothese von der Existenz eines Wissens des Wissens bleibt jedenfalls vorläufig stehen, und es wird die Frage aufgeworfen, wieso jemand, der die Selbstkenntnis besitzt, deswegen leichter weiß, was er weiß und was er nicht weiß (169d5ff). Das Gesunde z. B. weiß man vermöge der Heilkunst, nicht vermöge der Besonnenheit. Wenn diese nur Wissen des Wissens ohne einen solchen Sachbezug ist, wie soll man mit ihrer Hilfe entscheiden, ob man selbst oder sonst jemand z. B. das Gesunde kennt oder nicht kennt? Man kann dann allenfalls erkennen, *dass* man weiß, aber nicht, *was* man weiß (170c9).

Damit hängt zusammen, dass der Nutzen der so verstandenen Selbstkenntnis unklar ist (171d1ff). Den fehlenden Nutzen zeigt Sokrates auf, indem er umgekehrt zeigt, welchen Nutzen wir hätten, wenn der Besonnene wüsste, was er weiß und was er nicht weiß. Er stellt das Modell einer Polis vor, eine kleine Utopie eines wohlverwalteten Hauswesens, das von einer solchen Besonnenheit geleitet würde, die bewirkt, dass alles gut eingerichtet ist: »Denn fehlerfrei würden wir selbst unser Leben durchführen im Besitz der Besonnenheit und auch alle übrigen, so viele von uns regiert würden ... wenn das Fehlen beseitigt ist und das Richtighandeln überall obwaltet: so müssen, die in dieser Verfassung sind, notwendig ein schönes und gutes Leben führen, die aber wohl leben, müssen glückselig sein« (171d6ff).

1. Charmides

Diese Stelle macht hinreichend deutlich, dass Kritias einen gravierenden Fehler gemacht hat, als er den Bezug der Besonnenheit auf das Gute einfach fallenließ. Das Wissen im allgemeinsten Sinn und das Gute im allgemeinsten Sinn sind zwar auf andere Weise aufeinander bezogen als das spezielle Wissen und sein Gegenstand, sie sind aber trotzdem nicht ohne ihren Wechselbezug verständlich zu machen. Das ist dem letzten Teil des Dialogs zu entnehmen, welcher der Besonnenheit als Wissen des Wissens eine scheinbar von ihr getrennte Instanz der Wissenschaft vom Guten gegenüberstellt.

Das Wissen vom Wissen und das Wissen vom Guten

Was in der Utopie in Aussicht gestellt wird, wird von Sokrates sogleich wieder eingeklammert und in Zweifel gezogen. Dabei gibt er seinen folgenden Äußerungen einen mysteriösen Anstrich, führt sie als merkwürdig und schwankend ein. Das könnte ein Indiz dafür sein, dass Sokrates jetzt nicht mehr Meinungen des Kritias zerpflückt, sondern, wenn auch wieder nur indirekt, seine eigenen Ansichten andeutet. Da er nach seiner eigenen Auskunft nichts über das gute Leben weiß und nie positive Aussagen macht, kann das nur verschleiert und indirekt geschehen.

Die eingeklammerten Prämissen der Utopie werden erneut eingesetzt. Aber, so fragt Sokrates zweifelnd, nützt uns die Besonnenheit unter diesen Bedingungen, bewirkt sie etwas Gutes für uns? Der Zweifel wird durch die Erzählung eines Traums erläutert (173 a7). Sie wird eingeleitet mit der Frage, ob der Traum aus der Pforte von Elfenbein oder aus der Pforte von Horn komme. Dieses Bild stammt aus der *Odyssee*.[12] Dort kommen aus der elfenbeinernen Pforte die trügerischen und aus der hörnernen Pforte die wahren Träume, wobei Odysseus den Traum, um den es geht, so kommentiert, dass er nicht Traum, sondern Wahrheit sei. Vermutlich also will Sokrates ähnlich verstanden werden, dass er Wahres sagen wird, das, weil nicht dialogisch gewonnen, auf andere Weise eingekleidet werden muss.

Die Geschichte hat, obwohl sie als Traum eingeführt wird, nichts Traumhaftes, sondern enthält eine bestimmte Argumentation: Nehmen wir an, in der Polis würde in der Tat jeder nur tun, was er kann;

---

[12] Homer, Odyssee 19, 562 ff.

Arzt wäre z. B. nur, wer etwas von Medizin versteht, Seemann nur, wer etwas von Seefahrt versteht usw. Dann wären wir alle gesund, niemand geriete in Seenot, wir hätten Schuhe, Häuser usw., und mit einer solchen Einrichtung der Polis würden die Menschen »wissend« leben und handeln (173d1). Aber, fragt Sokrates, heißt das zugleich, dass es uns gutgehen würde und wir glücklich wären (d4)?[13] Kritias sieht das Problem noch nicht, und so wird der Dialog fortgesetzt. Sokrates nimmt eine Person an, die alles Vergangene und Künftige und Gegenwärtige und überhaupt alles weiß. Das dürfte eine Anspielung auf das sophistische Selbstverständnis sein, das sich für eine Art Allwissen hält, das zwar keine Kenntnisse aller Details beansprucht, aber doch die Fähigkeit, redend mit allem zu beliebigen Zwecken umzugehen. Die Frage ist jetzt, welche Bestandteile des Wissens es sind, die jemanden glücklich machen (174a10). Das Wissen der Brettspielregeln oder das Wissen des Rechnens können, wie Kritias sagt, nicht gemeint sein, eher schon das Wissen, das mit der Gesundheit zu tun hat.

Mit der Erwähnung der Gesundheit sind wir zurück beim Ausgangsmotiv des Dialogs, wo die Gesundheit des Körpers und die der Seele zusammengenommen waren. Das bemerkt nun offenbar auch Kritias und benennt dasjenige Wissen, das uns nützt und glücklich macht, als das Wissen vom Guten und Schlechten (174b10). Auch wenn das einzelne Wissen und Können wie die Heilkunst oder Schuhmacherkunst fehlerfrei ausgeübt wird, trägt das, so bestätigt Sokrates, nicht automatisch zu unserer Glückseligkeit bei; vielmehr sichert erst das Wissen vom Guten, dass alles auf gute und für unser Glück zuträgliche Weise geschieht. Damit erweist sich, dass das Nützlichsein und Gutsein, das der Besonnenheit als einer *arete* der Seele zukommen sollte, nicht dem Wissen des Wissens zukommt, durch das die Besonnenheit nach Kritias definiert ist, sondern einem anderen Wissen, dem Wissen vom Guten, während umgekehrt die Besonnenheit gar keinen Nutzen hätte.

Dieses merkwürdige Ergebnis, welches das Wissen des Wissens und das Wissen des Guten trennt, ließe sich jetzt zurechtrücken: Wir

---

[13] Die Parallele zur *Politeia* ist schwer zu übersehen. Auch dort wird zunächst die Polis so eingerichtet, dass jeder genau das tut, wozu er fähig und geeignet ist, und auch dort folgt der Hinweis, dass damit noch nicht die vollständige Antwort auf die Frage nach dem guten und gerechten Staat gefunden ist.

1. Charmides

sollen offenkundig zu der Einsicht kommen, dass die Definition der Besonnenheit als Wissen des Wissens, wie Kritias sie gibt, unzureichend ist. Will Platon dann, dass wir die andere Möglichkeit, Besonnenheit sei Wissen vom Guten, für zutreffend halten? Vermutlich nicht einfachhin, denn es ist sicher kein Zufall, dass das Wissen des Wissens und das Wissen des Guten verbunden werden. Wie könnte die Verbindung aber dann aussehen? Das Wissen vom schlechthin Guten, dem die Kriterien des guten Gebrauchs für konkrete Situationen zu entnehmen sind, erwies sich bereits im *Euthydemos* als etwas, was wir als Menschen nicht vollständig erreichen können. Dies ist die grundsätzliche Ebene des Nichtwissens, also zu wissen, dass wir das immer und überall Gute nicht wissen können. Vor diesem Hintergrund hat jede einzelne Frage nach der guten Handlung den Aspekt, dass wir herausfinden müssen, was wir wissen und was wir nicht wissen. Die Besonnenheit als gute Verfassung der Seele müsste dann darin bestehen herauszufinden, was wir über das Gute wissen und was nicht. Was folgt dann für den anderen Vorschlag, Besonnenheit sei Wissen des Wissens? Ein direktes Wissen des Wissens, einen direkten praktischen Selbstbezug, kann es gemäß der vorgeschlagenen Interpretation deswegen nicht geben, weil das ethische Wissen nicht als feste Menge bekannter Sätze gegeben ist, sondern sich nur im Prozess der Prüfung immer neuer konkreter praktischer Urteile vollzieht. Gerade weil weder das Gute noch die eigene Seele direkt thematisierbare Wissensgegenstände sind, fallen das Wissen vom Guten und das Wissen des Wissens im ethischen Bereich zusammen, sofern beide Formen des Wissens nur vorläufig, indirekt und schrittweise im *elenchos* vollzogen werden.[14]

---

[14] Die Frage, ob Platon hier den neuzeitlichen Begriff des Selbstbewusstseins in der Weise einer direkten reflexiven Selbstbeziehung vorwegnimmt, beantwortet sich damit von selbst. Das ist weder für Kritias noch für Sokrates der Fall. Für Kritias nicht, weil er mit dem Wissen des Wissens das sophistische Überwissen von allem inhaltlichen Wissen zusammen meint. Für Sokrates nicht, weil der Selbstbezug des menschlichen ethischen Wissens vermittelt ist über die Suche nach dem guten menschlichen Leben. Diese Vermitteltheit der praktischen Selbstbeziehung ist im übrigen sehr viel angemessener als manche idealistischen Konzeptionen eines direkten Selbstbezugs.

d) Die methodische Korrektheit als Ersatz für die inhaltliche Definition

In einem der methodische Zwischenstücke (166c7ff) wird betont, das Gespräch diene einem gemeinsamen Gut aller Menschen, dass nämlich eine jede Sache so, wie sie sich selbst verhält, durchsichtig werde. Dahinter steht die Vorstellung, dass die praktische Rede bzw. die ethischen Überlegungszusammenhänge in sich, gemäß ihrer eigenen Regeln, auf Wahrheit als internes Ziel ausgerichtet sind. Wer sich einfach den Schritten des *logos* überlässt, gelangt, so heißt das, zum richtigen Ergebnis. Doch ist uns als Menschen der *logos* primär als das System von Meinungen gegeben, welches die eigene Seele bildet, und die menschliche Seele ist, wie wir in der Einleitungsszene gesehen haben, nicht nur der Ort, an dem der *logos* zur Deutlichkeit gelangen kann, sondern auch der Tummelplatz der Affekte und Begierden. Zur Abhängigkeit von äußeren Wechselfällen kommt also, dass wir dem Spiel der Affekte im Inneren ausgesetzt sind. Eine Person, die herausfinden will, wie für sie zu leben gut bzw. in einer bestimmten konkreten Situation zu handeln richtig ist, muss daher die Fähigkeit besitzen, die Begierden und Affekte zu beherrschen, also die Besonnenheit. Nur so ist ein sachbezogenes Urteil ohne Verzerrungen und Verdunklungen möglich.

Kritias war so eingeführt worden, dass sein Motiv zur Beteiligung am Gespräch die Ehrsucht ist, also ein *logos*-fremdes Motiv. Wenn wir keine inhaltlichen Kriterien der Richtigkeit haben, wie kann man dann feststellen, ob jemand in einem *elenchos* die Wahrheit sucht oder die Argumentationsschritte so hinbiegt, dass das von ihm subjektiv gewünschte Ergebnis herauskommt? Was Kritias betrifft, fällt die Antwort nicht schwer. Dass er Beliebtheit und Ehre sucht, zeigt sich an seinem ganzen Verhalten im Dialog; Platon hat in der Gestaltung des Dialogverlaufs mit Hinweisen darauf nicht gespart. Kritias versucht, auf Einwände hin ständig seine Intelligenz durch spitzfindige Konstruktionen unter Beweis zu stellen, immer wieder bittet er Sokrates um Lob für seine großartigen Einfälle, andererseits versucht er, Sokrates nachzugeben und ihm gefällig zu sein, wo immer es geht. Nur mit einer Situation kann er gar nicht umgehen, nämlich derjenigen, in der er, der sonst immer Lob einsammelt, nichts zu sagen weiß (169c6ff). Umgekehrt würde sich die Sachbezogenheit der Argumentation daran zeigen, ob jemand sich ernsthaft um die genaue Analyse der konkreten Handlungssitua-

1. Charmides

tion bemüht und hinsichtlich der ethischen Entscheidung offen die unsicheren Punkte zugibt.

Sokrates selbst verhält sich im Gespräch eher nicht auf diese wahrheitsbezogene Weise. Das ist jedoch erklärlich, da Ziel des Dialogs nicht ist, dass Sokrates sich selbst bzw. seine eigenen Meinungen prüft. Was geprüft wird, ist die Meinung des Kritias, und dessen Verhalten zeigt *ex negativo*, wie jemand, der sich am Lob durch andere orientiert und so je nach Erwartung seiner Umgebung seine Meinung ändert, nur in Verwirrungen und unsinnige Vorstellungen gerät. Platon lässt Sokrates, denke ich, im *Charmides* ganz bewusst seine eigenen methodischen Ansprüche verletzen, gerade um zu zeigen, dass man sich so nicht nur das übliche menschliche Nichtwissen des Guten selbst einhandelt, sondern schon die Dinge, die man klären und über die man nachdenken könnte, nicht weiß. Zu dieser Deutung passen Sokrates' eigene Worte (175c8ff): »Und dennoch hat die Untersuchung, wie gutmütig und gar nicht hart wir auch gegen sie gewesen sind, die Wahrheit nicht finden können, sondern ihr dergestalt Hohn gesprochen, dass sie uns, was wir durch ewiges Zugeben und Zudichten als das Wesen der Besonnenheit aufgestellt hatten, dieses zuletzt höchst übermütig als etwas ganz Unnützes gezeigt hat.« Mit diesem Zugeben und Zudichten sind natürlich die *ad hoc*-Argumente gemeint, die Kritias dauernd vorbringt, um recht zu behalten und Lob zu ernten.

Das Gegenmodell, ein ernsthafter *elenchos,* wäre eine Prüfung von Meinungen, die gerade nicht gutmütig, sondern streng sachbezogen vorgeht und der internen Ordnung des *logos* folgt. Diese methodische Strenge, die Ausgrenzung sachfremder Motive, müsste dann für das ethische Überlegen den Wissenscharakter verbürgen, den für die *techne* und *episteme* die Gesetzmäßigkeit ihres Gegenstandsbereichs gewährleistet. An die Stelle des Bezugs auf einen solchen Sachbereich müsste der vage Vorgriff auf das uneingeschränkt gute Leben dienen, das sich nicht inhaltlich ausfüllen lässt, sondern den Stellenwert einer regulativen Idee behält. Dieser unartikulierten Idee am oberen Ende des ethischen Überlegungsmodells entspricht auf der untersten Stufe die Affektivität, die sich ebenfalls nicht selbständig artikuliert, sondern nur in der Art des Umgangs mit den *logoi* zum Ausdruck kommt. Umgekehrt hat das menschliche ethische Überlegen dadurch immer eine affektive Komponente, wodurch es sich in einer Reihe von Punkten vom *episteme*- und *techne*-Wissen unterscheidet. Diese Eigenart des ethischen Wissens möchte ich anhand einiger Stellen aus dem *Protagoras* und *Menon* erläutern.

2. Protagoras

Der *Protagoras* ist ein kunstvoll aufgebauter Dialog, den man grob in sechs Schritte einteilen kann: 1. einleitende Erzählung (bis 316a5), 2. Frage nach der Lehrbarkeit der *arete* (316a5–328d2), 3. die Einheit der *arete* (328d3–334c6), 4. Zwischenspiel (334c7–347a5), 5. Fortsetzung von 2 und 3 (347a6–360e5), 6. Zusammenfassung (ab 360e6).

a) Der Wissenscharakter der arete

Protagoras ist der erste berufsmäßige Sophist, das heißt, ein Gelehrter, der durch die Städte reist und gegen Geld Leuten zu Erfolg in ihren eigenen und politischen Angelegenheiten verhilft.[15] Er genießt, wie Platon im *Menon* sagt, hohes Ansehen (*Menon* 91e).

Hippokrates bittet Sokrates, ihn zu dem Sophisten Protagoras zu begleiten. Das Vorgespräch zwischen Sokrates und Hippokrates dient der Vorbereitung der wichtigsten Probleme und Fragen. Hippokrates wird als tapfer gekennzeichnet (311d3), und die Tapferkeit ist eines der Themen im Hauptteil des Dialogs. Sokrates veranlasst den jungen Mann, sich darüber klarzuwerden, was er von Protagoras erwartet, und provoziert ihn mit der Annahme, er wolle Sophist werden, wie jemand, der zu einem Arzt in die Lehre gehe, Arzt werden wolle. Es wird dann jedoch auf zwei unterschiedliche Motive des Lernens hingewiesen. Einmal kann man ein bestimmtes *techne*-Können erlernen, sodann aber lässt sich ein Können auch als Bestandteil der *paideia*, der Bildung des freien Bürgers, erlernen (312b3). Die Gegenüberstellung von *techne* und *paideia* ist vorläufig in ihrer Funktion bewusst unklar gehalten. Es könnte gemeint sein, dass die Bildung des freien Bürgers in genau derselben Weise ein Ziel mit festen Inhalten ist wie die Ausbildung zum Arzt; es könnte aber ebensogut gemeint sein, dass die beiden Arten der Ausbildung, die Berufsbildung und die Persönlichkeitsbildung, von grundlegend verschiedener Struktur sind.

---

[15] Dazu genauer Manuwald 1999, 96 f.

2. Protagoras

Auf die Frage, was genau ein Sophist tut oder kann, vermag Hippokrates nichts Deutliches zu antworten. Sokrates wirft ihm daher Leichtsinn vor, weil er dem Sophisten seine Seele zur Heilung überlassen und ihm Wissen abkaufen will, ohne genauere Information über das zu Erwartende zu besitzen. Die Formulierungen, die Sokrates für diese Art des Lernens gebraucht, weisen von Anfang an auf eine verdinglichte, dem Warenkauf angeglichene Auffassung des Wissenserwerbs hin: Die gängige Vorstellung ist, dass die Sophisten *mathemata*, Wissensstücke verkaufen, wie man Lebensmittel verkauft (314a2). Platons eigene Vorstellung vom Erwerb ethischen Wissens deutet sich hingegen in der Warnung an Hippokrates an, das gekaufte Wissen könne man nicht wie andere Waren in einem Korb wegtragen, sondern man habe es nachher in der eigenen Seele. Man wird, anders gesagt, durch ethische Belehrungen eine andere Person, die Seele wird umgewendet.

Während der junge Mann sich in Gefahren tapfer bis zum Leichtsinn verhält, wird Protagoras, den Sokrates und Hippokrates schließlich aufsuchen, durch die Haltung der Vorsicht (*eulabeia*) gegenüber Gefahren charakterisiert, die allerdings nach seiner Einschätzung keine Feigheit bedeutet. So betont er die Gefahren des sophistischen Berufs, rühmt sich aber auch, immer offen gehandelt und sich nie versteckt zu haben. Deutlich ist von Anfang an, was der tatsächliche Bezugspunkt der Haltung des Protagoras ist, nämlich die *soteria*, die Rettung oder Erhaltung des eigenen Lebens.

Mit dieser Beschreibung der beteiligten Charaktere als Folie können wir jetzt den Text interpretieren, der die Position des Protagoras herauszustellen vorgibt. Protagoras hat, wie alle bisherigen Dialogpartner, wenig über sein Tun reflektiert, gibt aber nach mehrfachem Drängen und Nachfragen doch eine bestimmte Auskunft: *Was* er lehrt, ist die *euboulia*, die Wohlberatenheit in den eigenen und in politischen Angelegenheiten (318e5ff), anders gesagt, die *politike techne*; und das Ziel der Belehrung ist, dass man ein guter Staatsbürger (*agathos polites*) wird (319a3ff), also die Verfassung der *arete* erwirbt.

Die naheliegende Frage wäre jetzt, was es denn heißt, dass man gut als Bürger oder Mensch ist. Doch Sokrates beginnt nicht mit einer solchen direkten Befragung der These, sondern wirft die Frage nach der Lehrbarkeit der *arete* auf. Wie wir dem *Menon* entnehmen können, ist eine solche Verschiebung der Frage bedenklich. Dieser Dialog beginnt mit Menons Frage nach der Lehrbarkeit der *arete*, auf die Sokrates mit folgender Äußerung reagiert: »Fremdling, du scheinst mich ja für gar glückselig zu halten, dass ich von der *arete* doch wenigstens wissen soll, ob sie lehrbar ist ... ich aber bin so weit davon entfernt zu wissen, ob sie lehrbar ist ... dass ich nicht einmal dieses, was die *arete* überhaupt ist, ordentlich weiß ... Wovon ich aber gar nicht weiß, was es ist, wie soll ich davon irgendeine besondere Beschaffenheit wissen?« (*Menon* 71a3 ff). Im *Protagoras* wird erst ganz am Ende nach dem Scheitern der Untersuchung konstatiert, dass man auf die Frage, was die *arete* ist, zurückgehen müsste, um danach die übrigen Fragen zu klären (361c5).

Die Zweifel, die Sokrates an der Lehrbarkeit der *arete* äußert, haben mit ihrem Unterschied zur *techne* zu tun (319a10ff): Wo immer es bei politischen Entscheidungen um eine Angelegenheit geht, für welche die eine oder andere *techne* zuständig ist, wird man die Experten zu Rate ziehen, also z. B. mit Bezug auf Baumaßnahmen den Baumeister. Mit Bezug auf die Staatsverwaltung jedoch gibt jeder seinen Rat zum besten, so dass die Athener offenbar politisches Raten und Handeln für nicht lehrbar halten. Unbestimmt bleibt vorläufig, in welchem Sinn Sokrates hier von der Nicht-Lehrbarkeit der *arete* redet. Ist gemeint, dass sie *nicht* den Charakter eines Wissens oder Könnens hat, dass sie vielmehr etwas von anderer Art ist und dass dies etwas ist, womit alle Menschen ausgestattet sind? Oder handelt es sich doch um ein besonderes Können, welches aber nicht durch Lernen erworben wird, sondern bei einigen Menschen zufällig vorhanden ist, so dass man nicht wissen kann, wer es hat, weshalb nur die Möglichkeit bleibt, alle mitbestimmen zu lassen?

Protagoras antwortet mit einer längeren Rede, die im ersten Teil (320c8–324d1) aus dem berühmten Mythos besteht, im zweiten Teil (324d2–328d2) eine diskursive Erläuterung enthält: Die Götter erschaffen die Lebewesen und beauftragen Epimetheus und Prometheus, die Gaben zu verteilen. Epimetheus stattet die Tiere mit verschiedenen Fähigkeiten aus, wobei der Zweck jeweils die *soteria*, die Lebenserhaltung, ist. Als sich herausstellt, dass für die Menschen nichts mehr übrig ist, stiehlt Prometheus von den Göttern das technische Wissen (*ten entechnon sophian*) und das Feuer. Auf diese Weise bekommen sie das für die Lebenserhaltung nötige Wissen, also Mittel der Nahrungsbeschaffung, Schutz vor Witterung usw., nicht aber das politische Wissen, *ten politiken sophian*.

Schon in diesem ersten Stadium leben die Menschen nicht vereinzelt, sondern in Familien oder Kleingruppen. Eine gewisse Verge-

2. Protagoras

sellschaftung ist durch das Vorhandensein von Sprache und Religion gegeben. Doch diese erweist sich als unzureichend. Die Menschen, die zum Schutz vor wilden Tieren in Städten zusammenleben, bekriegen sich gegenseitig. Ein bloß technisches Wissen um die Mittel zur Lebenserhaltung ermöglicht noch nicht Kooperation und friedliches Zusammenleben. Daher schickt Zeus den Menschen *aidos* und *dike*, Scham und Recht, oder, wie manchmal ebenfalls formuliert, *sophrosyne* und *dikaiosyne*, Besonnenheit und Gerechtigkeit. Diese Grundlagen der *politike techne* werden an alle Menschen verteilt. Das scheint eher zu heißen, dass sie von Natur aus vorhanden und nicht durch Belehrung entstanden sind. Die Position des Protagoras ist jedoch differenzierter: Er nimmt eine natürliche Anlage zum politischen Wissen bei allen an, die aber erst durch Übung, durch Anwendung von Lob, Tadel und Strafe entwickelt werden muss.

Protagoras beansprucht, gezeigt zu haben, dass (a) alle in politischen Fragen raten können und (b) die politische *arete* gleichwohl lehrbar ist. Das ist nicht ganz überzeugend, weil nur die Anlage bei allen vorhanden ist (und im übrigen auch hier nicht von einer gleichen Zuteilung an alle die Rede war), während die Grade der Fähigkeit, die durch Lehre entstehen, verschieden hoch sein können. Man würde dann erwarten, dass diejenigen, deren Anlage am weitesten ausgebildet ist, Ratgeber in der Politik sein sollten. Dass Protagoras eine solche Auszeichnung im politischen Wissen für nicht erkennbar hält, könnte daran liegen, dass nach seiner Auffassung niemand so dumm ist, offen zuzugeben, er sei weniger gerecht als andere; jeder würde sich vielmehr als gerecht ausgeben. Gewöhnlich würden wir annehmen, dass eine gerechte Person aus moralischen Motiven handelt, also weil sie gerecht sein will. Die Formulierung, Recht und Scham würden unter den Menschen freundschaftliche Bindungen stiften (322c3), legt ebenfalls ein solches Verständnis nahe. Doch Protagoras selbst hat offenbar ein verkürztes Verständnis von Gerechtigkeit oder Moral, wonach man sich nur aus äußerlichen zweckrationalen Gründen, insbesondere zur Vermeidung externer Sanktionen wie Strafe, an Gesetze und Abmachungen hält.[16] Die so verstandene Gerechtigkeit wäre der Lebenserhaltung untergeordnet.

Der argumentative Teil der Rede des Protagoras antwortet auf Sokrates' Einwand, die *arete* könne nicht lehrbar sein, da sonst die

---

[16] Eine solche weitgehend externalistische Auffassung der Moral durch Protagoras vermutet auch Cairns 1993, 359.

vortrefflichen Männer ihre Söhne in ihr unterrichten würden. Die Entgegnung stützt sich wiederum auf den Gesichtspunkt der Nützlichkeit. Genaugenommen sind alle Lehrer der Gerechtigkeit, weil alle Nutzen von der Gerechtigkeit der anderen haben und sie daher gerecht machen wollen (327b1). Jedoch kann Protagoras seinen eigenen Beruf nur verteidigen, indem er Unterschiede in der Qualität der Lehre wie in den Graden der Ausbildung macht. Allerdings fragt man sich dann erneut, warum diejenigen, die im politischen Wissen mehr Bildung erworben haben, nicht mehr bestimmen sollten, ob also Protagoras wirklich erklärt hat, warum alle in der Politik mitreden dürfen.

Die Berufung auf den Nutzen der Gerechtigkeit ist nicht der entscheidende Unterschied zwischen Platons und Protagoras' Auffassung von Moral oder Gerechtigkeit. Wie schon in der Interpretation des größeren *Hippias* betont, wird dieser Gesichtspunkt von beiden Philosophen geteilt. Der Unterschied liegt im Bezugspunkt der Nützlichkeit. Dieser ist für Protagoras durchgängig die *soteria*, die Selbsterhaltung, das Überleben, also ein bestimmtes inhaltliches Ziel, dessen Realisierungsbedingungen wir kennen. Für Sokrates bzw. Platon ist er das gute menschliche Leben, dessen Inhalt offen ist.

b) Die Einheit der arete

Sokrates gibt sich für den Augenblick von der Lehrbarkeit der *arete* überzeugt und wirft eine andere Frage auf. Protagoras hat Gerechtigkeit, Besonnenheit usw. als *aretai* erwähnt, und Sokrates möchte wissen, ob sie wirklich verschiedene *aretai* oder nur verschiedene Namen für die eine *arete* sind (349b9ff). Der Übergang von der Frage der Lehrbarkeit zur Frage der Einheit wirkt unvermittelt. Solche Sprünge kommen im *Protagoras* mehrfach vor, und vielleicht sollen sie die Art der praktischen Argumentation vorführen, die für Protagoras und die Sophisten kennzeichnend ist, den Mangel an Kohärenz und Reflektiertheit. Gleichwohl ist der Übergang für Sokrates selbst sicher nicht willkürlich. Seine eigentliche Frage ist immer, worin die *arete* des Menschen als Menschen besteht. Bisher scheint es, dass die Gutheit in diesem Sinn das Wissen oder die Suche nach dem Wissen ist, und die Vorstellung der Einheitlichkeit der *arete* könnte man durch den Hinweis auf die Gemeinsamkeit des Wissensmoments erklären.

2. Protagoras

Protagoras deutet einerseits eine Einheit der *arete* an, vertritt aber zugleich die Auffassung, man könne die eine *arete* ohne die andere haben, also tapfer sein, ohne gerecht zu sein, oder zwar gerecht sein, aber nicht weise. Das muss merkwürdig erscheinen, wenn wir uns an seine vorhergehende Rede erinnern, wonach der Anteil aller Menschen an der Gerechtigkeit gerade ihre Mitwirkung an politischen Entscheidungen erklärt. Wer gerecht ist, ohne weise zu sein, also ohne praktische Überlegungsfähigkeit zu besitzen, der mag zwar ein guter Staatsbürger im passiven Sinn, ein guter Untertan sein können, aber nicht jemand, der fähig ist, aktiv an politischen Entscheidungen und Handlungen mitzuwirken. Insofern müsste gerade Protagoras, wenn er die letztere Fähigkeit allen zuschreibt, an die Einheit der *arete* zum Regiertwerden und zum Regieren glauben; die Frage nach der Einheit der *arete* ergibt sich damit unmittelbar aus seiner langen Rede. Noch in anderer Weise ist die Vorstellung einer Einheit der *arete* in seiner Position angelegt. Das technische Verständnis der *arete* als Mittel der Lebenserhaltung impliziert die Lehrbarkeit nach dem Muster der *techne*, und die *techne* verdankt, wie wir mehrfach gesehen haben, ihren Wissenscharakter gerade der Einheitlichkeit eines gesetzmäßig geordneten Sachgebiets.

Nach einigen Zwischenschritten ändert Protagoras seine Position so ab, dass die übrigen *aretai* letztlich ein und dasselbe seien, dass sich nur die Tapferkeit von ihnen unterscheide, da es häufig Menschen gibt, die zwar unbesonnen, ungerecht und nicht weise, aber gleichwohl tapfer sind (349d2ff). Sokrates stellt dem entgegen, dass wir für wirklich tapfer im Unterschied zu dreist oder tollkühn nur diejenigen halten, die nicht blind in Gefahren laufen, sondern sich ihnen aufgrund eines Könnens oder Wissens stellen, also die entsprechende *techne* oder *episteme* haben. Ins tiefe Wasser zu springen, wenn man nicht schwimmen kann, ist nicht tapfer, sondern dumm.

Erinnern wir uns, dass Protagoras selbst sich als Person darstellt, die trotz vieler Gefahren zu hohem Alter gekommen ist, also mit Gefahren umzugehen weiß. Wenn Tapferkeit der Bereich der *arete* ist, der den Umgang mit Gefahrensituationen betrifft, dann sollen wir uns wohl fragen, ob Protagoras diese *arete* wirklich besitzt. Die Gefahren sind aber jetzt von anderem Typ, sie entstehen nicht aus der äußeren Natur, sondern in gesellschaftlich-politischen Situationen. Protagoras selbst hatte eingangs betont, er habe sich nie versteckt. Wie er geschildert wird, verdankt er allerdings sein Überleben nicht der Tapferkeit, sondern der Anpassung. Er vertritt nicht eine bestimmte politische Position und hält diese gegen Argumente durch, sondern er bricht Argumente abrupt ab und wechselt seine Meinungen, wo sie ihn in unangenehme Situationen führen. Tapferkeit im Sinn des Durchhaltens der eigenen politischen Auffassung würde hingegen verlangen, dass man seine Meinungen durchdacht und zu einem kohärenten System ausgearbeitet hat und sie mit Gründen gegen Angriffe und Einwände verteidigt.

c) Die Art des arete-Wissens

Sokrates imitiert das mangelnde Ausharren des Protagoras durch einen erneuten Sprung, der ihn diesmal die Frage nach dem guten menschlichen Leben aufwerfen lässt (353b1ff). Als Antwort wird zunächst die alltäglich vorherrschende Vorstellung angeboten, das gute Leben sei das angenehme Leben. Diese Antwort passt nicht zu den übrigen Formulierungen der Frage, in denen sie als die Frage nach der menschlichen *arete* gefasst wird, und es ist in der Literatur strittig, ob Sokrates bzw. Platon das hedonistische Modell in diesem Zusammenhang selbst vertritt.[17] Zu dieser Annahme gibt es, meine ich, wenig Grund, da das Modell als Meinung der Mehrheit der Menschen eingeführt wird und Sokrates an keiner Stelle sagt, dass er es für richtig hält. Seine Funktion im Kontext lässt sich andererseits ohne weiteres erklären: Es dient erstens dazu zu zeigen, dass die Hauptthese des Sokrates, *arete* sei Wissen, selbst im Rahmen der populären hedonistischen Auffassung des Lebens zutrifft. Zweitens soll es indirekt zeigen, dass die These von der *arete* als Wissen so einfach nicht ist, wie sie auf den ersten Blick scheint.

Die Auffassung der Mehrheit der Menschen, wonach das gute Leben das angenehme Leben ist, wird konfrontiert mit der ebenso populären Ansicht, das Wissen (*episteme*) sei praktisch wirkungslos und vermöge das Handeln nicht zu leiten. Als Beleg dafür gilt gewöhnlich das Phänomen der Willensschwäche bzw. Unbeherrschtheit (*akrasia*). Es wird im jetzigen Zusammenhang beschrieben als das Phänomen, dass jemand weiß, was zu tun gut wäre, aber gleichwohl anders handelt, überwunden von der Lust (355a2ff). Nun war angenommen worden, das Gute sei die Lust. Wie kann dann das

---

[17] Siehe dazu insbesondere Crombie 1962, I 232ff; Gosling und Taylor 1982, 45ff.

2. Protagoras

Handeln nach der Lust überhaupt schlecht sein? Die Antwort innerhalb des hedonistischen Modells lautet: Lust kann nicht als solche schlecht sein, aber es kommt vor, dass gegenwärtige Lust in der Zukunft Unlust bewirkt. Das bedeutet, dass der Grund, warum manche Lust schlecht ist, wiederum dem Gesichtspunkt der Lust entnommen ist. Denn im hedonistischen Modell ist das einzige Ziel, auf das hin Handlungen beurteilt werden, Lust und Unlust. Wenn aber das Gute und die Lust identisch sein sollen, dann ergibt sich die paradoxe Aussage, dass der Willensschwache etwas Schlechtes tut, wissend, dass es schlecht ist, bezwungen von der Lust, also vom Guten.

So verblüffend dieser Beweis der Unmöglichkeit von Willensschwäche klingt, er ist nicht richtig, und ich vermute immer, dass solche Fehler beabsichtigt sind. Er ist deswegen nicht richtig, weil der Motivationsunterschied zwischen unmittelbar gegenwärtiger Lust und langfristigem Lustsstreben nicht berücksichtigt wird. Wenn Lust das einzige Lebensziel ist, dann heißt das, dass einziges Entscheidungskriterium die Quantität der Lust ist, dass es also immer darum geht, die größere Lust bzw. bei der Wahl zwischen Unangenehmem das kleinere Unangenehme zu wählen. Doch das tut nur, wer einen wissenden Bezug auf sein gutes Leben im ganzen hat. Diesen Bezug wiederum hat nur, wer ein Wissen besonderer Art besitzt, ein affektiv verankertes Wissen, das nicht durch unmittelbare Lust und Unlust getrübt wird.

Man kann das Problematische des hedonistischen Modells auch an einem anderen Punkt festmachen. Dieses Modell enthält keine Aussage über den Status des Wissens selbst. Wenn das Berechnen der maximalen Lust nicht unbedingt selbst angenehm ist, ist es ein bloßes Mittel zur Lust – wie die *arete* für Protagoras nur ein Mittel zum Überleben ist. Dann aber kann die Aussicht auf unmittelbare Lust um so eher dazu führen, die Überlegung beiseite zu lassen. Was indirekt gezeigt werden soll, dürfte also gerade sein, dass ein echtes Wissen vom insgesamt guten Leben, das handlungsrelevant ist, eine andere als rein berechnende Form haben muss, dass es anders als theoretisches Wissen affektiv-motivational verankert sein muss.

Dass die zweckrationale Auffassung des Wissens im hedonistischen Modell dem Selbstverständnis des Protagoras angeglichen ist, zeigt sich daran, dass die Überlegung zur Berechnung des maximalen Angenehmen als Messkunst, als eine *techne*, und diese als *soteria* des Lebens, als Mittel zur Lebenserhaltung, bezeichnet wird (356c4ff). Diese Messkunst soll, wie Sokrates sagt, bewirken, dass man die Lust mit Bezug auf das Leben im ganzen richtig berechnet und sich nicht durch den Umstand, dass uns die zeitlich nähere Lust größer erscheint als die in fernerer Zukunft zu erwartende, täuschen lässt. Wie wir aus den bisherigen Texten wissen, ist Platon *nicht* der Meinung, dass diese Art des Wissens vom insgesamt guten Leben eine *techne* ist. Das liegt zum einen daran, dass die größte Menge an Angenehmem kein inhaltliches Lebensziel (*telos*) definiert. Vielmehr besteht, wie wir gesehen haben, die praktische Überlegung im Prüfen der vorhandenen Meinungen über das Gute. Dieses Prüfen ist im Unterschied zur theoretischen Überlegung, wie wir sie in der *episteme* und *techne* haben, nicht unabhängig von der affektiven Haltung der Person. Wie im *Protagoras* besonders deutlich wird, setzt es Besonnenheit in dem Sinn voraus, dass die Affekte die Überlegung nicht trüben und sich nicht über sie hinwegsetzen.

Der Hinweis auf das Angenehme zeigt aber auch, dass eine Frage immer noch offen ist, nämlich ob das Vollziehen des *elenchos* selber das menschliche gute Leben ausmacht oder ähnlich wie die Messkunst nur den Status eines Mittels hat. Doch zunächst sollen die Ergebnisse des *Protagoras* durch einige Punkte aus dem *Menon* ergänzt werden.

3. Menon

Dass der *Menon* sich direkt an die Problematik des *Protagoras* anschließen lässt, zeigt die Zusammenfassung. Die eigentlich interessierende Frage ist, wie Sokrates sagt, die Frage, was die *arete* selbst ist. Wäre diese Frage geklärt, ließe sich aus der Antwort auch entnehmen, ob die *arete* lehrbar ist Was die *arete* ist, lässt sich aber, wie wir mehrfach gesehen haben, nur durch Kenntnis des Guten selbst herausfinden, das menschlichem Wissen nicht zugänglich ist. Der *Menon* untersucht, ob und wie sich vielleicht doch aus geprüften Hypothesen ein für menschliche Verhältnisse brauchbares Wissen gewinnen lässt.

Der Dialog beginnt wie der *Protagoras* mit der Frage nach der Lehrbarkeit der *arete*. Das Problem, das im *Protagoras* erst am Ende erwähnt wird, dass man nämlich die Definition der *arete* kennen müsse, ehe man über ihre Lehrbarkeit entscheiden kann, wird hier sofort aufgeworfen und bestimmt den Dialog. Ich beschränke mich darauf, die unmittelbar relevanten Schritte herauszugreifen.

3. Menon

Die vorab zu klärende Frage, was die *arete* ist, wird von Menon zunächst verfehlt, indem er Arten der *arete* wie Gerechtigkeit und Besonnenheit aufzählt. Der Fehler liegt genaugenommen nicht in der Verwechslung von Einzelfall und Allgemeinem. Menon nennt nicht Beispiele einzelner guter Handlungen, sondern Unterarten der *arete*, die ihrerseits Allgemeines sind.[18] Wären Gerechtigkeit, Besonnenheit und was sonst nach der alltäglichen Vorstellung Tugenden sind, selbständige Spezies, dann wären *sie* die geeigneten Gegenstände der Definition. Dass es genau eine menschliche *arete* gibt bzw. die spezifischen Tugenden eine Einheit bilden (74a7ff), ist nicht selbstverständlich, wenn man vom alltäglichen Tugendbegriff ausgeht, sondern folgt aus Platons Modell der *eudaimonia* des Menschen.

Menon macht einen Versuch, die eine *arete* zu definieren, wonach sie im Begehren und Herbeischaffen des *kalon* bestehen soll (77b4f), welches Menon auf Nachfrage mit dem *agathon*, dem Guten, gleichsetzt. Auf die Frage des Sokrates, ob denn nur manche nach dem Guten streben, andere nach dem Schlechten, gibt Menon die befremdliche Antwort, dass einige das Schlechte erstreben. Um zu verstehen, wie Menon zu dieser Antwort kommt, sollten wir uns klarmachen, wie Sokrates zu der Frage kommt, die sie auslöst. Offenbar dadurch, dass er sich an den üblichen Verfahren des Definierens, wie sie für Begriffe aus dem Bereich der *techne* und *episteme* geeignet sind, orientiert. Der Wissenscharakter der *techne* ist ebenso wie derjenige der Einzelwissenschaft in der Abgegrenztheit und Bestimmtheit ihrer Gegenstände begründet. Ein allgemeiner Gegenstand wird üblicherweise definiert durch Charakterisierung und Unterscheidung, indem gesagt wird, was dieser Bereich im Unterschied zu anderen Bereichen ist. Wenn alles Handeln und Streben das Gute oder *kalon* zum Gegenstand hat, dann ist eine Bestimmung der *arete* durch Bezug auf das Gute keine Definition, weil keine Abgrenzung gegen andere Gegenstände mehr vorliegt.

Dass Platon auf der Herausarbeitung der einen menschlichen *arete* insistiert, die keine Artunterschiede zu Gleichrangigem aufweist, sondern nur der *kakia*, der Schlechtigkeit, also ihrem eigenen Fehlen entgegensteht, bestätigt die in früheren Kapiteln geäußerte Vermutung, dass in denjenigen Dialogen, die nach der Bestimmung einzelner *aretai* fragen, die sogenannten Definitionsfragen nicht Platons eigentliche Absicht zum Ausdruck bringen. In der ethischen

---

[18] Siehe dazu wieder Benson 1992.

Überlegung werden nicht Begriffe aus einer bereits vorhandenen begrifflichen Ordnung definiert, sondern es werden in einem diffusen Feld von Meinungen Einteilungen und Systematisierungen überhaupt erst hergestellt.

So besitzt Menon nur konfuse Meinungen über die ethischen Grundbegriffe und ihren Zusammenhang. Was Sokrates und Platon suchen, ist das gute menschliche Leben, die *eudaimonia*. Hingegen spricht Menon von Gerechtigkeit, Tapferkeit, allgemein vom *kalon*, dem Guten im Sinn des moralisch Richtigen und der verschiedenen moralischen Tugenden. Als Sokrates behauptet, alle wollten das Gute, bemerkt Menon nicht, dass Sokrates mit der Vagheit oder Mehrdeutigkeit der Rede vom Guten spielt. Er übersieht, dass teilweise von »gut für jemanden« die Rede ist, dann wieder nur von »gut« ohne Bezug. Denn natürlich hat Menon recht, dass nicht alle das Gute im Sinn des moralisch Richtigen wollen. Was Sokrates behauptet, ist vielmehr, dass niemand das Schlechte im Sinn des eigenen Unglücks will.[19]

In diesem Kontext der Frage nach dem guten Leben ist die *arete* nicht die Menge der moralischen Tugenden, sondern sie ist diejenige menschliche Verfassung, die die *eudaimonia* entweder ausmacht oder bewirkt oder ermöglicht. Dass es um die *arete* in diesem grundsätzlichen Sinn geht, führt Sokrates auch im *Menon* zu der Behauptung, die wir schon aus dem *Euthydemos* kennen, dass nämlich die *arete* Wissen sein müsse, da alles andere, was wir gewöhnlich als Bestandteil der *eudaimonia* wollen, in Wirklichkeit ebensosehr schaden wie nützen kann (88a1ff).

Im *Menon* wird diese These als das Ergebnis eines hypothetischen Vorgehens hingestellt, welches uns in die Lage versetzen soll, die Frage nach der Lehrbarkeit der *arete* doch vor der Bestimmung der *arete* zu beantworten. Die vorgeschlagene Methode besteht darin, dass allgemein akzeptierte Sätze zugrunde gelegt und aus ihnen Schlüsse abgeleitet werden. Die Schrittfolge lautet (86e3ff): Wenn etwas zum Wissen gehört, ist es lehrbar. Also ist die Frage, ob die *arete* eine Art von Wissen ist. Dazu wird die weitere Hypo-

---

[19] Das erklärt im übrigen auch die schon im *Protagoras* aufgetretene Leugnung der Willensschwäche. Das Vorkommen des Phänomens der Willensschwäche, dass also jemand freiwillig und wissentlich schlecht handelt, scheint in der Tat paradox, wenn die Schlechtigkeit im Sinn der Schädlichkeit für das eigene Wohl gemeint ist.

3. Menon

these herangezogen, dass die *arete* gut ist. Die Frage ist dann, ob es noch etwas Gutes außerhalb des Wissens gibt. Da alles außer dem Wissen unserem Glück ebenso nützen wie schaden kann, ist die Antwort negativ. Die *arete* muss, wenn sie nützlich ist, Wissen, *phronesis* sein.

Was hier als eine besondere Methode ausgegeben wird, ist in mehreren Punkten dubios. Zunächst folgt aus »Alles Lehrbare ist Wissen« nicht »Alles Wissen ist lehrbar«; es könnte Wissen geben, das nicht oder jedenfalls nicht im üblichen Sinn der Wissensvermittlung lehrbar ist. Wir können inzwischen vermuten, dass das für das ethische Wissen aus zwei Gründen gilt: Zum einen enthält es affektive Momente, die durch Übung richtig geleitet sein müssen, damit das Lehren überhaupt greifen kann; zum anderen kann es ein Lehren im strengen Sinn der sprachlichen Vermittlung wahrer Aussagen in der Ethik nicht geben, weil wir als Menschen kein strenges Wissen vom Guten selbst erreichen können. Ferner: Dass die *arete* gut ist, ist keine Hypothese, sondern eine begriffliche Tatsache.[20] Hingegen ist es keine triviale Tatsache, dass das Wissen immer nützt, denn die *phronesis*, die ethische Einsicht des Menschen, ist nicht das den Göttern vorbehaltene notwendige Wissen, sondern ein menschliches Wissen. Und die menschlichen ethischen Urteile bleiben, selbst wo sie bestmöglich überlegt sind, irrtumsanfällig und können uns so schaden.

Sokrates nimmt denn auch das Ergebnis sogleich zurück. Zwar bleibt, wie er sagt, die Hypothese unangetastet, dass die *arete* lehrbar ist, *wenn* sie Wissen ist. Jedoch nimmt er die Annahme, sie sei Wissen, zurück, mit der Begründung, es gebe für alle lehrbaren Bereiche Lehrer und Schüler, für die *arete* hingegen gerade nicht (89d6ff). Dieser Einwand ist mit Vorsicht zu betrachten. Die Erwähnung der Sophisten soll beim Leser sicherlich Sokrates als Gegenbild evozieren, als den einzigen und wahren Lehrer der *arete* – soweit die *arete* lehrbar ist. Das ist sie insofern nicht, als sie qua menschliches ethisches Wissen keine *episteme* im Sinn der Wissenschaften ist, welche in notwendig wahren Sätzen bestehen, die sich verbal vermitteln lassen. In einem anderen Sinn könnte sie durchaus Wissen sein. Denn das Wort *episteme* lässt sich im ethischen Bereich zur Abgrenzung überlegten Urteilens von bloßem Meinen gebrauchen. Außerdem hat es auch den anderen Sinn, in dem man es als Substantivierung

---

[20] Das ist strittig. Wie hier Klein 1965, 212; anders Stemmer 1992, 257.

der verbalen Bedeutung von *epistasthai* als »sich verstehen auf« verstehen kann.[21]

Zwar lautet die offizielle Feststellung am Ende des Gesprächs, die *arete* sei nicht lehrbar, und da sie auch nicht von Natur aus vorhanden sei, könne sie nur auf göttlicher Schickung beruhen. Doch bleibt das im Potentialis formuliert und an die vorhergehenden Überlegungsschritte gebunden, wird also nicht als Sokrates' oder Platons eigene Auffassung hingestellt. Wäre die *arete* ein Geschenk der Götter, wäre die ganze Lebenstätigkeit des Sokrates, die in der unermüdlichen Suche nach der *arete* besteht, *ad absurdum* geführt. Viel plausibler ist es daher anzunehmen, die These von der *arete* als Gottesgabe sei nicht wörtlich gemeint.

Die *arete* kann dann nur in der Zwischenform zwischen bloßem Meinen und göttlichem Wissen liegen, die Sokrates erwähnt (98a3ff), aber wieder beiseite stellt: Als Menschen haben wir Meinungen (*doxai*) über das praktisch Richtige. Diese Meinungen sind instabil und flüchtig, solange sie nicht durch Überlegungen, die sie begründen, gebunden werden. Solche gebundenen oder begründeten Meinungen sind das, was im ethischen Bereich Wissen ausmacht. Wie dieses Binden oder Begründen vor sich geht, wird nicht explizit gesagt, aber wir können annehmen, dass der letzte Bezugspunkt der ethischen Überlegung das wahrhaft Gute, die vollkommene *eudaimonia*, sein muss. Wie wir immer wieder gesehen haben, ist dieses inhaltlich für Menschen prinzipiell nicht bestimmbar, so dass wir auch hier zu dem Ergebnis kämen, dass das Ziel nur das Überlegen, das Vollziehen des *elenchos* selbst sein kann. Das Anbinden bestünde dann im Herstellen von Begründungsschritten, die zu keinem letzten Grund führen, aber von der Annahme gestützt sind, dass wir uns an einen solchen letzten Grund, an das wahrhaft Gute, annähern.

Wie schon erwähnt, hätte man ein Motiv, sich auf diesen unabschließbaren Begründungsprozess einzulassen, nur dann, wenn er nicht nur ein Mittel zum guten Leben, sondern das Glück selbst darstellt. Ob Platon die stärkere zweite These vertritt, ist aus den bisher behandelten Texten nicht eindeutig zu entscheiden. Die Annahme liegt aber nahe, dass die Kontinuität des *elenchos* nur dann das gute Leben selbst ausmachen kann, wenn sie mit der Überzeugung ver-

---

21 Diese verbale Form des Wissens, die gut zum impliziten Charakter des ethischen Wissens, welches sich im richtigen Vorgehen zeigt, passt, betont Wieland 1982.

3. Menon

bunden ist, man sei damit auf dem Weg zum wirklich Guten. Da wir pragmatisch im Alltag auch mit bloßen Meinungen auskommen und angesichts der Unbekanntheit des wirklich Guten kein starkes Motiv der Suche haben, wird sich auf die Suche nur begeben, wer erstens in seiner alltäglichen Sicherheit irritiert worden ist und wer zweitens die Hoffnung auf die Existenz des Guten hat.

Der *Menon* verknüpft beide Momente. Er enthält den berühmten Vergleich von Sokrates mit einem Zitterrochen, der jeden, mit dem er sich unterredet, in Verwirrung geraten und in Nichtwissen erstarren lässt (79e7ff). Indem Menon zweifelt, wie man etwas Unbekanntes suchen und finden könne, wird zugleich das Motivationsproblem betont. Die Antwort auf diese Lücke ist die Lehre von der Anamnesis, der Wiedererinnerung, die in anderen Dialogen durch die Eros-Thematik, die auch im Menon mitspielt (z. B. 80c3 ff), ergänzt wird.

VI. Das Motivationsproblem
(*Lysis*)

Für die Frage, wieso die Suche nach dem guten Leben sinnvoll ist und wie wir andere zu ihr bewegen können, obwohl sich das wahrhaft Gute mit den Mitteln menschlichen Wissens nicht vollständig bestimmen lässt, sind mehrere Lehrstücke in den Dialogen relevant. Zu nennen wären insbesondere die Lehre von der Wiedererinnerung (Anamnesis), von der Hebammenkunst (Maieutik) und vom pädagogischen Eros. Diesen Strang werde ich nicht vollständig behandeln, da er sich teilweise auf bildhafte Vorstellungen und Plausibilitäten stützt, die stärker kultur- und zeitabhängig sind als die methodischen und inhaltlichen Aspekte. Ich beschränke mich auf eine Interpretation des *Lysis*, der das Eros-Motiv ausarbeitet. Dabei werde ich, wenn nötig, Stellen aus den thematisch zugehörigen Dialogen *Symposion* und *Phaidros* hinzuziehen.[1]

Der *Lysis* ist einer der umstrittensten platonischen Dialoge. Er gilt manchen Autoren als missglückt,[2] anderen als konfus und rätselhaft.[3] Für einen misslungenen Dialog besitzt er einen überraschend kunstvollen Aufbau. Er ist bis in Details hinein mit Bedacht gestaltet.[4] Auf die zahlreichen Dreierschemata, die ein Grundmuster bilden, ist hingewiesen worden.[5] Eingerahmt von der Einleitungsszene und einer sehr kurzen Schlussszene enthält der Dialog zwei Gespräche: ein vorbereitendes Gespräch über Freundschaft, das Sokrates mit Lysis führt (207d–210e), und das Hauptgespräch zwi-

---

[1] Ich gehe von der Chronologie *Lysis – Symposion – Phaidros* aus (vgl. Robin ³1964).
[2] Guthrie IV 1975, 143.
[3] Z. B. Crombie 1962, 20.
[4] Für eine hilfreiche systematische Aufarbeitung des Dialogs (die sich gleichzeitig der Probleme einer solchen Systematisierung bewusst ist), siehe Bordt 1998, 41–106.
[5] Siehe Hoerber 1959, 17f.

schen Sokrates, Lysis und Menexenos, das nach einem kurzen Zwischenspiel in 212d beginnt und zwei Teile hat: einen eher oberflächlichen Teil, der die Freundschaftsthematik fortsetzt (212d–216b), und einen tiefergehenden Teil, der zum *philon* als Gegenstand des menschlichen Strebens übergeht (ab 216c1).

1. Einleitende Überlegungen

Sokrates trifft in einer Palaistra auf eine Gruppe von Knaben und (jüngeren) Männern; er selbst bezeichnet sich (ein Beispiel für die Dreiergruppierungen) als alten Mann (223b5). Hippothales und Ktesippos, die Sokrates hereinbitten, gehören zur Gruppe der jüngeren Männer. Ktesippos ist ein Vertreter der Eristik. Hippothales ist, wie Sokrates erfährt, in den Jungen Lysis verliebt. Lysis wird als schön, vortrefflich, hörbegierig und zugleich als scheu und zurückhaltend charakterisiert. Er hat die Werbung des Hippothales bisher nicht angenommen. Eine wechselseitige Freundschaft besteht zwischen den beiden Jungen Lysis und Menexenos; letzterer ist Schüler (und wohl auch Geliebter) des Ktesippos. Der Ausgangspunkt des Dialogs sind also konkrete Freundschaftsbeziehungen zwischen Personen. Man kann daher erwarten, dass es u. a. um die Beschaffenheit solcher Beziehungen gehen wird.[6]

Es sind zwei Formen von Freundschaft, die eingeführt werden: Erstens die *wechsel*seitige Freundschaft zwischen (Alters-)Gleichen (anhand von Lysis und Menexenos); diese ist eine symmetrische Beziehung, und die Bedeutung des Befreundetseins ist auf beiden Seiten dieselbe. Zweitens die Liebe bzw. Freundschaft zwischen (älterem) Liebhaber und (jüngerem) Geliebtem (anhand von Hippothales und Lysis bzw. Ktesippos und Menexenos); sie hat zwei Richtungen, einmal die aktive Liebe des Älteren zum Jüngeren, sodann die (potentielle) Erwiderung durch den Jüngeren (bei Lysis nicht vorhanden), die aus dem bloß passiven Geliebtwerden ebenfalls eine aktive Beziehung und so die Freundschaft *gegen*seitig machen würde. Gleichwohl bliebe diese zweite Form auch dann

---

[6] Daher ist eine Interpretation, wie sie Begemann 1960 in Anknüpfung an Becker 1882 vertritt, wonach es im *Lysis* im Grunde nur um die Logik von Relationsausdrücken geht, nicht sehr plausibel.

1. Einleitende Überlegungen

asymmetrisch, denn Liebe und Gegenliebe[7] haben hier, wie wir noch genauer sehen werden, unterschiedlichen Gehalt.

Es fällt auf, dass in der Eingangsszene und dem ersten Gespräch mehr von Liebe (*eros*) als von Freundschaft *(philia)* die Rede ist. Ich werde die Unterschiede zwischen beidem im folgenden vernachlässigen, da sie in unserem Text keine große Rolle spielen. Wichtig für das Verständnis des Dialogs ist die Mehrdeutigkeit des Wortes *philia*, die wir durchaus nachahmen können. Das Wort kann entweder vom Substantiv *philos* (Freund) abgeleitet sein und die Freundschaft zwischen Personen bedeuten. Es kann zweitens vom Adjektiv *philos* bzw. *philon* abgeleitet sein und dann entweder aktive oder passive Bedeutung haben: Die aktive Bedeutung besteht darin, dass eine Person einer Sache freund ist, etwas mag, wünscht, für gut hält, eine Vorliebe dafür hat; die passive Bedeutung wäre umgekehrt, dass eine Sache einer Person lieb oder erwünscht ist.[8] Der Ausdruck *philon* steht in seiner Bedeutung am ehesten dem *kalon* nahe, ist aber vielleicht etwas subjektiver. Das *kalon* ist das Schöne im Sinn des Richtigen, des mit Gründen Vorgezogenen, das *philon* das, was man mag (wenngleich im Fürguthalten der Bezug zum Objektiven von vornherein angelegt ist). Auch wenn man das, wofür man eine Vorliebe hat, gewöhnlich haben will, scheint diese Komponente des Wollens oder Strebens in der Bedeutung des *philon* eher schwach ausgeprägt. Doch das wird sich im Verlauf der Interpretation noch genauer zeigen. Wichtig ist, dass im Griechischen *philia* im Sinn von Freundschaft und *philia* im Sinn des Mögens zwei deutlich verschiedene Bedeutungen des Worts sind. Man würde den Witz des Dialogs verfehlen, wenn man den Zusammenhang zwischen dem letztlich Erwünschten und der Freundschaft einfach auf die Gemeinsamkeit des Worts zurückführen würde. Dass das letztlich Gewünschte als *philon* bezeichnet wird, ist nicht Platons übliche Terminologie. Wenn dieser Ausdruck im *Lysis* verwendet wird, kann das daher nur an der Absicht liegen, einen bestimmten sachlichen Zusammenhang zwischen den beiden verschiedenen Formen von *philia* aufzuweisen.

Hippothales ist, so erfahren wir, auf eine wahnsinnige Weise in Lysis verliebt und preist diesen ständig mit abgenutzten Reden. Seine Liebe scheint also zunächst die Form eines bloß sinnlichen Begehrens nach dem schönen Knaben zu haben (Sokrates fragt gleich

---

[7] Den Ausdruck *ant-eros* verwendet Platon selbst im *Phaidros* 255e1.
[8] Zur Übersetzungsfrage siehe auch Price 1989, 2ff und Vlastos ²1981, 4.

zu Anfang, wer der Schöne ist; 204b1f). Die Liebe des Hippothales beruht jedoch zugleich auf bestimmten Überzeugungen: Sokrates unterstellt, dass Hippothales sich die Eroberung des Geliebten als *kosmos*, als Zuwachs an Wert anrechnen werde (205e1). Dass er ihn beständig preist, heißt, dass er ihn für lobenswert hält. Dass er dabei nur bekannte Tatsachen verwendet und nichts Eigenes zu sagen hat, zeigt allerdings, dass er über das Gute, das Lysis für ihn bedeutet, nicht selbständig nachgedacht hat, und folglich auch nicht darüber, was für ihn selbst Gutsein bedeutet. Dass in den Lobpreisungen der Reichtum und das Ansehen der Familie hervorgehoben werden, spricht dafür, dass Hippothales das für ihn Gute letztlich in der Ehre sieht und die Eroberung des Jungen als für seine eigene Ehre nützlich betrachtet.[9]

Das Nutzenmotiv wird aufgenommen, indem Sokrates auf die schädlichen Folgen verweist, die Hippothales sich selbst durch seine übertriebene Werbung zufügen könnte: Durch zuviel Lob mache er den Geliebten nur eingebildet, wodurch er noch schwerer zu erobern sei. Statt dessen müsse man ihn demütigen, indem man ihn auf seine Unbrauchbarkeit hinweist. Sokrates ist bereit, eine solche Unterredung beispielhaft vorzuführen.

2. Das Vorgespräch

An die Stelle des Verhältnisses Liebhaber/Geliebter tritt im Gespräch das Verhältnis Eltern/Kinder, das ebenfalls zur asymmetrischen Form von Freundschaft gehört. Man könnte vermuten, dass die Elternliebe als die richtige Art derjenigen Liebe dargestellt werden soll, die Hippothales auf unvernünftige Weise zeigt. Die Schluss-Szene gibt jedoch Grund daran zu zweifeln, ob die Eltern für Lysis immer das Richtige tun.[10] Der echte Liebende, von dem in 222a6f die Rede ist, ist sicherlich Sokrates selbst. Doch über seine Art Liebe wird nichts gesagt; sie *zeigt sich* im Verlauf des Dialogs.[11]

---

[9] Die Freundschaft wäre dann, wenn wir die Einteilung des Aristoteles heranziehen, eine auf Nutzen basierende Freundschaft (EN 1156a6ff).
[10] Dazu Bolotin 1979, 66.
[11] Dass wir im *Lysis* primär auf das Verhalten des Sokrates achten sollen, dass hier gerade das zum Thema wird, was Sokrates in den Frühdialogen allgemein tut, betonen auch Fraisse 1974, 127, und Seech 1979.

2. Das Vorgespräch

Die Elternliebe äußert sich darin, dass die Eltern das Glück der Kinder wollen und fördern. Hier fällt beiläufig eine wichtige Bestimmung von Freundschaft: Freundschaft zeigt sich darin, dass man das Glück des anderen will.[12] Was das Glück ist, wird nicht gefragt. Vielmehr wird die unter Jugendlichen übliche Vorstellung eingesetzt, dass glücklich ist, wer alles tun kann, was er will. Dann scheint es um das Glück des Lysis schlecht bestellt, da er vieles nicht tun darf. Die Erklärung dafür ist schnell gefunden: Er darf nur das tun, worauf er sich versteht, was er kann und weiß (209c). Wenn die Eltern das Glück des Kindes wollen, scheint das verständlich; ließen sie ihm jede Freiheit in Dingen, von denen es nichts versteht, würde es sich häufig selbst schaden.

Diese naheliegende Erklärung wird im Text übersprungen. Statt dessen finden wir eine eher merkwürdige Erläuterung: Der Vater, die Griechen, die Menschen allgemein würden Lysis die Regelung ihrer Angelegenheiten überlassen; die Angelegenheiten aller würden die seinen werden, sobald er brauchbar und nützlich ist, sobald er das nötige Wissen hat. Auf den Sinn dieses Wunsches nach einer Allherrschaft, der Lysis unterstellt wird, komme ich zurück. Leichter zu verstehen ist, welche Funktion die Verschiebung vom Schaden für das Kind selbst zum Nutzen bzw. Schaden der anderen hat. Sie dient dazu, die Frage nach der Grundlage von Freundschaft aufzuwerfen: Wenn wir andere aufgrund ihrer Nützlichkeit für unser eigenes gutes Leben zu Freunden wählen, dann wird rätselhaft, worauf die *philia* der Eltern zu den Kindern oder der Liebhaber zu den Knaben beruhen könnte.

Wie beabsichtigt bewirkt Sokrates bei Lysis das Eingeständnis, dass er nicht nützlich und so eigentlich für niemanden als Freund erstrebenswert ist. Obwohl Sokrates angekündigt hatte, ihn zu demütigen, ist der Verlauf freundschaftlich und scherzhaft. Das liegt wohl daran, dass Lysis nicht überheblich, sondern bereit ist, seine Unwissenheit zuzugeben. Das folgende Gespräch mit Menexenos, der sich etwas auf seine eristischen Fähigkeiten einbildet, wird sehr viel schärfer und härter geführt. Dass Lysis einsieht, dass er noch

---

[12] Das ist von der aristotelischen Bestimmung, wonach man Freunden um ihrer selbst willen das Gute wünscht (EN 1155b31), nicht zu weit entfernt. Price (1989, 10f) hat daher recht, wenn er die von Vlastos behauptete Diskrepanz zwischen einer egoistischen platonischen und einer nichtegoistischen aristotelischen Sicht von Freundschaft bestreitet.

wenig weiß bzw. kann, ist aber genaugenommen für die Zwecke des Hippothales noch nicht genug. Wenn er Lysis nach wie vor (auch wenn der Grund jetzt unklar wird) für sich gewinnen will, müsste er, statt die Qualitäten des Jungen zu preisen, vielmehr umgekehrt sich selbst als nützlich hinstellen. Für Lysis, der mit der Frage konfrontiert ist, ob er dem Werben des Älteren stattgeben will, wäre eben dies das Kriterium, den richtigen vom falschen Liebhaber zu unterscheiden.

3. Die Freundschaft zwischen Personen

Das vorbereitende Gespräch und das Hauptgespräch sind durch ein kurzes Zwischenspiel verbunden (210e–211d). Erst hier wird das Thema des Dialogs explizit eingeführt. Sokrates ist *philhetairos* (211e8): Er liebt Freunde, und zwar in dem Sinn, wie andere Pferdeliebhaber sind oder das Geld lieben. Die Arten des Strebens, die hier angeführt werden, sind anders als punktuelle sinnliche Begierden so beschaffen, dass sie das ganze Leben bestimmen. Es gibt, wie Sokrates sagt, *eine* Sache, die jeder in seinem Leben am meisten will. An gewöhnliche Begierden angeglichen ist die Rede von einem Besitz (*ktema*; 211d7), die natürlich bei Freunden unpassend ist und wohl an Hippothales anknüpft, der solche Vorstellungen von Eroberung und Besitz hat.

Sokrates will am meisten im Leben Freunde haben. Doch er weiß nicht einmal, wie der eine des anderen Freund wird (212a5f) oder »was der Freund ist« (223b7). Lysis und Menexenos *sind* offenbar Freunde, so dass von ihnen zu erfahren sein müsste, was Freundschaft ist. Sie sind allerdings gleichzeitig Konkurrenten; so ärgert sich Lysis über die eristischen Künste des Menexenos und bittet Sokrates, sie zu dämpfen. Mit der Unterredung mit Menexenos (211c10–213d5), die dem Vorgespräch mit Lysis korrespondiert, beginnt der Hauptteil des Dialogs, der eigentliche *elenchos*. Nachdem er in einer ersten Aporie steckenbleibt, geht das Gespräch auf Lysis über (213d6). Kurz bevor es in 216c1 seine höchste Ebene erreicht, sind ab 216a3 beide Jungen ins Gespräch einbezogen, was deutlich durch die Verwendung des Dualis markiert wird.

3. Die Freundschaft zwischen Personen

a) Versuch der Bestimmung von Freundschaft durch die Art der Beziehung

Gefragt wird, ob die Freundschaftsbeziehung aktiv, passiv oder wechselseitig ist. Nach einer bewusst konfusen Argumentation werden alle drei Möglichkeiten verworfen. Die Verwirrung entsteht durch Spielen mit der Mehrdeutigkeit des Wortes *philia* bzw. *philos/philon*, ein Spiel, mit dem die Eristik nachgeahmt wird, um Menexenos zu demonstrieren, dass man so zu keinen klaren Aussagen kommt. In Wirklichkeit würde Platon sicher sagen, dass eine echte persönliche Freundschaft entweder wechselseitig oder gegenseitig ist bzw. sein müsste. Dagegen scheint zu sprechen, dass man nicht nur mit Personen, sondern auch mit anderem befreundet sein kann. Jemand kann ein Weinliebhaber oder Weisheitsfreund sein; der Wein oder die Weisheit aber können keine Freundschaft erwidern (212d). Das ist jedoch ein Einwand nicht gegen die Zweiseitigkeit persönlicher Freundschaft, sondern gegen das eristische Operieren mit Mehrdeutigkeiten. Der Einwand besagt also, dass man die beiden Wortbedeutungen, das Befreundetsein zwischen Personen und das Mögen von Dingen, zunächst deutlich unterscheiden müsste und erst danach den möglichen sachlichen Zusammenhang zwischen den beiden Phänomenen untersuchen kann.

b) Versuch der Bestimmung durch Eigenschaften der Bezugsgegenstände

Nach der Sichtung von Wortbedeutungen werden Auffassungen von Dichtern und Naturphilosophen überprüft. Diese haben die Meinung, dass Gleiches sich anzieht und daher befreundet ist, ebenso vertreten wie die umgekehrte Auffassung, dass Ungleiches bzw. Entgegengesetztes sich anzieht. Beide Möglichkeiten werden erneut durch eine bewusst unklare Argumentation widerlegt; Wichtiges kommt beiläufig vor. Gleiche können nicht befreundet sein, denn dann müssten auch die Schlechten befreundet sein. Der Schlechte aber tut anderen Unrecht, weshalb man ihn nicht zum Freund haben will. Er ist nicht einmal sich selbst freund, weil er sich selbst nicht gleich ist (214c7ff). Die Freundschaft mit sich selbst ist das, worum es Sokrates letztlich geht. Gemeint ist damit die Harmonie der Seele, die Besonnenheit als vernünftiger Umgang mit der Affektivität. Sie zu erreichen, ist, wie wir im *Charmides* gesehen haben, gerade das Ziel des *elenchos*, der nicht irgendwelche Meinungen prüft, sondern Meinungen, sofern sie das Überzeugungssystem einer Person bilden, das von Verdrehungen durch Affekte befreit und geordnet werden soll. Nur eine Person, die auf diese Weise in der eigenen Seele geordnet ist, ist *mit sich selbst* im Einklang oder befreundet. Nur sie scheint auch als Freund *für andere* geeignet, weil nur sie nicht nach diesen oder jenen Affekten handelt, sondern beständig und verlässlich ist.

Das wird nicht ausgeführt. Resümiert wird vielmehr zunächst, dass die Gleichen nur insofern Freunde sein können, als sie gut sind; doch wird das sogleich wieder verworfen: Die Ähnlichen bzw. Gleichen nützen sich gegenseitig nicht, und die Guten schon gar nicht, denn sie genügen sich selbst. Ohne ein Brauchen, ein Bedürfnis nach wechselseitiger Hilfe, scheint es aber keinen Raum für Freundschaft zu geben (214e). Das ist sicher so gemeint, und es erscheint richtig. Die verbleibende Möglichkeit, dass Freundschaft zwischen Entgegengesetzten besteht, wird ebenfalls verworfen, weil sie implizieren würde, dass Gerechte und Ungerechte, Gute und Schlechte befreundet wären.

Allerdings bleiben alle diese expliziten Argumente an der Oberfläche. Es wurde weder überlegt, ob nicht Personen in manchen Hinsichten ähnlich, in anderen unähnlich sein könnten;[13] es wurde auch nicht gefragt, was mit der Gutheit von Personen gemeint ist und ob sie wirklich Selbstgenügsamkeit bedeutet. Das Einsetzen tiefergehender Überlegungen wird dadurch angezeigt, dass Sokrates plötzlich intuitiv eine bestimmte Erklärung als richtig erahnt (216d3). Diese wird in Abschnitt 216d3ff entfaltet.

4. Das Befreundetsein mit dem Guten

Die Frage nach der persönlichen Freundschaft gerät eine Weile aus dem Blick. Thema ist nicht mehr der *philos*, sondern das *philon*. Vorab wird angedeutet, dass die Frage nach dem Ziel des Mögens bzw. Strebens zu dem Ergebnis führen könnte, das *philon* sei das Schöne (*kalon*) bzw. Gute (*agathon*), was glatt und schlüpfrig klinge (216c6). Dieses Bedenken ist aufschlussreich. Es bestätigt die bereits

---

[13] Vgl. Levin 1972, 246.

4. Das Befreundetsein mit dem Guten

anhand des *Hippias Maior* entwickelte These, dass die Gleichsetzung der gesuchten Lebensorientierung mit dem Guten, Schönen, Nützlichen, in der die Frühdialoge hinter der offiziellen Aporie jeweils enden, eine bloße Leerformel ist. Sobald wir für das Gute etwas Bestimmtes einsetzen, stellt sich heraus, dass es nicht vollkommen und in jeder Hinsicht gut ist. Suchen wir bescheidener statt nach dem vollkommen Guten nach dem menschenmöglichen guten Leben, so lässt auch dieses sich nicht zugleich allgemein und inhaltlich bestimmen. Was für die eine Person eine gute Weise des Lebens ist, kann, wie wir gesehen haben, für eine andere schlecht sein (*Hippias Maior* 291d9ff). Wie kann es dann aber ein Wissen vom guten Leben geben, wenn Wissen wesentlich allgemein ist?

An der gleichen Stelle, an der Sokrates auf die Schlüpfrigkeit der Gleichsetzung des *philon* mit dem *kalon* bzw. *agathon* hinweist, besteht er auf genauen Einteilungen, Begriffszergliederungen, auf einem methodisch geordneten Vorgehen. In den Anfangsteilen des Textes wurden anhand von Wortbedeutungen und bekannten Meinungen die Phänomene des relevanten Felds gesammelt. Worauf es ankäme, wäre also, den konkreten Phänomenbereich, mit dem eine jeweilige praktische Überlegung zu tun hat, geregelt zu durchdringen. Eben dies ist es, was der *elenchos* leistet, und ein so geregeltes Nachdenken scheint das zu sein, was konkreten praktischen Überlegungen den ihnen allein erreichbaren Wissenscharakter verleiht. (Die weitere Unterredung hält sich daran natürlich nicht vollständig, denn die beiden Jungen sollen ja in Verwirrung geraten, um ihr Nichtwissen einzusehen.)

Im letzten Schritt ergaben sich Schwierigkeiten mit der wohl üblichen These, dass echte Freundschaft die zwischen Guten ist. Zur Auflösung wird jetzt eine genauere Einteilung verlangt. Wir müssen nicht nur zwei, sondern drei Genera unterscheiden: das Gute, das Schlechte und das weder Gute noch Schlechte, welches gut oder schlecht sein kann. Damit eröffnen sich zwei neue Formen von Freundschaft: Was weder gut noch schlecht ist, könnte demjenigen freund sein, was ebenfalls weder gut noch schlecht ist; oder das weder Gute noch Schlechte könnte dem Guten freund sein. Dass man dem Schlechten nicht freund sein kann, war bereits gezeigt. Auch die Möglichkeit, dass zwei Dinge oder Personen, die weder gut noch schlecht sind, miteinander befreundet sein könnten, wird schon im Vorfeld ausgeschieden, weil Ähnliche keinen Nutzen voneinander haben können.

Die verbleibende Möglichkeit, dass das, was weder gut noch schlecht ist, das Gute lieben könnte, wird in zwei Varianten durchgespielt, zuerst in einer nachträglich (212d5f) als unnötig umständlich und überladen bezeichneten Version, sodann in einer einfacheren und klareren Form (ab 218c3).

a) Die Liebe zum Guten als Mittel gegen Übel

Für den Leib, der als solcher weder gesund noch krank ist, ist, wenn er akzidentell krank ist, die Heilkunst ein *philon*, sofern sie das Übel der Krankheit zu beseitigen verspricht. Sie wird gewollt als das, was nützlich als Mittel gegen Übel ist. Man fragt sich, ob die eigentliche Bedeutung, das affektive Mögen, hier vorliegt, was wohl eher nicht der Fall ist.[14] Nach demselben Modell wird die Liebe zur Weisheit konstruiert: *philosophoi* sind diejenigen, welche weder weise noch ganz unverständig sind, sofern sie ihr Nichtwissen einsehen, und welche die Weisheit lieben als Mittel zur Befreiung von Unwissenheit. Nun ist die menschliche Zwischenstellung zwischen Wissen und Nichtwissen erstens kein Akzidens, und zweitens entspricht die Weisheit nicht der Heilkunst, sondern der Gesundheit. Trotz dieser Unstimmigkeiten behauptet Sokrates gerade jetzt, die Bestimmung des *philon* sei gefunden: Es ist das Gute, das vom weder Guten noch Schlechten aufgrund der akzidentellen Anwesenheit eines Übels geliebt wird.

Das angebliche Resultat wird sogleich wieder in Frage gestellt, und die Strukturmomente, die bisher unklar ausgefüllt waren, werden jetzt als solche herausgehoben: Man liebt oder erstrebt etwas immer (a) umwillen von etwas (*heneka tinos*) und (b) aufgrund von etwas (*dia ti*). Nach dem Bisherigen: Man liebt die Heilkunst um der Gesundheit willen wegen einer Krankheit. Die Komponente des Umwillen, des Ziels wird zuerst aufgenommen (219c4–220b5), danach (220b6ff) die des Grundes. Schließlich wird (221e3ff) der Bogen zur *philia* im persönlichen Sinn zurückgeschlagen.

Die Heilkunst wird nicht als solche geliebt, sondern nur als Mittel zur Gesundheit. Würde dasselbe auch für die Gesundheit gelten, und so immer weiter, dann gerieten wir in einen infiniten Regress

---

[14] Platon selbst sagt, dass man »gezwungen« sei, das Mittel zu lieben (217b3), und dass man von Mögen hier nur dem Wort nach rede (220b1).

4. Das Befreundetsein mit dem Guten

und könnten nie sagen, was wir wirklich wollen. Es müsste daher ein letztes Ziel geben, das uns nicht mehr als Mittel, sondern um seiner selbst willen lieb ist und um dessentwillen uns alles andere lieb ist. Dies wäre das *proton philon,* das wahrhaft Erstrebte. Worin dieses besteht, lässt sich unschwer erraten: Man kann bei jedem Ziel weiter nach dem Warum fragen. Erst bei der *eudaimonia* verliert diese Frage ihren Sinn (*Symp.* 205a). Die wahre *eudaimonia* aber wäre ein Leben, das immer und in jeder Hinsicht gut ist. Ein solches Gutes ist, wie wir mehrfach gesehen haben, in der Welt der Erfahrung weder im Wissen aufzufinden noch zu realisieren. Was wir erreicht haben, ist also nur die schon in Aussicht gestellte leere Gleichsetzung des *philon* mit dem Guten (guten Leben). Als mittlere Wesen, die zwischen Wissen und Unwissen, zwischen Gut und Schlecht stehen, wissen wir nicht, was das Gute ist. Das Streben nach dem Guten müsste daher ein und dasselbe sein wie das Streben nach dem Wissen vom Guten.

Auch das Gute wird nicht um seiner selbst willen geliebt, wenn wir es nach dem bisherigen Modell nur als Mittel zur Beseitigung von Übeln erstreben. Sokrates schlägt nun vor, dass wir uns die Übel einmal wegdenken. Dann bleiben, sofern wir Menschen, das heißt, natürliche Lebewesen sind, immer noch Begierden übrig, und zwar diejenigen, die als solche weder gut noch schlecht sind, aber je nach Situation beides sein können, wie Hunger und Durst. Sofern etwas eine Begierde erfüllt, ist es uns aber lieb, erwünscht. Folglich wäre das *dia ti,* der Grund des *philein,* nicht die Anwesenheit von Übeln, sondern einfach die *epithymia,* das Begehren (221d3); anders gesagt: nicht das Nichthabenwollen von Übeln, sondern das Habenwollen von etwas. Warum die Begierde auf diese Weise der *Grund* des Mögens ist, ist nicht sehr klar. Wenn wir lieben, was wir begehren, fallen dann *philia* und *epithymia* nicht einfach zusammen?

In der Tat werden kurz darauf *epithymia, philia* und außerdem *eros* in einer Reihe aufgeführt, als ob sie alle letztlich dasselbe wären (221e4). Aber wenn sie nicht identisch sind: Ist das Erstrebte automatisch das Gute, oder ist nicht eher umgekehrt das *philein* der Grund der *epithymia,* so dass wir etwas darum begehren, weil wir es für gut halten?[15] Diese Art von Grund ist mit dem *dia ti* sicher nicht gemeint. Denn auch Platon selbst ist der Meinung, dass die Begierde nicht in dem Sinn Gründe liefert, dass ihr zu entnehmen

---

[15] Vgl. von Arnim 1914, 56.

ist, welche *bestimmten* Dinge wir mögen oder vorziehen. Eine natürliche Begierde wie Durst hat als ihren Gegenstand das Getränk einfachhin, und nicht dieses oder jenes bestimmte Getränk (*Politeia* 437d8 ff). Wenn die Begierde das *dia ti* der *philia* ist, kann damit also höchstens gemeint sein, dass sie die Ursache oder Erklärung dafür ist, warum wir überhaupt Dinge mögen und vorziehen. Man könnte auch sagen, dass die Begierde die Ursache im Sinn der Motivation oder Bewegursache ist, die in der Rede vom *philein* ähnlich wie in unserem Ausdruck »mögen« nur schwach mitgemeint ist. Das *dia ti* hat also jedenfalls nichts mit einem Grund in dem Sinn zu tun, in dem wir ihn schon im Zusammenhang der Freundschaft suchten und nun gern auch für das *philon* hätten: einem Entscheidungsgrund oder Kriterium, an dem sich erkennen lässt, was wir als Gegenstand der Erfüllung jeweiliger Begierden vorziehen sollten.

b) Die Liebe zum Zugehörigen

Die Vorstellung, dass wir wesentlich begehrende Wesen sind, wird durch einen weiteren Begriff präzisiert, den der Bedürftigkeit (221 d7). Gegenstand der Begierden ist das, wonach wir ein Bedürfnis haben, was uns fehlt. Dieses wird als das Zugehörige (*oikeion*) bezeichnet (221 e3); nicht in dem Sinn, dass wir unser Streben erfüllen könnten, wenn wir ein fehlendes Stück unserer Natur ergänzen, sondern so, dass das uns als Menschen wesentlich Zugehörige das erstrebte Gute ist (vgl. *Symp.* 205 e6). Was trägt aber dann der neue Begriff des Bedürfnisses und der Zugehörigkeit überhaupt bei? Der Begriff des Bedürfnisses ist objektiver als der der Begierde. Der Ausdruck *philon* bezeichnet Strebensinhalte mehr unter dem Aspekt des subjektiven Mögens oder Fürguthaltens, auch wenn darin die Frage nach dem wirklich Guten, nach dem, was man lieben sollte, schon angelegt ist und von Anfang an gestellt wurde. Der Übergang zum *oikeion* könnte die Funktion haben, diesen bewertenden Aspekt, wonach es zugehörige, geeignete, richtige ebenso wie unpassende und falsche Gegenstände des Strebens gibt, schärfer herauszuheben. Mehr jedenfalls scheint durch den Übergang vom *philon* zum *kalon* bzw. *agathon* und von diesem zum *oikeion* nicht gewonnen. Denn zur Frage, *was* jeweils für eine Person das *oikeion* ist, wie man es findet und woran man es erkennt, wird explizit nichts gesagt.

4. Das Befreundetsein mit dem Guten

Vielmehr wird an diesem Punkt unter Benutzung der Mehrdeutigkeit des Ausdrucks *oikeion* die Frage der persönlichen Freundschaft wiederaufgenommen. Wie *philos/n* eine befreundete Person ebenso wie eine geliebte Sache bezeichnen kann, kann mit *oikeios/n* eine verwandte Person (entweder im wörtlichen oder im übertragenen Sinn) ebenso wie eine zugehörige Sache (dies ebenfalls entweder im wörtlichen Sinn des Besitzes oder im übertragenen Sinn der Geeignetheit) gemeint sein. Auch Freunde sind ein *oikeion*. Wir haben eine Begierde oder ein Bedürfnis nach Freunden auf dieselbe Weise wie nach anderen Dingen.

Dass es einer von mehreren Bestandteilen des guten Lebens, ein Mittel oder Beitrag zum eigenen Glück ist, Freunde zu haben, wird niemand bestreiten. Diese Aussage fällt jedoch hinter die ganze Erklärungsbemühung zurück. Man würde erwarten, dass die persönliche Freundschaftsbeziehung jetzt aus dem wesentlichen menschlichen Bezug auf das Gute als *oikeion* verstanden wird. Statt dessen werden beide Beziehungen einfach parallel gesetzt und der Begriff des *oikeion* heruntergespielt: Wenn zwei Personen Freunde sind, dann müsste das, wenn man das Zugehörige liebt, darauf beruhen, dass sie ihrer Natur nach verwandt oder einander zugehörig sind (221e5). Dasselbe soll gelten, wenn eine Person die andere liebt: Sie liebt sie als zugehörige, als der Seele oder dem Charakter nach verwandte. Da Verwandtschaft immer beide Seiten involviert, folgt, dass immer auch der Geliebte die Liebe entgegnen muss.

Die beiden Jungen stimmen Sokrates nur noch unwillig zu, während Hippothales vor Freude die Farbe wechselt. Er hat offenkundig nicht bemerkt, dass Sokrates vom wahren Liebhaber redet, womit er gewiss nicht Hippothales, sondern sich selbst meint. Und das ist vielleicht in der Tat nicht leicht zu bemerken, sofern darüber, woran man den wahren Freund erkennt, nach wie vor nicht viel Konkretes gesagt ist. Im übrigen wird auch das vorläufige scheinbare Ergebnis wieder zurückgenommen, da mit den Zugehörigen die Ähnlichen gemeint sein könnten, die sich nicht nützlich sind (228b8).

Trotz dieser Aporie, in der der Dialog vordergründig endet, liegen nach dem Durchgang durch die Überlegungen zum *proton philon* einige Zusammenhänge auf der Hand: Die Freundschaftsrelation lässt sich nicht erklären, wenn man sie einfach als eine Beziehung zwischen zwei Personen betrachtet. Wir haben gesehen, dass jede Person primär und wesentlich in einer Beziehung zum Guten steht. Dann ließe sich Freundschaft so verstehen, dass zwei Personen gemeinsam auf ein Drittes, das Gute bezogen sind (das wäre zugleich die sachliche Erklärung der Mischung von Zweier- und Dreiergruppen im Aufbau). Wenn wir als Menschen mittlere Wesen sind, die dieses Gute nie vollständig haben, dann sind wir, sofern wir gleich oder ähnlich sind, ähnlich in diesem Mangel, so dass die Gleichheit durchaus Raum für ein wechselseitiges Brauchen lässt. Ferner: Weder gut noch schlecht in dem Sinn, dass sie beides werden können, sind insbesondere junge Menschen. Sie sollten sich zusammen bemühen, gut zu werden, indem sie sich gemeinsam an etwas Gutem orientieren. Diese Struktur, dass zwei Personen zusammen sich auf das Gute als Drittes richten, könnte man im Dialog dadurch dargestellt sehen, dass Lysis und Menexenos im Schlussteil durch den Dualis zu einer Einheit zusammengefasst werden und gleichzeitig auf Sokrates als eine dritte Person, welche die menschenmögliche Gutheit bereits erreicht hat und daher das Gute gewissermaßen personalisiert, bezogen sind.

Der weitestgehende Punkt ist der Verweis auf die Struktur des menschlichen Strebens. Freundsein, lieben war von Anfang an das Thema, und es war gleich zu Anfang klar, dass damit das Streben in einem grundsätzlichen Sinn gemeint ist: das Streben nach etwas, was einem im Leben wichtig ist und wodurch man erst selbst vollständig gut wird. Es war ebenfalls schon zu Anfang klar, dass das Wollen oder Streben zur *eudaimonia* gehört. Wer nicht tun kann, was er will, ist nicht glücklich, so dass das Ziel des Strebens im ganzen, also dasjenige, was in jedem einzelnen Wollen mit angestrebt wird, die *eudaimonia* ist. Sie wäre daher das *proton philon,* nicht als höchstes Ziel an der Spitze einer Hierarchie von Zielen, sondern als etwas, was sich in den einzelnen Strebungen und ihrer Erfüllung realisiert.

Diese Einführung der menschlichen Ausrichtung auf die *eudaimonia* unterscheidet sich in einem wesentlichen Aspekt von der bisherigen Darstellung. Im *Euthydemos* war der entscheidende Punkt, dass alle Güter der alltäglichen Glücksvorstellung uns ebenso nützen wie schaden können, weil das menschliche Leben hinsichtlich der äußeren Umstände dem Wechsel von *eutychia* und *atychia*, von glücklichen und unglücklichen Zufällen ausgesetzt ist. Auf diese Weise ausgesetzt ist das Leben, sofern es passiv erlebt wird. Es lag dann nahe, in Analogie mit der *techne* zu sagen: Je mehr man wissend lebt bzw. handelt, desto mehr hat man die Dinge selbst in der Hand und ist dadurch von wechselnden Zufällen unabhängig. Was man am ehesten in der Hand hat, schien dann die Beschaffenheit

4. Das Befreundetsein mit dem Guten

der eigenen Person, also die eigene *arete*, zu sein. Im *Charmides* haben wir gesehen, dass Menschen auch im Innern wechselnden Affekten und Begierden ausgesetzt sind, die sie von der Ausbildung der *arete* und der Wahrnehmung des richtigen ethischen Urteils abhalten können. Aus dieser passiven Perspektive ist das Glück so zu konzipieren, dass Bedingungen, die uns an seiner Realisierung hindern, ausgeschaltet werden.

Im *Lysis* dagegen haben wir es mit einer Einführung des Glücksbezugs von der aktiven Seite des Lebens, vom Wollen, Streben, Begehren her zu tun. Entscheidend ist hier, dass für Platon das Begehren die Form der grundsätzlichen Bedürftigkeit hat, dass dem Menschen etwas fehlt, und zwar – wie die Hypothese von der Abschaffung des Schlechten zeigt – grundsätzlich und wesentlich etwas fehlt. Von dieser Seite betrachtet müsste das Glück in einer Art von Ganzheitlichkeit bestehen, und die Frage wäre, wie sich eine entsprechende allgemeine Konzeption vorschlagen lässt. Dazu muss man sich klarmachen, was die Unganzheit genauer besagt, was es also ist, das fehlt. Das Ziel des Strebens ist die *eudaimonia*. Diese wird verstanden als das Erreichen alles dessen, was man will. Im Eingangsgespräch mit Lysis wurde deutlich, dass dieses Wollen sich nicht auf das eigene Leben beschränkt, sondern letztlich auf alles hinausgreift. Wenn Lysis alles verstünde, würden ihm alle, nicht nur die Athener, sondern die Menschen überhaupt, ihre Angelegenheiten überlassen, und erst dann würde er von *allem* profitieren. Aber was hat es mit dem eigenen Glück zu tun, dass man die Angelegenheiten *aller* Menschen regeln will? Deutlicher lässt sich das sehen, wenn wir zusätzlich die folgende Stelle aus *Alkibiades I* heranziehen:

»Und nun, auf welche Hoffnung lebst du? Das will ich dir sagen. Du glaubst, sobald du nur bei den Volksversammlungen der Athener zugegen sein werdest, ... werdest du den Athenern dort zeigen, dass du solcher Ehre wert seiest wie weder Perikles noch irgendein anderer von allen, die nur je gewesen, und wenn du ihnen dies gezeigt, werdest du dann am meisten vermögen in der Stadt; wärest du aber hier der größte, dann wärest du es auch bei den andern, nicht nur Hellenen, sondern auch den Barbaren, die mit uns in demselben Weltteil wohnen. Und wenn nun derselbige Gott dir sagte, hier in Europa solltest du zwar herrschen, aber nach Asien solle dir nicht erlaubt sein überzugehen und an die dortigen Angelegenheiten deine Hand zu legen: so dünkt mich, werdest du auch auf diese Bedingungen allein nicht leben wollen, wenn du nicht mit deinem Namen und deiner Macht, kurz zu sagen, alle Menschen erfüllen darfst« (105a6ff).

Eine erste Erklärung für diese uns vielleicht merkwürdig anmutende Glücksvorstellung könnte in der politischen Dimension des guten Lebens liegen. Es geht Platon und den Griechen nicht um das individuelle Glück; dieses ist vielmehr anders als in der Polis gar nicht denkbar. Dann ergibt sich aber, dass eine der Bedingungen dafür, das eigene Leben als gutes zu erfahren, die Überzeugung ist, das politische Ganze, innerhalb dessen man existiert, sei gut verfasst. Allgemeiner und unabhängig von der politischen Konzeption der *eudaimonia* bei den Griechen: Menschen können nicht nur an persönlichem Unglück leiden, sondern ebenso an der Schlechtigkeit der Welt. Die Sinnhaftigkeit des individuellen Lebens hängt auch von der Beschaffenheit seines Kontextes ab. Das individuelle Leben wäre folglich erst dann wirklich gut, wenn auch das Ganze, in dem es steht, gut wäre. Was uns fehlt, das *oikeion*, wäre das Gutsein des Ganzen. Dies ließe sich nur dadurch sicherstellen, dass man selbst das Ganze einrichtet und leitet.

Doch eine vollständige Ganzheit wäre auch mit der guten Verfassung des sozialen oder politischen Ganzen noch nicht erreicht. Es fehlt dann immer noch die Ganzheit in der zeitlichen Dimension. Das menschliche Leben ist unganz in dem prinzipiellen Sinn der Endlichkeit. Als Textbasis muss man hier die Passage 205d–206a im *Symposion* hinzunehmen, die in vieler Hinsicht das im *Lysis* indirekt Angedeutete auflöst. Wie dort deutlich wird, zielt das Glücksstreben darauf, dass das Gute *in jeder Hinsicht und immer* im Leben anwesend ist. Da das Individuum sterblich ist, ist alles, was es als Ziel anstrebt und erreichen kann, nur für eine bestimmte Zeit wirksam, und dasselbe gilt für alles, was die Gemeinschaft zu einer bestimmten Zeit tut.

Die Vorstellung im *Symposion* ist, dass das dauernde Vorhandensein des Guten selbst auf der menschlichen Ebene indirekt oder näherungsweise dadurch erreicht wird, dass, wer gut als Mensch ist, diese Gutheit weitergibt, indem er andere gut macht, dieser wieder andere usw. Das Problem mit dieser Nachahmung der Ewigkeit im Endlichen liegt darin, dass man nur auf die nächste Generation einwirken kann und die weitere Entwicklung nicht in der Hand hat. Hinter der Idee der Weltherrschaft könnte die Intention stehen, das zu vermeiden, indem man durch Aufstellung von Gesetzen

4. Das Befreundetsein mit dem Guten

und Erziehungsprogrammen die ganze Menschheit ein für allemal so einrichtet, dass das Ganze gut ist und bleibt. Die Utopie, die Platon in der *Politeia* entwirft, könnte ein Versuch hierzu sein. Dass diese Ganzheit hergestellt ist, würde im Vorliegen des *kalon* sichtbar, welches dann keinen primär moralischen Sinn hätte, sondern eher im ästhetisch-ontologischen Sinn einer Ordnung oder Harmonie gemeint ist.

Gegen die Zielsetzung, das Ganze zu ordnen, lautet der Standardeinwand des Sokrates, dass wir nur das regeln können, was im Bereich unseres praktischen Wissens und Könnens liegt, was *oikeion* im engeren Sinn der Zugehörigkeit zum eigenen Verfügungsbereich ist. Das gilt für das Ganze der Welt sicher nicht. Schon der Wunsch, den kleineren Kontext, das soziale Ganze der Polis, auf Dauer vollkommen gut einzurichten, übersteigt nicht nur unser faktisches Wissen; er übersieht außerdem, dass in der konkreten Wirklichkeit nichts bedingungslos gut ist, sondern alles immer gute und schlechte Seiten und Folgen hat.

Wenn die Polis wie zu Platons Zeiten in der Auflösung begriffen ist, sind die Möglichkeiten der Einwirkung auf das soziale Ganze besonders gering. Will man gleichwohl an der Veränderung des Ganzen zum Guten festhalten, bleibt jetzt als Objekt der Einwirkung nur die basale Ebene der Individuen übrig, welche die Polis konstituieren: Das Gutsein und Gutbleiben einer Polis könnte man nur so sicherstellen, dass alle ihre Bestandteile gut sind. Dabei ist auch auf dieser Ebene die Reichweite des Handelns begrenzt. Worüber man handelnd verfügen kann, ist die eigene Person bzw. Seele, und vielleicht noch einige wenige andere Personen. Diese Wendung ist nach dem gerade Gesagten nicht so zu verstehen, dass jetzt die aufs Ganze gerichtete Dimension der *eudaimonia* gestrichen und nur noch das private Glück gesucht würde. Vielmehr wird die Bemühung um das Gutsein der eigenen Person (und vielleicht noch einiger weniger anderer Personen) als die einzig verfügbare Möglichkeit der Realisierung des Guten in der Welt gesehen.

Das Verfügen über die eigene Person ist der primäre Sinn, in dem Platon das Wort *oikeion* verwendet. Eine Person ist dann gut verfasst, wenn sie das Ihre, das *oikeion* tut; das tut sie dann, wenn die Teile ihrer Seele das Ihre tun, nämlich die Überlegung die Affekte und das Streben leitet. Eine solche Person stimmt mit sich selbst überein, ist mit sich selbst befreundet (*Politeia* 443c9ff). Die Gutheit der Person scheint so doch nicht nur als Voraussetzung des Gutseins der Polis gefasst zu sein. Vielmehr gewinnt sie offenbar eine Selbständigkeit, indem die Gutheit oder das Einssein der Person zum Ersatz für das nicht bewirkbare Gutsein des Ganzen wird und die Freundschaft mit sich selbst, die im *Lysis* nur beiläufig erwähnt wird, zum zentralen Fall von Freundschaft.

Doch nehmen wir das Bedürfnismodell ernst, dann ist das erwähnte Bild der Freundschaft mit sich selbst aus dem IV. Buch der *Politeia* vereinfacht. Dass wir eine funktionierende Einheit aus Vernunft, Affekt und Streben herstellen, also eine psychologische Ordnung der Seelenkräfte, sagt wenig darüber, wie man konkret leben sollte. Wir finden uns faktisch nicht mit diesen drei klar getrennten Seelenteilen vor, sondern mit einer komplexen Menge einzelner Meinungen, Wünsche, Gefühle, Absichten usw., wobei Gefühlen und Absichten Meinungen zugrunde liegen, während umgekehrt, wie die Interpretation des *Charmides* gezeigt hat, Meinungen affektgefärbt und motivationsbesetzt sein können. Als so beschaffene Wesen sind wir uns nicht vollständig in der Weise der Selbstdurchsichtigkeit gegeben; das Verfügen über die eigene Person kann nicht darin bestehen, dass wir direkt die Bestandteile des eigenen Inneren erkennen und ordnen. Denn diese Ordnung könnte die Person nur herstellen, wenn sie eine konkrete Konzeption des Ziels (*telos*), des für sie guten Lebens, schon hätte. Als mittlere Wesen, die das Gute nie vollständig wissen, fehlt uns gerade eine inhaltlich ausgefüllte Bestimmung des *telos*. Die Selbsterkenntnis und die Selbstbeherrschung können sich daher nur in der indirekten Weise des *elenchos* vollziehen.

Wenn wir als Menschen durch die mittlere Stellung, durch das Wissen des Nicht-Wissens, charakterisiert sind, bleibt allerdings der *elenchos* wesentlich unabgeschlossen; entsprechend ist die Selbstübereinstimmung, die durch ihn erreicht wird, vorläufig und revidierbar. Das hat Konsequenzen für die Frage, ob das Leben der kontinuierlichen Selbstprüfung, der dauernden Suche nach Wissen, selbst das gute Leben ausmachen könnte. Was immer gut und nie schlecht ist, ist das göttliche Wissen, ein endgültig richtiges Wissen, das wir als Menschen nicht haben. Man könnte jetzt vermuten, dass gute Personen, da sie nicht alles wissen, also nicht selbstgenügsam sind, Freunde brauchen, um sich wechselseitig im nie fertigen Streben nach dem eigenen Besserwerden zu unterstützen. Die Übereinstimmung mit der eigenen Person ist jedoch unabhängig von der Übereinstimmung mit anderen Menschen (*Gorgias* 482c). Der *elenchos* gewinnt seine vorläufige Richtigkeit nicht durch einen Konsens, sondern durch den Wahrheitsbezug des *logos*, dessen interner Ordnung er zu folgen versucht. Die Beteiligung einer zweiten Person mag förderlich sein; sie ist aber für die Annäherung an die Wahrheit nicht konstitutiv oder wesentlich.[16] Wenn also der Kern des *Lysis* sein sollte, dass Freundschaft und *eudaimonia* notwendig zusammenhängen, müssen wir in einem anderen Kontext suchen.

c) Pädagogischer Eros

Das Streben nach dem vollkommen Guten lässt sich letztlich nur dadurch realisieren, dass wir uns bemühen, gut als Person zu werden. Das Verfahren dieser Bemühung ist der *elenchos*. Die Inhalte, an denen er sich vollzieht, sind die konkreten äußeren und inneren Daten, die die Lebenssituation einer Person ausmachen. Was die Suche nach dem konkreten guten Leben betrifft, gibt es daher nicht *das* gute menschliche Leben, welches für alle dasselbe ist, sondern verschiedene Weisen des guten Lebens, die jeweils gut für eine Person der und der Art unter äußeren Umständen der und der Art sind (vgl. *Phaidros* 217d ff). Die Suche nach einer solchen bestimmten Form des guten Lebens ist nicht nur prinzipiell unabgeschlossen. Sie bricht zudem kontingent ab, wenn ein individuelles Leben endet, das in sie involviert war. Da das Gesuchte nicht eine rein individualistische Weise des Lebens ist, sondern eine für alle Personen mit ähnlichen Voraussetzungen geeignete Lebensform, kann das Unternehmen der Älteren jedoch immer durch andere, Jüngere fortgesetzt werden, die ähnliche Anlagen und Vorstellungen haben. Zwischen diesen liegen freundschaftliche Gefühle von vornherein nahe; sie brauchen infolge des Altersunterschieds nicht durch Konkurrenz gestört zu werden (auch wenn das faktisch vorkommt, liegt es jedenfalls nicht wie bei Altersgleichen quasi zwangsläufig in der Natur der Dinge). Die letztliche Grundlage der affektiven Zuneigung wäre die Erwartung, dass die Jüngeren das, was einem selbst das Wichtigste ist, eine bestimmte Weise der menschlichen Gutheit, weiterentwickeln.

Dem *Symposion* könnte man entnehmen, dass die Liebe zu Jüngeren eine Art von Ersatz für die individuelle Unsterblichkeit ist, und dem *Phaidros*, dass man durch die Gestaltung der Seele des

---

[16] Für eine konstitutive Funktion des Kommunikativen argumentieren u. a. Kobusch 1996, 61; Frede, M. 1992, 218f.

Jüngeren in den Besitz eines vollkommenen Gebildes gelangt (252d). Beide Texte legen zumindest nahe, dass man den Jüngeren wegen seiner Schönheit begehrt und besitzen will. Doch Bilder sollte man nicht wörtlich verstehen. Dass man mit der Schönheit der Jüngeren eine Annäherung an das vollkommen Gute erwirbt, ist eher eine Verkehrung der Verhältnisse. Die Jüngeren mögen *kaloi* in der sinnlich-ästhetischen Bedeutung des Worts sein. Aber für sie trifft in besonderem Maß zu, dass sie weder gut noch schlecht, sondern potentiell beides sind. Denn ihre Seele ist noch nicht gestaltet, während die Älteren immerhin die für Menschen erreichbare »schöne« Gestalt der Seele ausgebildet haben können. Der Schluss des *Symposion* legt nahe, dass dies eine bewusste Verkehrung ist.[17]

Der pädagogische Eros zielt in Wirklichkeit nicht darauf, den Inhalt des eigenen Personseins über die Zeit zu retten oder eine schöne bzw. gute Person zu besitzen (wie Hippothales meint, wenn er durch die Eroberung des Lysis selbst an *kosmos* gewinnen will). Deutlicher ist das Bild im *Theaitetos*, welches Sokrates die Hebammenkunst zuschreibt, das heißt die Fähigkeit, Jüngere darin zu unterstützen, dass sie selbst richtiges Wissen hervorbringen. Im *Theaitetos* wird, wie bereits im *Protagoras*, die Vorstellung kritisiert, das Wissen habe die Form eines Besitzens von Wissensstücken, die man wie Dinge weitergeben kann. Wenn Sokrates im *Lysis* Freunde als *ktema* bezeichnet, ist das ähnlich kritisch gemeint. Weder sind Freunde ein Besitz, den man beliebig gestalten kann, noch ist das Wissen, das sie fortsetzen sollen, von der Art, dass es sich einfach aushändigen ließe. Vielmehr geht es darum, den Jüngeren eine bestimmte Lebenshaltung, die andauernde Selbstprüfung, nahezubringen, die sich an konkreten Inhalten betätigt, in denen die Ähnlichkeiten liegen. Dann bedeutet die Freundschaft jedoch aus der Perspektive des Jüngeren keinen handgreiflichen Nutzen. Der Ältere besorgt nicht sein Glück, sondern hält ihn nur dazu an, selbst nach dem für ihn guten Leben zu suchen. Wenn wir von Anfang an ein Begehren bzw. Bedürfnis nach dem Guten bzw. nach dem Wissen vom Guten haben, wird jetzt die Funktion der Freundschaft gerade aus dieser Richtung unklar, in der sie bisher am leichtesten begründbar schien.

---

[17] Sofern sie gleichwohl eine Basis hat, könnte diese darin liegen, dass die physische Schönheit, die Wohlgebildetheit lebender Organismen, das einzige Modell einer konkreten Ganzheit ist, das wir haben.

4. Das Befreundetsein mit dem Guten

Im *Lysis* geht es um das Gute, sofern es das *philon* bzw. das *kalon* ist. Das *kalon* ist das Gute unter dem Aspekt seiner Attraktivität oder Motivationskraft. Das praktische Überlegen hat für Platon in der Tat selbst die Form eines Begehrens, weil er alle menschlichen Lebensäußerungen nach dem Bedürfnismodell versteht. Aber wie er ständig betont, ist dieses Begehren motivational schwach (*Nomoi* 644dff) und häufig verschüttet (*Politeia* 491bff). Das ist nicht verwunderlich. Junge Menschen wollen das Gutsein des Ganzen, wovon sich nirgends ein Wissen findet. Sie orientieren sich daher am bekannten Modell gewöhnlicher Begierden, die durch bestimmte Gegenstände befriedigt werden. Entsprechend stellen sie sich die Suche nach dem Ganzen so vor, dass man möglichst alle einzelnen Begierden erfüllt, indem man über alles herrscht und so aus allem Nutzen zieht. Solche Macht verspricht zudem Ehre und Bewunderung. Das Gegenmodell, wonach wir nur überlegend nach dem guten Leben suchen und es nur so weit realisieren können, wie jeweils unser Wissen reicht, ist weniger attraktiv. Wir wissen nicht, ob das Gute, das wir zu wissen begehren, überhaupt existiert; wir wissen daher auch nicht, ob wir ihm in der beständigen Selbstprüfung wirklich näherkommen. Das einzige, dessen wir uns sicher sein können, ist, dass wir uns so weit wie möglich um Klarheit und Konsistenz des Überlegens bemüht haben (*Phaidros* 265d).[18]

Ein Ziel, dessen Existenz und Inhalt wir nicht kennen, und ein Leben auf dieses Ziel hin, das keine äußere Macht und Ehre, sondern nur die Ordnung der eigenen Seele verspricht, kann keine große motivierende Kraft haben. Es gibt jedoch eine indirekte Möglichkeit, die ›Existenz‹ einer regulativen Idee zu erkennen, nämlich an ihren Wirkungen, insofern sie greifbar ist und Gestalt annimmt in Personen, die sie auf überzeugende Weise verkörpern und vorleben. Eine solche Person erweckt Bewunderung und außerdem Gefühle der Verwandtschaft und Zuneigung, wenn sie ihre Seelenharmonie in der Auseinandersetzung mit ähnlichen inneren und äußeren Pro-

---

[18] Für die Interpretation des *Phaidros* dürfte das bedeuten, dass die Definition des Eros als einer Form von Wahnsinn wieder eingeklammert wird. Die ›These‹ des *Phaidros* wäre dann vielmehr, dass der wahre Liebhaber weder der Nicht-Verliebte noch der wahnsinnig Verliebte ist, sondern der, der die richtige Mitte zwischen beiden einhält – so wie Sokrates im *Lysis*, im *Charmides* und auch sonst gleichzeitig liebend und vernünftig ist. Das spricht gegen Nussbaum 1986, die bei Platon eine Spannung zwischen persönlicher Liebe und Vernunftstreben herauszuarbeiten versucht.

blemen gewonnen hat, mit denen man selbst konfrontiert ist. Diese Anziehung scheint geeignet, die schwache Motivation zum Guten zu verstärken. Denn die Liebe ist ähnlich auf das Ganze bezogen wie die Vernunft. Eine mit sich übereinstimmende Person repräsentiert das Gutsein des Ganzen. Während das *proton philon* nicht antwortet, ist eine solche Person eine konkrete und bestimmte Ganzheit, die man wahrnehmen und lieben kann, die Zuneigung erwidert und mit Lob und Tadel reagiert. Die Liebe zu einer Person ist ein starker Affekt, weil sie die Person als ganze ergreift und dadurch alle einzelnen Begierden unter sich fasst und einheitlich ausrichtet (vgl. *Symposion* 196c). Wenn diese Liebe sich auf einen Älteren als auf eine Person bezieht, die auf bewundernswerte Weise die Suche nach dem richtigen Leben verkörpert, dann wird sie nicht zu einer inhaltlichen Angleichung, sondern zu einer eigenen Bemühung um eine solche Lebensweise anspornen.

VII. Die Ordnung der Seele
(*Kleitophon, Gorgias*)

1. Einleitung

Auf die Frage, wie wir leben sollen, fehlt bisher eine inhaltliche Antwort. Soweit wir überhaupt eine Antwort erhalten, verweist sie auf eine Form des Lebens, den andauernden Vollzug des *elenchos*. Diese Lebensweise ermöglicht Unabhängigkeit von äußeren Zufällen und – durch die Weitergabe an andere Menschen – eine näherungsweise Überwindung der Endlichkeit des eigenen Lebens. Nicht gezeigt ist damit, warum mit einer solchen Lebensweise die Person ihr Leben als glücklich erfährt und welchen Grund sie hat, sie zu realisieren. Der Einschub über die Eros-Thematik sollte Platons Lösung des letzteren Problems, der Motivationsfrage erläutern. Doch auch wenn Sokrates als Vorbild, Liebhaber und Erzieher andere Menschen zur Imitation seiner Lebensweise anregt, so bleibt immer noch offen, worin diese Lebensweise besteht und warum sie glücklich macht.

a) Offene Fragen (anhand des Kleitophon*)*

Dass Platon selbst das so sieht, kommt explizit in dem kleinen Dialog *Kleitophon* zum Ausdruck.[1] Kleitophon äußert sich dort auf der einen Seite zustimmend dazu, wie Sokrates sich die Motivierung zur *arete* und ihre Weitergabe vorstellt. Auf der anderen Seite wirft er Sokrates vor, er sage immer nur, dass derjenige, der die Gerechtigkeit oder die menschliche *arete* hat, andere Menschen gerecht mache, vergesse dabei aber die Beantwortung der Frage, was die *arete*

---

[1] Der *Kleitophon* gilt vielen Interpreten als unecht, hat aber in jüngster Zeit verstärkt Beachtung gefunden. Siehe u. a. Slings 1981; Roochnik 1984, 132–145.

ist. Kleitophon geht einige mögliche Antworten durch, die man der Lehre des Sokrates entnehmen könnte, etwa die *arete* oder Gerechtigkeit sei übereinstimmende Meinung oder Wissen. Doch bleiben, wie er mit Recht feststellt, alle diese Auskünfte unbefriedigend: Die menschliche Gutheit kann nicht in der Übereinstimmung der Meinungen in der Polis liegen, da Meinungen, auch wenn sie von vielen geteilt werden, irrig sein können. Und sie mag zwar Wissen sein, doch hilft das nicht weiter, solange wir dieses Wissen nicht von anderen Arten des Wissens, z. B. der *techne*, unterscheiden können (409e).

Dass Kleitophon auf der Frage, *was* denn nun die *arete* ist, worin sie besteht, insistiert, zeigt, dass der Vorschlag, die *arete* liege in einer bestimmten Form des Lebens, im kontinuierlichen Vollziehen des *elenchos*, noch nicht genügend Überzeugungskraft besitzt. Anders gesagt: Es ist trotz einiger Versuche, diese Lücke im Bild zu schließen, noch nicht genügend deutlich, was die *arete* in der bisherigen Bestimmung mit dem Glück zu tun hat. Vielleicht kann der Dialog *Gorgias*, der stärker als die zuvor behandelten Dialoge auf die Überzeugungskraft von Glücksmodellen eingeht, uns bei dieser Frage weiterhelfen.

b) Die Frage nach der Gerechtigkeit

Bisher habe ich denjenigen Punkt in den Frühdialogen ausgeblendet, an dem deutlich wird, dass die Einheitlichkeit der Konzeption des guten Lebens, die der *elenchos* zutage fördern soll, nicht selbstverständlich ist. Es handelt sich um die Frage nach der Gerechtigkeit; ich habe sie deswegen ausgeklammert, weil es mir um den Ansatz geht, mit dem Platon die ganze umfassende Frage nach dem guten Leben formuliert, und ich die Gefahr einer Beschränkung auf die moralischen Themen vermeiden wollte. In Wirklichkeit war die Problematik der Moral die ganze Zeit mit vorhanden. Die menschliche *arete* wird, so z. B. im *Kleitophon*, oft einfach als Gerechtigkeit bezeichnet und die zugehörige Lebensausrichtung mit dem *kalon* gleichgesetzt, welches im Griechischen oft den Bereich des Angemessenen im Sinn des moralisch Richtigen meint. Andererseits muss man sehen, dass Platon in den Frühdialogen das *kalon* im weitesten Sinn als allgemeines Wertwort verwendet, das nicht auf die Moral beschränkt ist (wie besonders im *Hippias Maior* deutlich war). Um keine Vorentscheidungen für die Interpretation zu treffen, werde ich

1. Einleitung

im folgenden die Übersetzung »schön« verwenden, die dann nicht im engeren ästhetischen Sinn gemeint ist.

Dass die moralische Problematik von Platon selbst in den Frühdialogen nicht stark hervorgehoben wird, dürfte daran liegen, dass er von der Prämisse ausgehen kann, alle Menschen teilten letztlich immer noch dieselben Grundsätze, darunter die Prinzipien der Moral und der Gerechtigkeit. Auf die Gesprächspartner in den Frühdialogen trifft dies zu; sie stehen alle auf dem Boden der Moral und stimmten Sokrates' Gerechtigkeitsforderung zu. Die sophistischen Mitunterredner wie Hippias vertreten diesen Standpunkt ebenso wie die Anhänger einer noch konventionellen Adelsethik (Kephalos in der *Politeia*), deren Problem darin liegt, dass sie inhaltliche Vorstellungen richtigen Handelns vertritt, die von den Sophisten in Zweifel gezogen wurden und daher unter Begründungsdruck geraten sind.

Allerdings mag es verwundern, dass die Vertreter der neuen aufgeklärten Zeit, die überkommene Werte über Bord werfen und Macht- und Luststreben propagieren, überhaupt noch an Gerechtigkeitsvorstellungen festhalten. Die Erklärung können wir dem vorhergehenden Kapitel entnehmen. Was die Griechen unter Moral verstehen, entspricht nicht in allen Details dem modernen aufgeklärt-liberalen Moralbegriff, der sich auf die Regelung von Interessenkonflikten zwischen Individuen mit ihren je eigenen Konzeptionen guten Lebens beschränkt. Wie erwähnt hat für die Griechen das gute Leben wesentlich eine moralisch-politische Dimension; die Person wird nicht als isoliertes Individuum verstanden, sondern als Mitglied in der Polis. Daran hat die faktische Auflösungstendenz der Polis zu Platons Zeit noch nichts geändert. Die politisch-moralische Dimension des Lebens wird von niemandem geleugnet; sie wird nur verschieden verstanden. Selbst diejenigen, die egoistische Lebensformen vertreten, vertreten sie als politische.

Das wichtigste derartige Ideal ist der Tyrann, der die ganze Polis in der Hand hat und für sich nutzt. Zwar gibt es Vertreter dieses Ideals, die den Tyrannen als ungerecht bezeichnen, also offenbar die Moral leugnen (so Thrasymachos in *Politeia I*), aber auch damit stehen sie auf dem Boden der Moral in dem allgemeineren Sinn der politischen Auffassung des menschlichen Lebens. Gleichwohl ist dies der Punkt, an dem die unterschiedlichen ethischen Positionen, die wir damals vorfinden, am schärfsten aufeinanderprallen. Und auch Platons Optimismus geht hier nicht so weit zu behaupten, dass jeder, der sich auf den *elenchos* einlasse, zu demselben Ergebnis komme. Bereits im *Kriton,* wo Sokrates darauf besteht, man dürfe nicht Unrecht mit Unrecht vergelten, dürfe also überhaupt kein Unrecht tun, wird *diese* Überzeugung nicht durch Prüfung gewonnen oder der Prüfung unterzogen, sondern vorausgesetzt, und zwar ausdrücklich in dem Bewusstsein, dass in dieser Frage verschiedene Grundsatzpositionen gegeneinanderstehen: »Welche also dies annehmen und welche nicht, für die gibt es keine gemeinschaftliche Beratschlagung, sondern sie müssen notwendig einander gering achten, wenn einer des anderen Entschließung sieht« (*Kriton* 49d2ff).

2. Gorgias

Der Gorgias gilt als spät unter den frühen Dialogen.[2] Er ist lang und komplex im Aufbau. Anders als die bisher behandelten Texte kreist er nicht um eine einzige Frage, sondern es werden mehrere Fragen verwoben. Der Dialog wird der Reihe nach mit Gorgias, Polos und Kallikles geführt.[3] Gorgias ist ein bekannter Redner, er ist alt und angesehen und wird auch in der Dialogführung respektvoll behandelt. Polos, ein Schüler des Gorgias, wird als jung und hitzig dargestellt. Die zentrale Figur ist Kallikles, in dessen Person wir die stärkste Ausarbeitung einer echten Gegenposition zu Sokrates vor uns haben, die sich bei Platon findet. Der Dialog setzt ein mit der Frage nach der Rhetorik, was schnell zu der Frage nach der Gerechtigkeit führt (Unterredung mit Gorgias). Im Gespräch mit Polos geht es um das Verhältnis des Gerechten und des Guten. Das Kernstück, die Unterredung mit Kallikles, ist eine Auseinandersetzung mit dessen These, das gute Leben bestehe im Ausleben der Begierden, und führt dann zu den weitestgehenden positiven Ausführungen, die wir in den Frühdialogen finden, der Erläuterung der menschlichen *arete* durch eine bestimmte Verfassung der Seele.

a) Die Unterredung mit Gorgias

Nach einem kurzen Rahmen setzt der eigentliche Dialog ein mit der Frage nach der Tätigkeit des Gorgias, mit der Frage, was für einer er

[2] Zur chronologischen Stellung des Gorgias siehe Irwin 1979, 5ff.
[3] Zu den Personen genauer Dodds 1959, 6ff., Dalfen 2004, 124ff.

2. Gorgias

ist oder welches seine *techne* ist (447d1, 448b5). Nach einigem Hin und Her erfahren wir, es handle sich um die Rhetorik, die *rhetorike techne*, womit wir bei dem einen Thema des Dialogs sind, der Frage, welche *techne* die Rhetorik ist bzw. ob sie überhaupt eine *techne* ist. Wenn Gorgias die Auffassung äußert, die Rhetorik habe die Reden (*logoi*) zum Gegenstand (449e1), so hat natürlich jede *techne* und Wissenschaft mit Reden zu tun. Der Fehler könnte in zwei Richtungen liegen. Entweder die Definition ist zu unspezifisch und kann noch präzisiert werden. Oder die Prämisse, wonach die Rhetorik eine *techne* ist, ist falsch, und es handelt sich vielmehr um ein Unternehmen von anderer Art.

Dass es neben der *techne* andere Arten der praktischen Überlegung gibt, hat Platon in den Dialogen, die ich bisher behandelt habe, herausgearbeitet. Auch die Tätigkeit des Sokrates, die sich auf alle Aspekte der Frage nach dem guten Leben bezieht, hat nicht den Charakter einer *techne*. Sollte es sich mit der Rhetorik ähnlich verhalten, dann stände sie in Konkurrenz zur ethischen Überlegung, wie Sokrates sie vornimmt. Obwohl Gorgias eine inhaltliche Bestimmung zu geben versucht, spricht auch sie eher gegen den *techne*-Charakter der Rhetorik: Die Rhetorik behandle die größten und besten der menschlichen Angelegenheiten (451c17f). Sokrates' Einwand gegen diese Definition lautet nicht mehr, dass sie zu allgemein ist, sondern dass sie Undeutliches und Strittiges enthält (*amphisbetesimon kai ouden saphes*; 451d9f). Die Antwort des Gorgias läuft ja darauf hinaus, die Rhetorik habe es mit dem für Menschen Guten zu tun. Was das ist, wissen wir aber bisher nicht. Das heißt, die Antwort ist entweder »nichts Genaues«, also leer, oder, wenn man für das Gute eine bestimmte inhaltliche Vorstellung einsetzt, strittig, weil für die eine Person und unter diesen Umständen das eine gut ist, für die andere Person und unter jenen Umständen etwas anderes.

Statt den besonderen Charakter von ethischen im Gegensatz zu technischen Überlegungen zu thematisieren, versucht Gorgias, eine weitere Definition gemäß einem *techne*-Verständnis der Rhetorik zu geben: Demnach ist Aufgabe der Rhetorik die Überredung (*peitho*), die vor Gericht und in anderen Versammlungen praktiziert wird, und zwar mit Bezug auf das, was gerecht und ungerecht ist (454b6f). Nun ist der Ausdruck *peitho* zweideutig; er kann sowohl »überreden« bedeuten wie »überzeugen«. Die Überredung arbeitet mit Plausibilität und bewirkt nur ein Meinen (*pistis*), die Überzeugung arbeitet mit Gründen und bewirkt Wissen (*episteme*). Gorgias selbst entscheidet sich dafür, dass die Rhetorik ein Überreden zu Meinungen über das Gerechte und Ungerechte ist (455a). Gorgias vertritt diese Auffassung auf eine Weise, die unklar lässt, welchen Status das Gerechte hat und wie es zu verstehen ist, dass die Redner in politischen Versammlungen irgendwie über alles reden. Die Rhetorik hat seiner Meinung nach deswegen keinen speziellen Gegenstand, weil sie *alle* anderen Vermögen unter sich fasst (456a8), so dass z. B. manchmal, wenn ein Kranker sich vom Arzt nicht zu einer schmerzhaften Medizin überreden lasse, der Redner ihn überreden könne. In dieser Formulierung kommt der Bezug auf das Gerechte als Gegenstand nicht vor, was wohl zeigen soll, dass er in den Vorstellungen des Gorgias keinen festen Platz einnimmt, sondern nur angehängt ist. Gorgias bekundet allerdings auf Nachfrage, dass die Redekunst nicht irgendwie, sondern auf gerechte Weise anzuwenden sei (457b4). Er stellt sich ganz selbstverständlich auf den Standpunkt der Moral, und sein Fehler ist bisher nur, dass er diesen Standpunkt und sein Verhältnis zur Rhetorik sowie die Beschaffenheit der Rhetorik selbst nicht genügend reflektiert hat.

Sokrates zeigt diese mangelnde Durchdachtheit, indem er die Inkonsistenz der beiden Annahmen des Gorgias herausarbeitet. Wichtig bleibt dabei festzuhalten, dass die Redner bereits nach ihrem eigenen Selbstverständis kein Sachwissen im einzelnen besitzen, sondern ein allgemeines übergeordnetes Können. Dieses wird strukturell analog zur *techne* verstanden, allerdings mit der Abschwächung, dass es kein Wissen, sondern Überredung ist. Gorgias hätte vielleicht seine Fertigkeit auch durch den mehrfach erwähnten erweiterten *techne*-Begriff beschreiben können, also so, dass er seine Reden dem jeweiligen politischen Zusammenhang einzupassen vermag. Doch diese Charakterisierung erscheint ebenfalls zu anspruchsvoll, wenn er sich selbst nur das Überreden-Können zuschreibt, das sich *ad hoc* nach der jeweiligen Situation richtet. Die Alternative, die Sokrates suggeriert, ist, die Rhetorik könne eine *techne* im engeren Sinn sein, und zwar nicht von allem, sondern von einem bestimmten Gegenstand, dem Gerechten. Doch wie wir aus dem Bisherigen wissen, ist diese Definition wenig aussichtsreich, insofern das Gute und Gerechte nur scheinbar ein bestimmter Gegenstand ist.

Der Rhetorik fehlt also nicht nur ein Gegenstand, sie macht diesen Mangel auch nicht durch eine genaue Methode wett. Das zeigt Sokrates implizit durch das gegenteilige Verhalten, durch besondere Betonung des methodischen Vorgehens. So führt er bei der Ver-

2. Gorgias

mutung, die Rhetorik habe es mit Reden zu tun, das Verfahren der *dihairesis* vor, der schrittweisen Definition eines Oberbegriffs und der zugehörigen Unterbegriffe verschiedener Stufen (451a3ff). Weiterhin besteht er auf der Trennung der Bedeutungen mehrdeutiger Wörter. Schließlich wird auf das Zusammenstimmen der Aussagen, auf logische Konsistenz, geachtet (457e), und Gorgias muss bestätigen, dass er an der argumentativen Ordnung des *logos* interessiert ist und Gegenargumente nur auf die Sache und nicht auf seine Person beziehen wird.

b) Die Unterredung mit Polos

Polos greift ins Gespräch ein, weil er annimmt, Gorgias habe diejenige Seite seiner Auffassung, die zu Inkonsistenzen mit dem Rest führte, nur Sokrates zuliebe vertreten, nämlich aus Scham zuzugeben, dass seiner Meinung nach der Redner durchaus nicht das Gerechte und Gute wissen müsse. Polos ist überhaupt nicht bereit, sich dem *elenchos* zu unterziehen, was daran demonstriert wird, dass er mit Sokrates die Rolle tauscht und diesen befragt. Sokrates, jetzt selbst gefragt, welche *techne* die Rhetorik ist, antwortet, sie sei gar keine *techne*, sondern eine *empeiria*. Eine *empeiria* ist eine praktische Geschicklichkeit oder Fertigkeit, mit der nicht verbunden sein muss, dass man die eigene Handlungsweise erklären, begründen und lehren kann.

Wie zuvor Sokrates den Gorgias fragt auch Polos den Sokrates nach dem Gegenstand oder *ergon* dieser Fertigkeit. Das *ergon*, das er anführt, ist Gefallen oder Lust, *charis* und *hedone*. Da nicht allein die Redekunst Lust erzeugt, ist diese Bestimmung ebenso zu weit wie die frühere Auskunft, die Rhetorik befasse sich mit Reden. Eine neue Übung im Einteilen (*dihairesis*) führt zu einer Ausgrenzung der Rhetorik: Als Oberbegriff für die an Lust orientierte Fertigkeit im Umgang mit Menschen wird der Begriff der Schmeichelei (*kolakeia*; 463b1ff) eingeführt. Davon werden zwei große Bereiche unterschieden, je nachdem, ob sich die Schmeichelei auf den Leib oder auf die Seele bezieht. Beide Teile haben wiederum zwei Unterteile. Die auf den Körper bezogene Schmeichelei zerfällt in Kochkunst und Putzkunst, die auf die Seele bezogene in Redekunst und Sophistik. Dabei ist der Zusatz »-kunst« (*techne*) eher irreführend, weil es sich jeweils um eine *empeiria* und gerade nicht um eine *techne* handelt.

Der Bezug auf Leib und Seele wird im Text erst nachträglich als Gesichtspunkt der Einteilung genannt. Der Schmeichelei wird eine echte Bekümmerung um Leib und Seele bzw. um ihre wahrhaft gute Verfassung (*euhexia*) in Form der *techne* gegenübergestellt; davon wird unterschieden die Bewirkung des Angenehmen bzw. eines nur scheinbaren Wohlbefindens, wie es die *empeiria* anstrebt. Für das wahre Wohl des Leibes sorgen die Turnkunst und die Heilkunst. Die Turnkunst macht den Leib tüchtig, die Medizin erhält seine Gesundheit bzw. stellt sie wieder her. Ähnlich gilt mit Bezug auf die Seele, dass die Gesetzgebung die Seele erzieht und die Rechtspflege ihr Gutsein erhält bzw. wiederherstellt. Die Staatskunst mit diesen beiden Teilen ist ebenso wie die Turnkunst und Medizin eine *techne,* die auf einem Wissen von der Beschaffenheit der Seele beruht. Rhetorik und Sophistik hingegen sind defizitäre Formen von Gesetzgebung und Rechtspflege, die nicht über ein Wissen ihres Gegenstands, folglich nicht über Gründe für ihr Vorgehen verfügen (465a4).

Es fällt auf, dass hier die Aufgabe der Politik bezüglich der Seele in Begriffen gefasst wird, wonach die Gutheit der Seele etwas Herzustellendes ist, und die Politik demnach eine *techne*. Das scheint meiner bisherigen Interpretation, die Platons Kritik am *techne*-Modell ethischen Wissens betont, zu widersprechen oder zumindest darauf hinzudeuten, dass Platon seit dem *Gorgias* das Modell der *techne* wiederaufnimmt. Diese Frage muss im weiteren Verlauf im Auge behalten werden.

Polos ist von der These, die Redner seien Schmeichler, nicht überzeugt. Nach seiner Vorstellung sind sie sehr angesehen, weil sie in den Städten am meisten vermögen (466b4). Nach Meinung des Sokrates trifft das Gegenteil zu: Die Redner vermögen wenig, weil sie zwar tun, was ihnen das Beste scheint, nicht aber, was sie wünschen (*boulontai*). Das ist eine bewusst paradoxe Formulierung, denn die Redner tun ja genau das, was sie wollen. Gemeint kann also nur sein, dass sie nicht tun, was für sie wirklich wünschenswert oder gut ist.[4] Dass sie das nicht tun, folgt daraus, dass sie nur Fertigkeiten, aber kein Wissen mit Bezug auf die Frage nach dem Guten besitzen (466e–467a).

---

[4] Kobusch 1996, 55 weist darauf hin, dass wir hier in Kurzfassung die erste Handlungstheorie in der Philosophiegeschichte finden.

2. Gorgias

Der Bezug auf das Gute wird in diesem Kontext ähnlich wie im *Lysis* als Bezug auf das höchste Ziel des Strebens, als das letztlich Wünschenswerte gefasst (467c5ff). Wie uns schon öfter begegnet ist, werden inhaltliche Ziele der alltäglichen Vorstellung als höchste Ziele genannt, Weisheit, Gesundheit, Reichtum. Diese Überlegung wird verbunden mit der zuvor genannten Unterscheidung zwischen dem gut Scheinenden und dem als gut Gewussten. Wirklich gut ist das, was dem Guten dient, was dem guten Leben oder Wohl der Person zuträglich ist. Wenn der Redner sich als Tyrann verhalten, willkürlich töten, rauben usw. will, in der Meinung, das sei für ihn gut, heißt das also noch nicht, dass er tut, was er wünscht, in dem Sinn, dass er es wahrhaft wünscht.

Die Argumentation enthält einen gewissen Sprung. Ausgangspunkt war die Frage nach der Aufgabe der Rhetorik und Politik, und die vorläufige Antwort war, diese sollten die Seele der Bürger gut machen. Jetzt geht es um das Gute für den Redner selbst, um die Frage, ob es für diesen wahrhaft wünschenswert ist, wenn er tut, was er für gut hält, ohne davon wirkliches Wissen zu haben. Der Sprung könnte allerdings wie im *Protagoras* eher demonstrative Zwecke haben, nämlich die Inkohärenz und Unüberlegtheit des Polos vorführen. Denn in der Sache lässt er sich leicht erklären. Er hängt unmittelbar mit dem Problem zusammen, um das der *Kleitophon* kreist. Wer die Seele anderer gut machen will, muss wissen, was die Gutheit der menschlichen Seele allgemein ausmacht, und wer das weiß, wüsste damit *eo ipso* auch, wann die eigene Seele gut ist bzw. was für sie bzw. ihre *arete* nützlich ist.

Auch im Gespräch mit Polos verknüpft Sokrates die Frage nach der Rhetorik mit der Frage nach der Gerechtigkeit. In diesem Kontext äußert er die bekannte These, Unrechttun sei das größte Übel und Unrechtleiden sei besser als Unrechttun (469c2), die er später verschärft zu der These, das Schlimmste sei Unrechttun, ohne bestraft zu werden, das Zweitschlimmste, Unrecht zu tun. Polos gibt das letztere für denjenigen Fall zu, wo man beim Unrechttun beobachtet und in der Folge bestraft wird, also Schaden erleidet. Damit ist als minimale gemeinsame Basis zwischen Sokrates und dem Redner die Annahme festzuhalten, dass alles, was man tut, dann gut ist, wenn es dem eigenen Leben zuträglich, also nützlich ist (470a10f). Während Polos jedoch die Gerechtigkeit nur aus Gründen des Eigeninteresses, zur Vermeidung von Strafe, empfiehlt und sonst an das Glück des Ungerechten glaubt, lässt Platon Sokrates an dieser Stelle zum ersten Mal nicht nur sagen, dass die Gerechtigkeit zum Glück als Mittel beiträgt, sondern darüber hinaus, dass der Gerechte glücklich *ist* (470e9ff).

Polos antwortet nicht mit Argumenten, sondern durch Ausmalen von Gegenbeispielen (471a3ff und 473b12ff), was Sokrates zu längeren methodischen Ausführungen veranlasst, die zeigen, dass Polos alle Regeln des *elenchos* verletzt: Er stellt Zeugen auf, beruft sich auf die allgemeine Meinung, zielt, indem er Sokrates zu schrecken versucht, auf seine Affekte, statt der inneren Ordnung des *logos*, den Gründen in der Sache zu folgen. Das korrekte Vorgehen würde statt dessen zutage fördern, »dass ich und du und die anderen Menschen das Unrechttun für schlechter halten als das Unrechtleiden, und nicht bestraft zu werden für schlechter als bestraft zu werden« (474b2ff). Das kann nicht im Sinn des faktischen Meinens zu verstehen sein – denn Polos ist in der Tat anderer Auffassung –, sondern nur in dem Sinn, dass die *wahre* Auffassung verdeckt in jeder Person liegen und bei geeignetem methodischem Vorgehen aufzufinden sein müsste. Wer den Gründen in der Sache folgt, den führt, so scheint Platon zu meinen, die Prüfung von Sätzen im *elenchos* zum richtigen Urteil, denn »das Wahre wird niemals widerlegt« (473b10f). Was ethische Urteile über strittige Fälle betrifft, so würden wir heute wohl weniger optimistisch sein, und wir werden in der Auseinandersetzung zwischen Sokrates und Kallikles fragen müssen, ob sich die Annahme einer praktischen Wahrheit halten lässt.

Der Beweis, den Sokrates im Dialog für seine provokanten Thesen führt, ist wirr und schnell wie der Argumentationsstil des Polos. Er bedient sich der Gleichsetzung der verschiedenen allgemeinsten Wertwörter. Nach Polos ist Unrechttun für die handelnde Person zwar nützlicher, andererseits aber hässlicher als Unrechtleiden (474c4ff). Damit jedoch unterläuft Polos im Grunde dasselbe, was er zuvor Gorgias vorgeworfen hatte: Er gibt zu, dass Unrechttun schlecht im moralischen Sinn ist. Wenn er nach einigem Wortwechsel zustimmen muss, niemand wolle lieber Unrecht tun als Unrecht leiden, dann folgt das kaum aus der konfusen Argumentation, sondern ergibt sich letztlich daraus, dass auch er auf dem Standpunkt der Moral steht.

Was Sokrates zum Beweis der weitergehenden These, Unrechttun ohne Bestraftwerden sei das größte Übel, unternimmt, ist nicht klarer. Wichtig ist, dass der angebliche Beweis am Ende in die Vorstellung mündet, es komme auf das Gutsein der menschlichen Seele

2. Gorgias

an und die Strafe habe die Funktion, die Seele zu bessern (477a7). Nach meiner bisherigen Interpretation versteht Sokrates die Seele als Meinungssystem, das in eine gute oder geordnete Verfassung kommt, indem die Menge der Meinungen im Vollziehen des *elenchos* methodisch durchgearbeitet wird. Wenn jetzt die Bestrafung als Mittel zur Herstellung der guten Seelenverfassung genannt wird, handelt es sich um Zwangsmaßnahmen von außen, kein argumentatives Einwirken auf die Seele, wie es der *elenchos* leistet. Wir werden also sehen müssen, ob wir es mit einem neuen oder nur mit einem differenzierteren Modell der Seele zu tun haben. Offen bleibt vorläufig, was die gute Beschaffenheit der Seele ist und warum genau die Ungerechtigkeit im moralischen Sinn, das Unrechttun gegenüber anderen, der eigenen Seele schadet. Die Auseinandersetzung mit Polos spielt gerade mit dem Mangel an Präzision in diesem Punkt, insofern der Bezug des »gut für« unterschlagen wird. Kein Unrecht zu tun ist sicher gut, nämlich gut für die anderen oder die Polis. Aber warum ist es gut für die Person selbst?

Der Schluss des Polos-Teils nimmt die Differenzierungen der Fertigkeiten und *technai* wieder auf. Die Strafe ist, wie die Medizin, nützlich, also gut als Mittel zur guten Verfassung der Person. Der beste Zustand wäre in beiden Fällen, nicht krank zu sein bzw. nicht ungerecht zu sein, der zweitbeste, krank oder ungerecht zu sein, aber durch Medizin oder Strafe davon befreit zu werden. Für die Rhetorik folgt, dass ihr angeblicher Nutzen, nämlich dass man mit ihrer Hilfe vor Gericht immer siegen und sich selbst und die Freunde vor Strafe bewahren kann, in Wirklichkeit ein Schaden ist, da man eigentlich sich selbst und die Freunde anklagen müsse, um bestraft und dadurch an der Seele besser zu werden (480a6ff).

Nach dieser Provokation, mit der Sokrates die Meinungen ebenso wie die faktische Lebensweise der Menschen auf den Kopf stellt, greift Kallikles ins Gespräch ein.

c) Die Unterredung mit Kallikles

Das Gespräch mit Kallikles, das den Kern des Dialogs bildet, beginnt mit einer methodischen Bemerkung: Sokrates liebt Alkibiades und die Philosophie, Kallikles Pyrilampes und das athenische Volk (481d3ff). Das heißt, Kallikles richtet sich in der politischen Zielsetzung nach der Meinung des Volks, welche wechselhaft ist, während die Philosophie, die Sokrates liebt, immer dieselben *logoi* vertritt. Es spielt daher für Sokrates keine Rolle, wenn die anderen Menschen einem im *elenchos* unwiderlegten Satz nicht zustimmen. Einen solchen Satz aufzugeben, nur weil die Mehrzahl anderer Meinung ist, hieße, sich selbst zu widersprechen und nicht mit sich übereinzustimmen (*symphonein*). Der *elenchos* bewirkt also nicht nur die Ausscheidung falscher praktischer Meinungen, die Erarbeitung eines konsistenten Satzzusammenhangs, sondern er stellt zugleich in der Seele eine geordnete praktische Konzeption her, die der Person eine Übereinstimmung mit sich selbst ermöglicht.

Kallikles konstatiert zunächst, dass auch Polos das unterlaufen ist, was dieser dem Gorgias vorgeworfen hatte, nämlich aus Scham die übliche Meinung zu vertreten, man solle gerecht sein, und entsprechend wird er nach einer ersten pathetischen Darlegung seiner Sicht von Sokrates für die Offenheit seiner Rede gelobt (487aff).[5] Folgen wir Kallikles, ist gerade Sokrates' Auffassung von der Gerechtigkeit die übliche, indem sie sich auf das bezieht, was dem Gesetz (*nomos*) nach *kalos* ist; die eigentliche Frage aber lautet, was das von Natur (*physis*) aus Schöne ist. Was auch von Polos zugegeben wurde, dass Unrechttun zumindest hässlicher ist als Unrechtleiden, gilt nach dem Gesetz, aber nicht gemäß der Natur. Von Natur aus ist das Unrechtleiden als das Schlechtere auch das Hässlichere. Denn nach Meinung des Kallikles ist es nicht Sache eines freien Mannes, Unrecht zu erdulden, ohne sich zu wehren. Das Gesetz verlangt nur deswegen Gleichheit, weil die Gesetze von den Schwachen gemacht sind, welche die Starken am Mehrhaben hindern wollen. Hingegen zeigt die Natur im Tierreich ebenso wie beim Menschen, dass der Überlegene gerechterweise mehr hat als der Schwächere.

Wir können gleich zu Anfang beobachten, dass es einen Punkt gibt, in dem auch Kallikles auf derselben Basis steht wie seine Vorredner. Er sagt nämlich nicht, Gerechtigkeit sei unsinnig und man sollte besser ungerecht sein; vielmehr ist nach seiner Auffassung die übliche Vorstellung von Gerechtigkeit eine bloß konventionelle; ihr steht eine richtige, die natürliche Gerechtigkeit gegenüber, derzufolge Gerechtigkeit dann vorliegt, wenn der Stärkere mehr zu beanspruchen hat. Die Position ist allerdings vorläufig noch unterbestimmt, weil unklar ist, was mit »stärker« (»überlegen«, »besser«)

---

[5] Zu diesem Motiv ausführlich Geiger 2006, 120 ff.

2. Gorgias

gemeint ist. Unklar ist auch, was das Mehrhabenwollen ist bzw. worauf es sich bezieht.

»Stärker« kann nicht im Sinn der physischen Stärke gemeint sein, denn die vielen Schwachen zusammen wären immer noch stärker als ein Starker. Gemeint sind vielmehr die Besseren (489e5). Doch das ist einer der Begriffe, die, wie wir gesehen haben, entweder leer oder stritig sind. Kallikles macht sich Sokrates' Vorschlag zu eigen, es seien die Einsichtigeren (*phronimoi*) gemeint. Die These vom Mehrhaben des Besseren sucht Sokrates durch Beispiele aus dem Bereich der *techne* zu widerlegen: Bei der Verteilung von Speisen ist der Arzt derjenige, der die Einsicht hat. Aber deswegen braucht er nicht die meisten Speisen zu bekommen; wieviel er braucht, und ob mehr oder weniger als andere, hängt vielmehr von seiner physischen Konstitution und dem Grad seiner physischen Belastung ab. Kallikles wehrt sich gegen die Art der Beispiele und insistiert, es gehe nicht um *technai*, sondern um die Einsicht mit Bezug auf die Angelegenheiten des Staats. Auch Kallikles selbst scheint also die Vermutung zu haben, die Rhetorik und die Politik seien auf andere Weise auf ihre Gegenstände bezogen als die *technai*, nur dass er, wie schon seine Vorredner, nicht eine alternative Form des Wissens für sie annimmt.

Sokrates wirft, ähnlich sprunghaft wie im *Protagoras*, einen neuen Punkt in die Debatte, indem er fragt (491d7ff), ob der Bessere, wo es um ihn selbst geht, herrschen oder beherrscht werden sollte, ob er also mit Besonnenheit die Begierden in sich beherrschen sollte oder nicht. Diese Frage veranlasst Kallikles, seine Ablehnung der Selbstbeherrschung und seine positive Lebenskonzeption (491e5ff) schärfer zu formulieren: »Denn wie kann wohl ein Mensch glücklich sein, der jemandem als Sklave dient? Aber eben dies ist das naturgemäß Schöne und Gerechte ...: Derjenige, der richtig leben will, muss die eigenen Begierden möglichst groß sein lassen und darf sie nicht zügeln; er muss fähig sei, diesen möglichst großen Begierden mit Tapferkeit und Vernunft zu dienen und zu erfüllen, worauf immer sich sein Begehren richtet.« Besonnenheit und Selbstbeherrschung hingegen sind nach Kallikles eine Erfindung der Schwachen, die zum Ausleben der Begierden nicht in der Lage sind und es deswegen als schlecht hinstellen.

Damit hat Kallikles seine Position offengelegt. Die Art, wie Platon sie formuliert, klingt zunächst attraktiv und durchaus nicht von Anfang an unsinnig. Das gute Leben, wie Kallikles es propagiert, besteht darin, dass man die Begierden so groß wie möglich werden lässt, also möglichst viele und starke Begierden hat. Dies ist aber nur der erste Schritt. Hinzukommen muss, dass den Begierden »geholfen« wird. Erstens durch Einsicht, indem durch Überlegung die Mittel zu ihrer Befriedigung aufgefunden werden. Zweitens durch Tapferkeit, weil das Begehren allein nicht ausreicht, um die Handlungen, die der Realisierung der Wünsche dienen, durchzuhalten.[6] Was Kallikles vertritt, ist also nicht das Ideal eines schwachen Hedonismus, eines passiven Lebensgenusses, wonach man tut, was im Augenblick das Angenehmste ist und am wenigsten Widerstand und Unlust bedeutet. Man fühlt sich eher an Nietzsches Ideal des Übermenschen erinnert, der die Begierden bewusst groß werden lässt und aktiv alle und die größten Ziele verfolgt. Für Kallikles allerdings ist dies kein Ideal des individuellen Lebens, sondern es ist ein politisches Ideal insofern, als es die Aneignung der ganzen Polis verlangt.

Die in 492d1 einsetzende Widerlegung des Kallikles bedient sich nicht wie üblich durchgängig des *elenchos*, sondern beginnt mit dem Aufstellen von Gegenbildern. Sokrates verweist auf den im *Lysis* zentralen Punkt der Bedürftigkeit der menschlichen Natur, die uns von den äußeren Umständen abhängig macht: Wer die Begierden nicht beherrscht und sie großwerden lässt, ist wie ein leckes Fass oder wie jemand, der ein solches füllen will. Die Begierde ist unbegrenzt, es gibt, wenn man sie befriedigen will, kein Ende der Mühe, denn sobald die eine Begierde erfüllt ist, entsteht die nächste usw. Kallikles lässt sich dadurch nicht beeindrucken und hält dem Bild vom lecken Fass ein anderes, nicht weniger überzeugendes Bild entgegen: Gäbe es eine Grenze der Befriedigung, nach deren Erreichung man wunschlos glücklich wäre, so würden wir das Leben von Steinen führen, da die Erfahrung von Lust und Unlust an das Auftreten unerfüllter Wünsche gebunden ist.

Wie man es bewerten soll, dass der *elenchos* durch das Ausmalen von Bildern (wie hier) oder durch Mythen (wie am Ende des Textes) unterbrochen wird, ist strittig. Eine naheliegende Erklärung lautet, dass Platon bzw. Sokrates dann zu Bildern greift, wenn er mit sei-

---

[6] Es spielen dabei dieselben drei Seelenvermögen eine Rolle wie in Buch IV der *Politeia*, allerdings mit einer anderen Aufgabenverteilung. Für Kallikles bestimmt die Begierde (*epithymia*) die Ziele, und Denken (*phronesis*) und Tapferkeit (Mut, *thymos*) unterstützen die Begierde. In der *Politeia* gibt das Denken die Zielsetzungen vor, der Mut unterstützt das Denken, und beide zusammen beherrschen die Begierde.

2. Gorgias

nen Argumenten am Ende ist oder jedenfalls keine Argumente hat, von denen sich seine uneinsichtigen Gesprächspartner überzeugen lassen.[7] Für diese Interpretation spricht, dass es um die grundsätzliche Frage geht, wie zu leben ist (492dd5), und dass es in der Tat schwierig ist, zwischen verschiedenen Lebensformen mit Argumenten zu entscheiden. Andererseits werden die Bilder an der jetzigen Stelle nicht verwendet, um einen misslingenden *elenchos* fortzusetzen. Vielmehr schließt sich an die Bilder unmittelbar das elenktische Vorgehen an. Die Aufgabe der Bilder könnte dann vielleicht darin bestehen, deutlicher das Ganze der beiden unterschiedlichen Lebensweisen vorstellig zu machen.

Was gegeneinandergestellt wird, sind zwei Extreme – das Leben der größtmöglichen Begierden und das Leben ohne Begierden. Dass Kallikles die erstgenannte extreme Lebensweise empfiehlt, ist deutlich. Dass hingegen Sokrates zum anderen Extrem, dem Leben ohne Begierden, rät, ist nur die Interpretation des Kallikles.[8] Ein solches Ideal der Seelenruhe ist in der griechischen Ethik häufig, insofern hinter ihr, wie erläutert (Kap. II 5.), die existenzielle Problematik der äußeren und inneren Abhängigkeit steht. Dass man nach außen ein Spielball des Zufalls ist und im Inneren von Affekten und Begierden hin- und hergezerrt wird, lässt sich in der Tat am ehesten dann vermeiden, wenn man sich dahin bringt, das äußere Gelingen des Lebens als unwichtig zu betrachten und sich von Gefühlsbewegungen so weit wie möglich zu distanzieren.

Die ethischen Konzeptionen von Sokrates, Platon und Aristoteles gehören nicht auf diese Seite, sondern versuchen, zwischen den Extremen der völligen Ausgesetztheit auf der einen Seite und dem Verzicht auf jedes Wollen auf der anderen Seite hindurchzusteuern und eine Konzeption des guten menschlichen Lebens zu finden, welche bei möglichst großer Unabhängigkeit zugleich die Entfaltung von Fähigkeiten und Befriedigung von Wünschen zulässt. Wenn Sokrates das durch die bildhaften Passagen unterbrochene Gespräch gerade durch die Wiederaufnahme des *elenchos* fortsetzt, will er vielleicht nahelegen, dass dieser Weg im kontinuierlichen Anwenden des *elenchos* besteht. Was dabei im weiteren zu prüfen sein wird, ist, ob Platon ein wirklich überzeugendes Argument gegen die zunächst

---

[7] Ähnlich Patzig 1982, 34.
[8] Sicher nicht nur des Kallikles, sondern auch mancher moderner Interpreten. So geht in diese Richtung Irwin 1986, insbesondere 99 ff.

attraktiv klingende Vorstellung des Kallikles hat oder ob die Entscheidung über Lebensweisen an dieser Stelle unbegründet bleibt.

Sokrates bringt Kallikles' Überzeugung, die Lust sei das Gute, durch die Konfrontation mit dessen eigenen moralischen Intuitionen ins Wanken. Auf die Frage (494e4ff), ob seiner Meinung nach auch das Leben der Knabenschänder glücklich sei, reagiert Kallikles mit Empörung. Damit aber kommt zutage, dass Kallikles, anders als von ihm angekündigt und genau wie die beiden Vorredner, in der Beurteilung konkreter Fälle[9] auf dem Standpunkt der üblichen Moral steht. Wenn er diese Moral generell ablehnt, aber im individuellen Beispiel unterschreibt, begibt er sich in Widersprüche. Kallikles hält um seiner Position willen zunächst an der These fest, die Erfüllung der Begierden sei das Gute, und lässt sich erst nach einer langen und verwirrenden Debatte zu dem Eingeständnis bewegen, dass wir zwischen guter und schlechter Lust bzw. der Lust und dem Guten unterscheiden. Gute Lust wird bestimmt als nützliche Lust, die Gutes bewirkt (499d1ff). Die Frage wäre dann, was das Gute ist. Der einzige Hinweis, der sich findet, liegt im Vergleich mit der Gesundheit: Die Lust am Trinken ist gut, wenn sie der Gesundheit nützt. Die Lust der Erfüllung anderer Wünsche ist gut, wenn sie der guten Verfassung der Seele nützt. Sokrates fasst zusammen, alles werde letztlich um des Guten willen getan, und Kallikles gibt diesmal nach.

Die Prüfung seiner Auffassung ist damit abgeschlossen. Er wird zwar im folgenden weiterhin angesprochen, doch dient das nur noch als didaktisches Mittel für die schrittweise Entwicklung der weiteren Punkte.

d) Gerechtigkeit und Gutsein der Seele

An die Unterscheidung des Guten und Angenehmen knüpft Sokrates die Frage an (500a4ff), ob jeder beurteilen könne, welches Angenehme gut ist, oder ob man dazu eine spezielle *techne* brauche. Damit ist der Bogen zur Ausgangsthematik geschlagen, der Frage nach dem Status der Rhetorik. Diese war als eine *empeiria* bestimmt worden, die sich nur auf die Lust bezieht, statt die Menschen gerecht

---

[9] Man könnte auch sagen: im wirklichen Leben. Dann würde Sokrates die Person mit der Diskrepanz zwischen ihrer tatsächlichen Lebensweise und ihren ethischen Meinungen konfrontieren. So Kahn 1983.

2. Gorgias

zu machen. Wenn wir nach dem guten menschlichen Leben und der dafür nützlichen Lust suchen, dann brauchen wir aber eine Beschäftigung mit dem Guten, die sich ähnlich begründet auf die gute Verfassung der Seele bezieht wie die Heilkunst auf diejenige des Leibes. Diese Beschäftigung müsste die Natur ihres Gegenstandes kennen und über die Gründe ihres Tuns Rechenschaft ablegen können. Es sieht also erneut so aus, als werde ein Pendant zur Rhetorik gesucht, das ebenso auf die Seele der Menschen einwirkt, jedoch nicht als *empeiria* auf ihre Lust, sondern als *techne* auf ihr Gutsein.

Sokrates' Erläuterung, wie eine solche Einwirkung aussehen könnte (503d5ff), geht vom üblichen Modell der *techne* aus: Wer in einer bestimmten Angelegenheit gut oder sachverständig ist, wird nichts Ungefähres reden, sondern wird dabei auf einen bestimmten Zielpunkt hinblicken. Für denjenigen, der eine *techne* ausübt, ist das, worauf er blickt, sein *ergon*, und er stellt die Dinge so her, dass sie eine bestimmte Gestalt (*eidos*) haben. Der Baumeister z. B. geht so vor, dass er jedes Teil, was er einfügt, in eine bestimmte *taxis* einfügt, und bewirkt, dass das eine zu dem anderen passt, bis er das ganze Haus als eine wohlgefügte und wohlgeordnete Sache (*tetagmenon kai kekosmenon pragma*) hergestellt hat. Ein so gebildetes Haus, das an Ordnung Anteil hat, wäre brauchbar (*chrestos*), während Ungeordnetheit (*ataxia*) zur Folge hätte, dass das Ergebnis unbrauchbar wäre. Es wird also ein direkter Zusammenhang zwischen dem Guten im Sinn des Ziels, dem Guten im Sinn des Passenden (*kalon*) und dem Guten im Sinn des Nützlichen hergestellt. Bezugspunkt aller dieser Weisen des Guten ist das *ergon* bzw. *eidos*; dieses ist das Bestimmte, das gewusst werden kann und alles andere in sich enthält.

In 504b4ff wird diese Überlegung auf die Seele übertragen. Aus dem Bisherigen könnte man auf folgende Analogie schließen: Die Seele ist brauchbar und gerecht, wenn sie wohlgeordnet ist, und die *techne*, welche die Seele gut zu machen vermag, gründet im Wissen von der Gestalt der wohlgefügten Seele. Doch diese Parallelisierung gelingt in Wirklichkeit nicht, weil ein entscheidender Punkt fehlt. Im Fall der Seele war von Anfang an das Problem, dass das Gute, auf welches sich die menschliche *arete* bezieht, gerade kein bestimmt Vorgegebenes ist. Damit bleibt aber nur die Vorstellung von Wohlgeordnetheit als solche, ohne dass gesagt wäre, *woraufhin* die Seele zu ordnen ist. Der Hinweis, dass die Ordnung für die Seele das Gesetzliche und das Recht ist (*nomimon kai nomos*), durch welches die Seele gesetzesgemäß und geordnet wird (504d1ff), führt nicht weiter.

Denn da nach Platon die Sozialisation durch die faktisch geltenden Gesetze und Sitten nicht die bestmöglichen Menschen hervorbringt, wiederholt sich mit Bezug auf die Polis die Frage, was der Bezugspunkt einer guten gesetzlichen Ordnung wäre.

Werfen wir einen Blick auf die *Politeia*, auf die der *Gorgias* an vielen Stellen vorausweist, dann begegnet dort (444e) ungefähr dieselbe Bestimmung der Gerechtigkeit der Seele durch ihre Gesundheit und die Harmonie ihrer Teile, jedoch wird dort die Frage nach ihrer Gerechtigkeit später erneut aufgeworfen, mit dem Hinweis, die Erklärung sei zu ungenau gewesen und benötige einen weiteren Gang (504a–505a). Der fehlende Bezugspunkt wird nun genannt: Es gibt etwas Größeres als die Gerechtigkeit, die Idee des Guten, durch welche das Gerechte erst brauchbar wird. Doch die Frage nach dem Guten selbst wird sogleich zurückgestellt (506d–e), da dieses zwar der höchste Wissensgegenstand sei, den wir aber nicht kennen und den zu finden zu weit und schwierig wäre.

Während in der *Politeia* eine Erläuterung des Guten selbst durch Gleichnisse folgt, bestätigt sich im Gorgias dieser vom klar bestimmten Ziel einer *techne* verschiedene Bezugspunkt der Gerechtigkeit der Seele, wenn wir auf den Verlauf des Dialogs achten. Sokrates wirft Kallikles vor, er wolle keinen Nutzen aus dem ziehen, wovon die Rede ist, nämlich aus der Bändigung der Begierden (505c ff), und schickt sich daher an, das Wahre über die Seele allein herauszufinden. Das heißt, der *elenchos* ist nur korrekt durchführbar bei bereits ›gebändigter‹ Seele, wenn also eine Ordnung schon hergestellt ist. Und es gibt einen Bezugspunkt dieser Ordnung, ein *telos*. Das Ziel, auf das die wohlbeschaffene Seele ausgerichtet ist, ist kein vorgegebenes Ziel, sondern besteht gerade in der allmählichen Ordnung unserer praktischen Überzeugungen auf das unbestimmte Gute hin, in der *Suche* nach der Wahrheit (505e) über das gute menschliche Leben. Gut verfasst ist die menschliche Seele dann, wenn sie fähig ist, dieses Ziel mittels des Vollzugs des *elenchos* zu verfolgen. Dass das Beherrschtsein von Begierden diese Ausrichtung auf die Wahrheit behindert, liegt auf der Hand, da Begierden das jeweils Angenehme wollen und die praktische Überlegung verdrehen und verwirren können.

2. Gorgias

e) Die Frage der moralischen Motivation

Sokrates behauptet allerdings nicht nur, die gut verfasste Seele habe die Fähigkeit, richtig über das gute Leben zu überlegen. Vielmehr soll sie auch gerecht, fromm und tapfer sein, also die üblichen moralischen Tugenden besitzen, mit deren Hilfe man das Gehörige (*ta proshekonta*) gegenüber Göttern und Menschen tut (507a7ff). Doch das ist nicht wirklich gezeigt worden. Dass eine Person im Urteil über das für sie Zuträgliche, über ihr eigenes gutes Leben nicht von Begierden nach dem Angenehmen geleitet, sondern auf das Richtige, die praktische Wahrheit bezogen ist, dass sie in innerer Ordnung oder Harmonie ist, braucht nicht zu heißen, dass sie gerecht in dem üblichen Sinn ist, anderen kein Unrecht zu tun.

Die Andeutung einer Begründung könnte in den beiden Argumenten für die besonnene Lebensweise liegen, die Sokrates in 507e3ff nachträgt. Das erste Argument lautet, dass eine Person, die große Begierden auslebt und anderen alles nimmt, um selbst mehr zu haben, mit keinem befreundet sein kann. Doch um Freunde zu haben, genügt es vielleicht, die Menschen in der engeren Umgebung gut zu behandeln. Das Interesse an Freundschaft ist dann nicht unbedingt ein Grund, sich gegenüber *allen* gerecht oder moralisch zu verhalten.

Das zweite und zentrale Argument[10] verweist auf den *kosmos*, die Harmonie von Himmel und Erde, Göttern und Menschen. Dieser Begriff des Gutsein oder Geordnetsein nimmt wiederum die Idee des Guten in der *Politeia* vorweg[11] und entspricht ungefähr dem, was im Begriff der vollkommenen *eudaimonia* gedacht ist. Diese Ordnung leitet das Handeln nicht in der Weise an, dass sie im Detail vorgibt, was in realen Entscheidungssituationen gerecht ist. Insofern sie nicht Bestandteil der Erfahrungswelt ist, sondern auf einer höheren Seinsebene steht, wirkt sie lediglich als Vorbild, um dessen Nachahmung wir uns bemühen können. Ein solches Vorbild ist dennoch hilfreich, wenn es um Handlungen geht, die nicht auf *techne* beruhen, insbesondere dann also, wenn wir für nicht oder unzureichend geordnetes Material – wie die menschlichen Seelenkräfte oder die faktischen politischen Verhältnisse[12] – eine geeignete Ordnung erst suchen.

---

[10] Auf den zentralen Stellenwert der Passage verweist auch Stemmer 1985.
[11] Ähnlich Hall 1971, 215.
[12] Für die Parallele zur Polis siehe Dalfen 2004, 432.

Zur Frage der Moral trägt jedoch auch dieses zweite Argument nichts bei, weil Gerechtigkeit und Harmonie nicht von vornherein dasselbe sind. Einen weiteren Hinweis können wir aber der Rückkehr zu der Frage entnehmen, welche Art der Politik vorzuziehen sei, die mit Überzeugung oder die mit Schmeichelei arbeitende (521a2ff). Kallikles bleibt bei der Empfehlung der Schmeichelei, auch im Interesse des Redners selbst. Denn der Redner, der schmeichelt und sich nach den Wünschen der Leute richtet, macht sich beliebt; wer die Wahrheit sucht, macht sich unbeliebt und läuft Gefahr, getötet zu werden. Die Anspielung auf das Schicksal des Sokrates ist kaum zu übersehen. Sokrates beansprucht jedoch nicht, eine gefahrlose Lebensweise vorzuschlagen. Sein Punkt ist vielmehr, dass er, wenn andere ihm Unrecht tun und ihn äußerlich schädigen, wenigstens selbst nicht durch eigenes Unrechttun an der Seele schlecht wird. Die eigene Gutheit kann ihm niemand wegnehmen, in diesem entscheidenden Punkt kann ihm niemand etwas anhaben. Ohne Zweifel ist das Motiv für die Ablehnung des Lebens der Begierden die Suche nach einer Lebensform, mit der die Person unabhängig ist und ihre Gutheit selbst in der Hand hat.

Darin könnte eine Antwort auf die noch offene Frage liegen, ob das Leben der kontinuierlichen Selbstprüfung nur eine Bedingung der *eudaimonia* ist oder bereits das Glück ausmacht. Im *Gorgias* betont Sokrates in besonderem Maß das Motiv der Übereinstimmung mit sich selbst (482b7ff). Das Vokabular ist unmittelbar der Harmoniebegrifflichkeit entnommen. Auch wenn Kallikles oder andere mit ihm in Widerspruch wären, so Sokrates, sei das weniger schlimm, weil es letztlich darauf ankomme, dass er selbst als eine einheitliche Person mit sich in Einklang sei (*symphonein*). Diese Übereinstimmung ist eine Harmonie der Seelenkräfte, die sich ihrerseits einstellt im Verlauf der kontinuierlichen, unter Bedingungen der Besonnenheit vollzogenen Selbstprüfung. Da die innere Harmonie Selbstbejahung nach sich zieht, Zufriedenheit mit der eigenen Gutheit, könnte auf diese Weise das Leben der dauernden Selbstprüfung ein Moment von subjektivem Glück enthalten.

Dass diese Selbstübereinstimmung Gerechtigkeit im gewöhnlichen moralischen Sinn impliziert, scheint nach wie vor nicht erwiesen. Das einzige Motiv zum gerechten oder moralischen Handeln im üblichen Sinn ist bei Platon offenbar das Interesse an Ordnung. Da für die Einheit oder Ordnung der eigenen Person, wie wir gesehen haben, auch die Ordnung des größeren Ganzen Bedingung ist,

2. Gorgias

hat man ein Motiv, ein kleines Stück mehr Ordnung in der Welt zu realisieren, wo einem dies möglich ist.

f) Zwei Arten der Erziehung

Sokrates' Behauptung, er sei der einzige wahre Staatsmann (521d6ff), ist auf den ersten Blick verwunderlich, da wir wissen, dass Sokrates gerade nicht Politik im üblichen Sinn der Ausübung von Herrschaft in der Polis betreibt und ihm Kallikles ja diesen Rückzug in die Philosophie mehrfach vehement vorwirft (z. B. 484c4ff). Doch betätigt sich Sokrates als Erzieher, indem er Menschen mit ihrem Nichtwissen zu konfrontieren sucht, und das verbindet ihn mit den wahren Politikern, von denen es heißt, dass sie die Menschen durch Überzeugen und Gewalt besser machen müssten (517b5ff). Die Gemeinsamkeit beschränkt sich auf das Überzeugen, das Sokrates mit Hilfe des *elenchos* zu bewirken versucht. Die hier erwähnte zweite Form der politischen Erziehungsmittel, *bia*, Gewalt oder Zwang, wird hingegen von Sokrates nicht praktiziert. Sie gehört zu denselben Phänomenen wie die Strafe, die ebenfalls im *Gorgias* häufig vorkommt. Wenn diese Form der Erziehung jetzt betont wird, müssen wir an dieser Stelle fragen, ob Platon seine Konzeption der Charaktererziehung und in der Folge der menschlichen Gutheit ändert.

Wie die bisherige Interpretation gezeigt hat, wird die Konzeption des guten Lebens als Leben im Vollzug des *elenchos* beibehalten. Neu hinzu kommt ein Interesse für allgemeinere Fragen der Erziehung. Dieses Interesse mag auf die Erfahrung zurückgehen, die Sokrates mit seiner Prüfungstätigkeit gemacht hat, dass sie nämlich bei denen, die nicht schon eine ansprechbare Disposition haben, Affekte des Hasses erzeugt, und mehr nicht.[13] Die Fähigkeit zum *elenchos* setzt eine gewisse Seelenordnung, eine Mäßigung der Begierden und Affekte, schon voraus. Da die entsprechende Charakterstruktur bereits in der Kindheit geprägt wird, noch ehe überhaupt die Fähigkeit zur praktischen Überlegung vollständig entwickelt ist, muss die Erziehung durch Lob und Tadel, Belohnung und Strafe auf die Seele einwirken und so eine Haltung ausbilden, welche später dem Erwachsenen ermöglicht, sich nach Überlegungen zu richten und selbst Überlegungen ohne Verdrehungen anzustellen.

---

[13] Dazu auch Beversluis 379f.

Es scheint denkbar, die affektive Erziehung derer, die nicht oder noch nicht zu eigenem Nachdenken fähig sind, als Angelegenheit einer *techne* zu verstehen. Wer selbst bereits richtig lebt, die Anlagen der menschlichen Seele und die Verschiedenheit der Seelenarten kennt und aus Erfahrung weiß, welche Drohungen und Belohnungen gewöhnlich auf welche Seelenart wie wirken, der kann die *techne* einer seriösen Rhetorik, die keine bloße Schmeichelei ist, sondern die Gesetzmäßigkeiten der Psychologie oder Pädagogik kennt, nutzen, um andere Menschen in diejenige Seelenverfassung zu bringen, die Vorbedingung zur Ausbildung der praktischen Überlegung ist.[14] Der *elenchos* hingegen wäre erst auf einer zweiten Stufe angesiedelt, auf der die Fähigkeit zur Überlegung schon entwickelt ist.

Nimmt man ein solches Auseinanderfallen von zwei Ebenen an, dann bliebe die für die philosophische Ethik interessante Ebene die zweite, auf der es um den Charakter der praktischen Überlegung geht, während die erste Ebene Sache einer Seelentechnik würde. Dabei setzt allerdings die erste Ebene die zweite voraus.[15] Diejenigen, welche andere zur menschlichen *arete* erziehen wollen, müssen selbst ein artikuliertes Wissen von der menschlichen Gutheit haben. Auf dieser zweiten Ebene ist nicht psychologisches Wissen, sondern ethische Überlegung erforderlich, für die als neues Verfahren der *elenchos* etabliert wurde. Dieser kann mehrere Funktionen erfüllen. Er kann seinerseits pädagogisch eingesetzt werden, wo es um höhere Stufen der Bildung geht, um die Einsicht in die mangelnde Reflektiertheit der eigenen ethischen Meinungen und den Anstoß zu intensivem ethischem Nachdenken. Er kann aber auch in der Weise der Selbstprüfung als Methode der Untersuchung ethischer Fragen eingesetzt werden. Diese wichtigste Funktion des *elenchos* fanden wir in der *Apologie* explizit erwähnt; in den Frühdialogen, wo das Gespräch selten ernsthaft und meist auf abstrakte Fragen bezogen ist, wird sie eher implizit erfüllt, indem der Leser indirekte Hinweise darauf erhält, wie ein korrekter *elenchos* aussehen müsste.

---

[14] Eine solche psychologische *techne* scheint Platon im *Phaidros* (271 ff) ins Auge zu fassen. Vgl. auch Heitsch ²1997, 172 ff.
[15] Wie Platon in der *Politeia* formuliert, sind zur Regierung nur die Philosophenkönige fähig, die nach der Schau der Idee des Guten in die wechselhafte Erfahrungswelt zurückkehren und die Seelen der Untertanen und den Staat im Hinblick auf dieses letztlich Gute ordnen (540a).

3. Rückblick

Kehren wir nach diesem Interpretationsgang durch einige Platon-Texte nochmals zum Anfang zurück. Leitfrage sollte die Suche nach der Bedeutung der Frage sein, wie zu leben gut ist. Wir sind von Anfang an dem Motiv des menschlichen Nichtwissens begegnet, als dessen Pendant sich am Ende die Idee des Guten andeutet. Die Frage nach dem guten Leben ist also so verstanden, dass sie nach dem konkret guten menschenmöglichen Leben fragt vor dem Horizont des Wunsches nach einem vollkommenen Glück. Dass wir in unserem ganzen Leben *wirklich* glücklich sein wollen – und nicht nur in der Form des Scheins, weil wir dann nie sicher sein können, dass das Glück nicht unter dem Wechsel der inneren und äußeren Umstände jeden Augenblick zusammenbricht –, ist das leicht nachzuvollziehende existenzielle Motiv hinter der Annahme einer ewig und wahrhaft seienden Idee des Guten.

Was die Bedeutung der Frage nach dem guten menschlichen Leben in der Erfahrungswelt betrifft, hat Platon insbesondere zwei Strukturkomponenten herausgestellt. Einmal die passive Seite des menschlichen Lebens, die in der Abhängigkeit vom Zufall auf der einen Seite und dem Ausgeliefertsein an die eigenen Affekte und Begierden auf der anderen Seite besteht. Aus der ersten Abhängigkeit hilft uns ein Stück weit das *techne*-Wissen, jedoch bleiben Situationen, die menschliches Wirken überschreiten und daher eine Konzeption guten Lebens nahelegen, deren Realisierung völlig bei uns liegt. Während sich auf diese erste Abhängigkeit kaum anders reagieren lässt, ist Platons Bewertung des affektgeleiteten Handelns nicht selbstverständlich. Wir haben gesehen, dass Kallikles sich für das Ausleben starker Begierden ausspricht, und wie ebenfalls erwähnt, gibt es daneben die andere Extremposition, sich Wünsche und Affekte abzugewöhnen, wo immer sie mit der Realität in Konflikt geraten. Platon empfiehlt statt dessen einen bestimmten Umgang mit den Affekten, eine Haltung, bei der die Affekte vernunftgeleitetes Handeln ermöglichen, indem sie nicht beseitigt, aber der Vernunft untergeordnet werden. Doch ist es wohl nicht Sache der Philosophie zu entscheiden, ob man dem Leben starker Erfahrungen, das negative Erlebnisse in Kauf nimmt, das besonnen-überlegte Leben vorziehen sollte. Was wir festhalten können, ist nur, dass die Frage nach dem guten Leben jedenfalls eine Komponente enthält, die durch die eine oder andere Haltung zur Affektivität beantwortet werden muss.

Neben dem Aspekt der passiven Ausgeliefertheit an inneren und äußeren Wechsel ist der zweite wichtige Aspekt, auf den Platon aufmerksam macht, die Endlichkeit oder mangelnde Ganzheit des Lebens. Wie insbesondere in der Interpretation des *Lysis* deutlich war, greift das menschliche Wollen auf alles aus. Zum Selbstverständnis des Individuums gehört, wie für den Bürger der Polis kaum anders denkbar, die Art seines Bezugs auf das größere Ganze, innerhalb dessen er steht. Damit das eigene Leben als gut erfahren wird, muss das Ganze in einer guten Verfassung sein. Sokrates bestimmt allerdings im *Gorgias* die Ganzheit auf andere Art, als Einklang mit sich selbst. Doch dieser Selbstbezug der Person ist, wie wir aus dem *Charmides* wissen, vermittelt über die Orientierung an der internen Ordnung des *logos,* der sich auf das Ganze der Polis, ja überhaupt den Kosmos bezieht. Dies ist der Punkt, an dem die Komplexität der Frage nach dem guten Leben, und damit auch nach der Beschaffenheit der menschlichen Existenz, am deutlichsten wird, anders gesagt, an dem deutlich wird, dass diese Frage im Grunde alle anderen enthält. Um die Struktur des menschlichen Lebens zu klären, muss man letztlich alle Arten seiner Bezüge zur sozialen und natürlichen Welt klären. Wie eine solche philosophische Klärung aussehen könnte, die von unserer Frage nach dem guten Leben ausgehend die Struktur des Lebens in der Welt vor dem Horizont des wahrhaften Glücks zu artikulieren versucht, dafür kann die neue Methode des *elenchos,* die ich eher informell im Sinn einer Klärung und Systematisierung grundlegender Begriffe und Phänomene des praktischen Selbstverständnisses interpretiert habe, durchaus ein Vorschlag sein.

Wie in der Einleitung angedeutet, stehen hinter den Momenten der Frage nach dem guten Leben, die Platon betont, reale Erfahrungen. Der äußere Wechsel ist für die Griechen während des langen Kriegs und danach etwas, dem sie ständig ausgesetzt waren; und dass man von heftigen Begierden zu Handlungen verleitet werden kann, die einem später schaden, ist für die Griechen der damaligen Zeit ebenfalls ein täglich erfahrenes Ärgernis. Das heißt nicht, dass diese Aspekte zur Bedeutung der Frage nach dem guten Leben nur in Zeiten gehören, in denen sie vorrangig erfahren werden. Begierden, Affekte und Wünsche sind Bestandteil der menschlichen Ausstattung allgemein und werfen auch heute die Frage auf, wie wir uns zu und in diesem Bereich des Lebens verhalten wollen. Was sich im Verlauf der Kultur- und Philosophiegeschichte ändert, ist, welche der verschiedenen Komponenten dieser Frage jeweils im Zentrum

3. Rückblick

steht und dann oft auch beansprucht, die ganze Frage zu sein. So habe ich vermutet, dass bei Aristoteles das Problem des äußeren und inneren Wechsels zurücktritt und statt dessen in seiner Epoche und seinem Werk das Problem der unübersichtlichen inneren und äußeren Mannigfaltigkeit der Lebensbedingungen in den Vordergrund rückt.[16] Einen anderen wichtigen Bestandteil der Frage nach dem guten Leben kennt auch Aristoteles noch nicht. Obwohl er die *Nikomachische Ethik* mit der Frage nach dem letzten Ziel menschlichen Strebens beginnt, stellt er die Frage, *was* wir eigentlich mit unserem Leben als Handelnde tun sollen, nicht in unserem Sinn. Eine grundsätzliche Frage nach dem Ziel des *aktiven* Lebens, nach lohnenden Zwecken tritt erst in Zeiten auf, in denen die Grundstimmung des Lebensüberdrusses, der Langeweile, der grundsätzlichen Vergeblichkeit aufkommt. Man müsste also, um sämtliche Dimensionen der Frage nach dem guten Leben zu finden, die einzelnen Phasen der Geschichte durchgehen und solche existenziellen Grunderfahrungen sammeln, in denen die verschiedenen Aspekte der Frage explizit werden. Doch das soll Gegenstand einer anderen Untersuchung sein.[17]

---

[16] In der Einleitung zu Aristoteles 1994, 13f.
[17] Einen Versuch dazu habe ich unternommen in Wolf 1999.

Literatur

Ackeren, M. van (2003), Das Wissen vom Guten, Amsterdam.
Allen, R. E. (1980), Socrates and Legal Obligation, Minneapolis.
Annas, J. (1993), The Morality of Happiness, Oxford.
Apelt, O. (1975), Platonische Aufsätze, Aalen.
Aristoteles (2006), Nikomachische Ethik, übers. und hrsg. von Ursula Wolf, Reinbek.
Arnim, H. von (1914), Platos Jugenddialoge und die Entstehungszeit des Phaidros, Hamburg.

Becker, Th. (1882), Zur Erklärung von Platons Lysis, Philologus 41, 284–308.
Begemann, A. W. (1960), Plato's Lysis. Onderzoek naar de plaats van den dialoog in het ouvre, Amsterdam.
Ben, N. van der (1985), The Charmides of Plato. Problems and Interpretations, Amsterdam.
Benson, H. H., Hrsg. (1992), Essays on the Philosophy of Socrates, Oxford.
Benson, H. H. (1992), Misunderstanding the »What-is-F-ness?« Question, in Benson, Hrsg. (1992), 123–136.
Benson, H. H. (2000), Socratic Wisdom. The Model of Knowledge in Plato's Early Dialogues, New York u. a.
Benson, H. H., Hrsg. (2009), A Companion to Plato, Oxford.
Beversluis, J. (2000), Cross-examining Socrates. A Defense of the Interlocutors in Plato's Early Dialogues, Cambridge.
Blondell, R. (2000), Letting Plato Speak for Himself. Character and Method in the *Republic*, in: G. A. Press 2000, 127–146.
Boder, W. (1973), Die sokratische Ironie in den Platonischen Frühdialogen, Amsterdam.
Bolotin, D. (1979), Plato's Dialogue on Friendship, Ithaca und London.
Bordt, M. (1998), Platon, *Lysis*. Übersetzung und Kommentar, Göttingen.

Brickhouse, Th. C. und Smith, N. D. (2004), Routledge philosophy guidebook to Plato and the trial of Socrates, New York / London.
Bröcker, W. (³1985), Platos Gespräche, Frankfurt a. M.

Cairns, D. L. (1993), Aidos. The Psychology and Ethics of Honour and Shame in Ancient Greek Literature, Oxford.
Castoriadis, C. (1983), The Greek Polis and the Creation of Democracy, Graduate Faculty Philosophy Journal (New School for Social Research) 9, 79–115.
Chance, Th. H. (1992), Plato's Euthydemus. Analysis of What Is and Is Not Philosophy, Berkeley.
Crombie, I. M. (1962), An Examination of Plato's Doctrines I, London.

Dalfen, J. (2004), Platon, Gorgias. Übersetzung und Kommentar, Göttingen.
Detel, W. (1973), Zur Argumentationsstruktur im ersten Hauptteil von Platons Aretedialogen, Archiv für Geschichte der Philosophie 55, 1–29.
Detel, W. (1974), Die Kritik an den Definitionen im zweiten Hauptteil der Platonischen Aretedialoge, Kantstudien 65, 122–134.
Dodds, E. R. (1959), Plato, Gorgias. A Rev. Text with Introd. and Comm., Oxford.
Döring, K. u. a. (1998), Sophistik, Sokrates, Sokratik, Mathematik, Medizin (Grundriss der Geschichte der Philosophie. Die Philosophie der Antike, hrsg. von H. Flashar, Band 2/1)

Ebert, Th. (1974), Meinung und Wissen in der Philosophie Platons. Untersuchungen zum ›Charmides‹, ›Menon‹ und ›Staat‹, Berlin.
Erler, M. (2007), Platon, Basel (Grundriss der Geschichte der Philosophie. Die Philosophie der Antike, hrsg. von H. Flashar, Band 2/2).
Erler, M. u. Kobusch, Th. (2011), Platon, *Gorgias*. Übersetzung und Kommentar, Stuttgart.

Finley, M. I. (1986), Das politische Leben in der antiken Welt, München.
Fraisse, J.-C. (1974), Philia. La notion d'amitie dans la philosophie antique, Paris.

Frede, M. (1992), Plato's Arguments and the Dialogue Form, in J. C. Klagge/N. Smith, Hrsg., Methods of Interpreting Plato and his Dialogues, Oxford Studies in Ancient Philosophy Suppl. 2, Oxford1992, 201–219.

Friedländer, P. (1964), Platon, Bd. 1, Berlin.

Fritz, K. von (1966), Die philosophische Stelle im siebten Brief und die Frage der ›esoterischen Philosophie‹ Platons, Phronesis 11, 117–153.

Gadamer, H.-G. (1983), Platos dialektische Ethik. Phänomenologische Interpretationen zum Philebos, Hamburg.

Gaiser, K. (1959), Protreptik und Paränese bei Platon, Stuttgart.

Geiger, R. (2006), Dialektische Tugenden. Untersuchungen zur Gesprächsform in den Platonischen Dialogen, Paderborn.

Gigon, O. (1987), Die Gestalt des Sokrates als Problem, in Patzer, Hrsg. 1987, 270–322.

Goetschel, A. F. (2009), Die Mensch-Tier-Beziehung im Recht, in: C. Otterstedt u. a., Hrsg., Gefährten, Konkurrenten, Verwandte. Die Mensch-Tier-Beziehung im wissenschaftlichen Diskurs, Göttingen 2009, 316–340.

Gosling, J. C. B. und Taylor, C. C. W. (1982), The Greeks on Pleasure, Oxford.

Gundert, H. (1968), Der platonische Dialog, Heidelberg.

Guthrie, W. K. C. (1969), A History of Greek Philosophy Bd. III Teil 2, Cambridge.

Guthrie, W. K. C. (1975), A History of Greek Philosophy Bd. IV, Cambridge.

Hall, R. W. (1971), Techne and Morality in the *Gorgias*, in: J. P. Anton und G. L. Kustas, Hrsg., Essays in Ancient Greek Philosophy, Albany 1971, 202–218.

Hawtrey, R. S. W. (1981), A Commentary on Plato's Euthydemus, Philadelphia.

Heitsch (2011), Platon, *Größerer Hippias*. Übersetzung und Kommentar, Göttingen.

Heitsch, E. (2002), Platon, *Apologie*. Übersetzung und Kommentar, Göttingen.

Heitsch, E. (²1997), Platon, *Phaidros*. Übersetzung und Kommentar, Göttingen.

Hoerber, R. G. (1959), Plato's Lysis, Phronesis 4, 15–28.

Horn, Ch. u. a., Hrsg. (2009), Platon-Handbuch. Leben – Werk – Wirkung, Stuttgart / Weimar.

Irwin, T. (1977), Plato's Moral Theory. The Early and Middle Dialogues, Oxford.
Irwin, T. (1979), Plato, Gorgias. Translated with Notes, Oxford.
Irwin, T. (1986), Socrates the Epicurean?, Illinois Classical Studies II, 85–112.
Irwin, T. (1989), Socrates and Athenian Democracy, Philosophy and Public Affairs 18, 184–205.

Kahn, Ch. (1983), Drama and Dialectic in Plato's Gorgias, Oxford Studies in Ancient Philosophy 1, 75–121.
Kahn, Ch. (1992), Did Plato Write Socratic Dialogues?, in Benson, Hrsg. 1992, 35–52.
Kant, I. (1903), Grundlegung zur Metaphysik der Sitten, Ak. Ausg. Bd. IV.
Kerferd, G. B. (1981), The Sophistic Movement, Cambridge.
Keulen, H. (1971), Untersuchungen zu Platons Euthydem, Wiesbaden.
Kierkegaard, S. (1929), Über den Begriff der Ironie mit ständiger Rücksicht auf Sokrates, München.
Klein, J. (1965), A Commentary on Plato's Meno, Chapell Hill.
Kobusch, Th. (1996), Wie man leben soll: Gorgias, in Kobusch und Mojsisch, Hrsg., 47–63.
Kobusch, Th. und Mojsisch. B., Hrsg. (1996), Platon. Seine Dialoge in der Sicht neuer Forschungen, Darmstadt.
Kraut, R. (2007), What is Good and Why. The Ethics of Well-Being, Cambridge Mass.
Kube, J. (1969), Techne und Arete. Sophistisches und Platonisches Tugendwissen, Berlin.

Levin, D. N. (1972), Some Observations Concerning Plato's Lysis, in: J. P. Anton und G. L. Kustas, Hrsg., Essays in Ancient Greek Philosophy, Albany 1972, 236–258.
Liddell, H. G. und Scott, R. (1968), A Greek-English Lexicon, Oxford.

Manuwald, B. (1999), Platon, *Protagoras*. Übersetzung und Kommentar, Göttingen.

Martin, G. (1967), Sokrates. Mit Selbstzeugnissen und Bilddokumenten, Reinbek.
Meier, Ch. (1983), Die Entstehung des Politischen bei den Griechen, Frankfurt a. M.
Mulhern, J. J. (2000), Interpreting the Platonic Dialogues. What Can One Say?, in Press (Hrsg.) 2000, 221–234.

Nussbaum, M. (1986), The Fragility of Goodness, Cambridge.

Patzer, A. Hrsg. (1987), Der historische Sokrates, Darmstadt.
Patzig, G. (1982), Platon, in: N. Hoerster, Hrsg., Klassiker des philosophischen Denkens, Band 1, München 1982.
Platon (1994), Sämtliche Werke, Bd. 1–4, übers. von Friedrich Schleiermacher, Reinbek.
Powell, A. (1988), Athens and Sparta. Constructing Greek Political and Social History from 478 B.C., London.
Press, G. A., Hrsg. (2000), Who Speaks for Plato? Studies in Platonic Anonymity, Lanham u. a.
Press, G. A. (2000), The Logic of Attributing Characters' Views to Plato, in Press (Hrsg.) 2000, 27–38.
Price, A. W. (1989), Love and Friendship in Plato and Aristotle, Oxford.
Puster, R. W. (1983), Zur Argumentationsstruktur Platonischer Dialoge. Die »Was ist X?«-Frage, in: Laches, Charmides, Der größere Hippias und Euthyphron, Freiburg/München 1983.

Reale, G. (1993), Zu einer neuen Interpretation Platons. Eine Auslegung der Metaphysik der großen Dialoge im Lichte der »ungeschriebenen Lehren«, Paderborn u. a.
Robin, L. (^{3}1964), La theorie platonicienne de l'amour, Paris.
Robinson, R. (1953), Plato's Earlier Dialectic, Oxford.
Roochnik, L. (1984), The Riddle of the Cleitophon, Ancient Philosophy 4, 132–145.
Rowe, Ch. (2009), Interpreting Plato, in Benson 2009, 13–24.

Schleiermacher, F. (^{3}1855), Einleitung in Platons Werke, Berlin.
Schneider, H. (1989), Das griechische Technikverständnis. Von den Epen Homers bis zu den Anfängen der technologischen Fachliteratur, Darmstadt.
Schriefl, A. (2013), Platons Kritik an Geld und Reichtum, Berlin.

Schulz, W. (1960), Das Problem der Aporie in den Tugenddialogen Platos, in D. Henrich u. a., Hrsg., Die Gegenwart der Griechen im neueren Denken, Tübingen 1960, 261–275.

Seech, Z. P. (1979), Plato's Lysis as Drama and Philosophy, Ph. D. Thesis, Univ. of California, San Diego.

Shorey, P. (1903), The Unity of Plato's Thought, Chicago.

Slings, S. R. (1981), A Commentary on the Platonic Clitophon, Amsterdam.

Sprague, R. K. (1962), Plato's Use of Fallacy, London.

Stemmer, P. (1985), Unrechttun ist schlechter als Unrecht leiden. Zur Begründung moralischen Handelns im platonischen ›Gorgias‹, Zeitschrift für philos. Forsch. 39, 501–522.

Stemmer, P. (1992), Platons Dialektik. Die frühen und mittleren Dialoge, Berlin.

Stone, I. (1988), The Trial of Socrates, London.

Teloh, H. (1986), Socratic Education in Plato's Early Dialogues, Notre Dame.

Thesleff, H. (2000), The Philosopher Conducting Dialectic, in Press (Hrsg.) 2000, 53–66.

Tigerstedt, E. N. (1977), Interpreting Plato, Upsala.

Tugendhat, E. (1976), Vorlesungen zur Einführung in die sprachanalytische Philosophie, Frankfurt a. M.

Vlastos, G. (^{2}1981), Platonic Studies, Princeton, 3–42.

Vlastos, G. (1983), The Socratic Elenchus, Oxford Studies in Ancient Philosophy Vol. I, Oxford, 27–58.

Vlastos, G. (1991), Socrates. Ironist and Moral Philosopher, Ithaca, N.Y.

Vlastos, G. (1991), Happiness and Virtue in Socrates' Moral Theory, in Vlastos 1991, 200–232.

Vlastos, G. (1994), The Socratic Elenchus: Method is All, in M. F. Burnyeat (Hrsg.), Socratic Studies, Cambridge, 1–28.

Vlastos, G. (^{2}1981), The Individual as Object of Love in Plato, in: Vlastos, Platonic Studies ^{2}1981, 3–42.

Waugh, J. (2000), Socrates and the Character of Platonic Dialogue, in Press (Hrsg.) 2000, 39–52.

Weiss, R. (2001), Virtue in the Cave. Moral Inquiry in Plato's *Meno*, Oxford.

Wieland, W. (1982), Platon und die Formen des Wissens, Göttingen.
Wilamowitz-Moellendorff, U. (^{5}1959), Platon. Sein Leben und seine Werke, Bd. I, Berlin.
Williams, B. (1985), Ethics and the Limits of Philosophy, London.
Witte, B. (1970), Die Wissenschaft vom Guten und Bösen. Interpretationen zu Platons ›Charmides‹, Berlin.
Wolf, S. (2010), Meaning in Life and Why It Matters, Princeton.
Wolf, U. (1984), Das Problem des moralischen Sollens, Berlin.
Wolf, U. (1990), Das Tier in der Moral, Frankfurt a. M.
Wolf, U. (1994), Einleitung zu Aristoteles, Metaphysik, Reinbek.
Wolf, U. (1999), Die Philosophie und die Frage nach dem guten Leben, Reinbek.
Woodbridge, F. (1971), The Son of Apollo. Themes of Plato, New York.
Woodruff, P. (1982), Plato. Hippias Major. Transl. with Comm. and Essay, Oxford.

Young, Ch. M. (2009), The Socratic *Elenchus*, in Benson (Hrsg.), 55–69.

Zembaty, J. S. (1989), Socrates' Perplexity in Plato's *Hippias Minor*, in: J. Anton und A. Preus, Hrsg., Essays in Ancient Greek Philosophy III, Albany 1989, 51–69.

Ursula Wolf
Ethik der Mensch-Tier-Beziehung
2012. Etwa 184 Seiten
ISBN 978-3-465-04161-0
Klostermann RoteReihe Band 49

Auch wenn es inzwischen einen breiten Konsens gibt, dass dem Wohlbefinden der Tiere Rechnung zu tragen ist, werden Tiere in der Praxis nach wie vor in großem Stil für menschliche Interessen genutzt und dabei millionenfach schwerem Leiden ausgesetzt. Dieses Buch arbeitet die Inkonsistenz zwischen moralischem Anspruch und Praxis sowie die Kontroverse zwischen verschiedenen moralischen Standpunkten heraus und zeigt, wie sich Moraltheorien zu konkreten Überzeugungen verhalten. Es unternimmt einen kritischen Gang durch die wichtigsten philosophischen Moraltheorien und entwickelt den Vorschlag einer grundlegenden Konzeption der Beachtung des Wohlbefindens aller fühlenden Wesen.

„Ich empfehle das Buch der Philosophin Ursula Wolf. Es ist ein Versuch, die moralischen Qualitäten des Tieres selbst zu sehen, vor allem in der Schmerzempfindlichkeit und dem Anspruch auf Wohlbefinden. Ein Beitrag, der uns vielleicht ein bisschen entfernt von dem Status, den wir laut Nietzsche haben, dass wir nämlich wahnwitzige Tiere sind." *Rüdiger Safranski*

Vittorio Klostermann
Frankfurt am Main
Online: www.klostermann.de
E-Mail: verlag@klostermann.de

Ulla Wessels
Das Gute
Wohlfahrt, hedonisches Glück
und die Erfüllung von Wünschen
2011. 244 Seiten
ISBN 978-3-465-04123-8
Klostermann RoteReihe Band 41

Wie gut oder schlecht ist die Welt? Das hängt allein davon ab, wie gut oder schlecht es den Individuen in der Welt geht. Die Welt ist um so besser, je besser es den Individuen geht. Und wie gut oder schlecht geht es den Individuen? Das hängt allein davon ab, wie wohl sie sich fühlen und in welchem Maße die Wünsche, die sie hegen, erfüllt sind. Den Individuen geht es umso besser, je wohler sie sich fühlen und je mehr oder je stärkere ihrer Wünsche erfüllt sind. Die beiden Thesen bilden den Kern von Ethiken, die als Glück-Wunsch-Ethiken angesprochen werden, weil sie hedonisches Glück und die Erfüllung von Wünschen in den Mittelpunkt rücken. Sie gehören zu den Wohlfahrtsethiken. Wohlfahrtsethiken sind heftig umstritten. Doch sie haben vieles für sich. Was sie für sich haben, möchte das Buch zeigen, indem es eine Klasse von ihnen, nämlich Glück-Wunsch-Ethiken, vorstellt. Das Buch spannt den Bogen von der theoretischen zur angewandten Ethik und kann als Einführung in und zugleich als Beitrag zur Erforschung von Wohlfahrtsethiken gelesen werden.

Vittorio Klostermann
Frankfurt am Main
Online: www.klostermann.de
E-Mail: verlag@klostermann.de

Ulrich Pothast
Freiheit und Verantwortung
Eine Debatte, die nicht sterben will –
und auch nicht sterben kann
2011. 224 Seiten
ISBN 978-3-465-04130-6
Klostermann RoteReihe Band 42

„Freiheit" und „Verantwortung" sind die Schlüsselwörter einer Auffassung vom Menschen, die zurzeit heftig umstritten ist. Vor allem seitens der Neurowissenschaften ist die mit jenen Wörtern verbundene Deutung menschlichen Handelns in die Kritik geraten. Die Diskussion ist im Kern jedoch nicht neu, sondern hat eine lange Geschichte, die schon bei den Griechen beginnt. Die zentralen Fragen dieser Kontroverse lauten: Sind wir frei, und wenn ja, in welchem Sinn? und: Sind wir verantwortlich, und wenn ja, in welchem Sinn? Pothasts Buch bietet eine Analyse der Situation, in der wir uns bei der Wahl eigener Handlungen unvermeidlich finden, und leitet daraus ein Minimalverständnis von Freiheit und ein unbestreitbares Minimum an Verantwortlichkeit ab, das auch Bestand hat, wenn wir uns als determinierte Naturwesen verstehen. Ein Ende dieser Debatte ist noch lange nicht in Sicht – zu komplex ist das Dispositionsgefüge menschlicher Grundhaltungen von Selbstdeutung und Zusammenleben, die hier im Spiel sind.

Vittorio Klostermann
Frankfurt am Main
Online: www.klostermann.de
E-Mail: verlag@klostermann.de

Eckart Förster
Die 25 Jahre der Philosophie
Eine systematische Rekonstruktion
2., durchgesehene Auflage 2012. 400 Seiten
ISBN 978-3-465-04166-5
Klostermann RoteReihe Band 51

Kant behauptete, dass es vor der „Kritik der reinen Vernunft" von 1781 gar keine Philosophie gegeben habe, und 1806 erklärte Hegel, dass die Philosophie nun beschlossen sei. Hätten beide mit ihren Behauptungen recht gehabt, würde sich die Geschichte der Philosophie, die wir normalerweise auf zweieinhalb Jahrtausende berechnen, auf 25 Jahre reduzieren. Dieses Buch ist der Versuch, den *einen* Gedanken – dass die Philosophie 1781 beginnt und 1806 beschlossen ist – nachzuvollziehen und zu verstehen. Eckart Förster untersucht die Gründe, die Kant und Hegel zu ihren Aussagen bewegt haben, sowie die Schritte, die in so kurzer Zeit von Kants ‚Anfang' zu Hegels ‚Ende' führen konnten. Er kommt zu dem Ergebnis, dass sowohl Kant als auch Hegel in einem unerwarteten aber gewichtigen Sinn recht haben.

„Förster has written one of the most important books on German philosophy to have appeared in several decades. A truly path-breaking achievement." *Robert B. Pippin*

Vittorio Klostermann
Frankfurt am Main
Online: www.klostermann.de
E-Mail: verlag@klostermann.de